조선조 운서한자음의
전승양상과 정리규범

延邊大學中朝韓日文化比較研究叢書

조선조 운서한자음의
전승양상과 정리규범

이승자 著

도서출판 역락

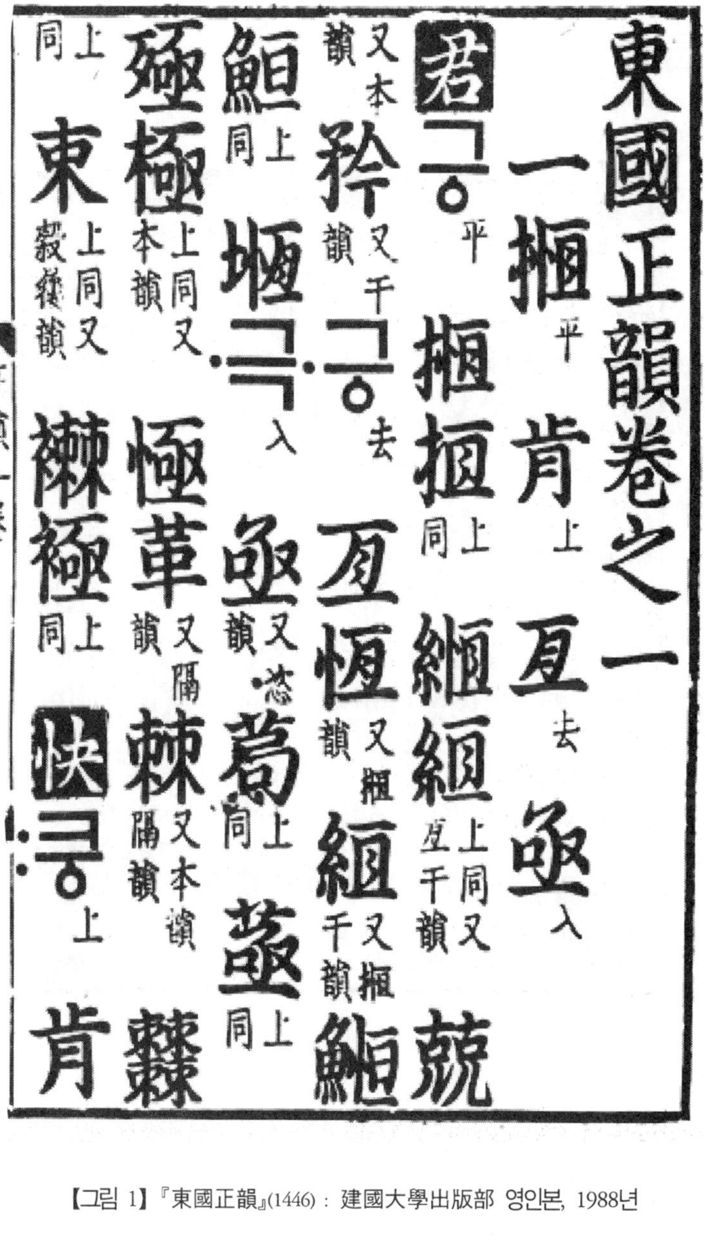
東國正韻卷之一
一 揯平 肯上 亘去 亟入
君 긍平 揯 搄上同 縆 緪上同又亙千韻 兢
又本韻 矜又干韻 긍去 亙 恒又揯韻 緪又揯千韻 䱍
上同 鮔上同 堩 긕入 亟又惢韻 蔄上同 莖上同
殛 極上同又本韻 㤦 革又隔韻 棘又本隔韻 蘱
東上同又穀韻 襋 極上同 快 킁上 肯

【그림 1】『東國正韻』(1446) : 建國大學出版部 영인본, 1988년

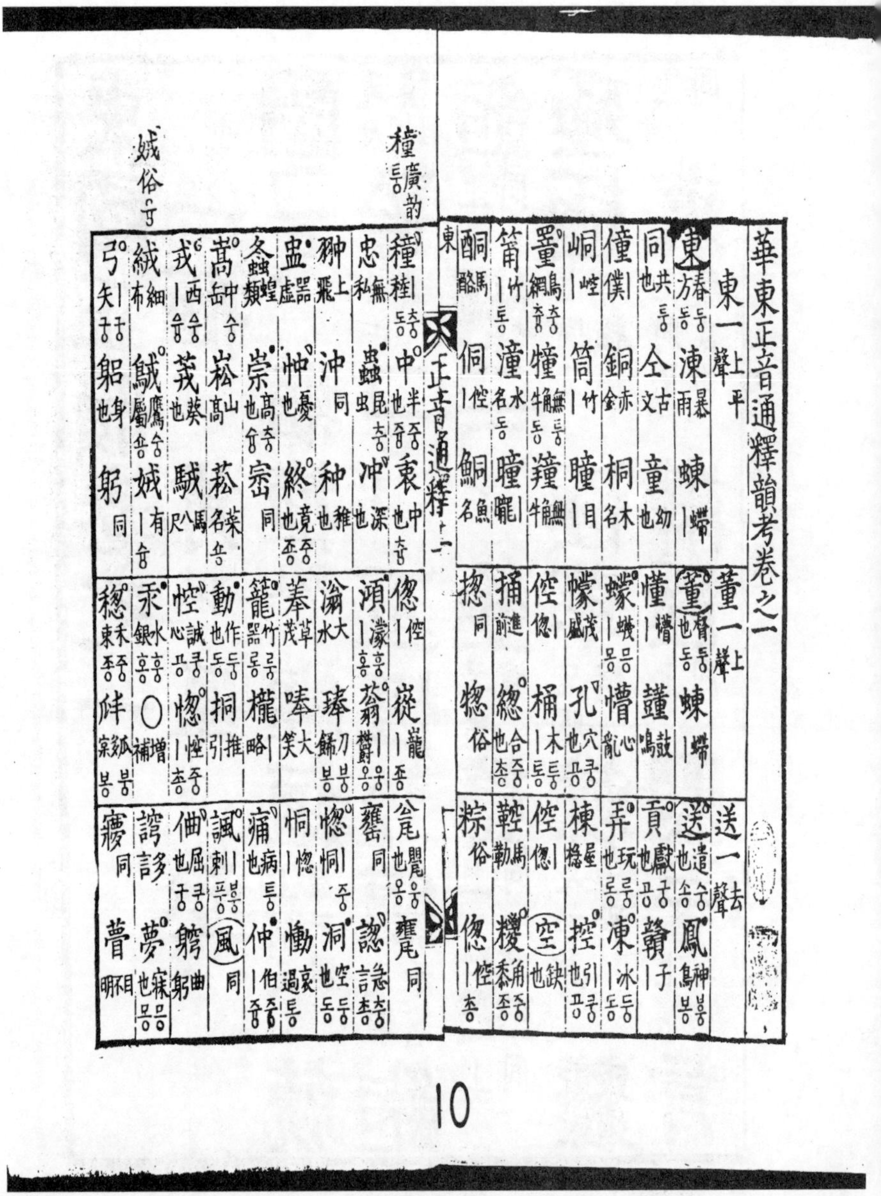

東一聲上平

董一聲上

送一聲去

正音通釋十一

【그림 2】『화동정음통석운고』(1747) : 한국정신문화연구원 藏書閣 고서, MF 1392

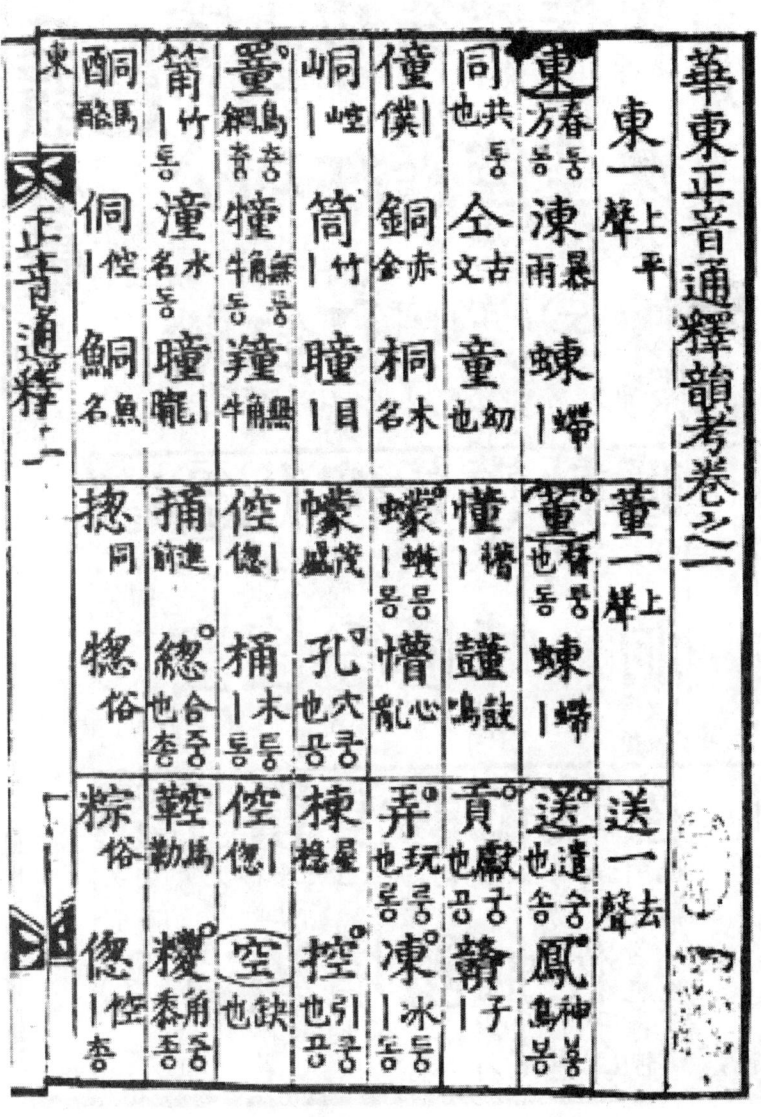

【그림 3】『華東正音通釋韻考』(1841) : 한국정신문화연구원 奎章閣 고서

【그림 4】『三韻聲彙』(1751) : 한국정신문화연구원 장서각 고서, MF 1682

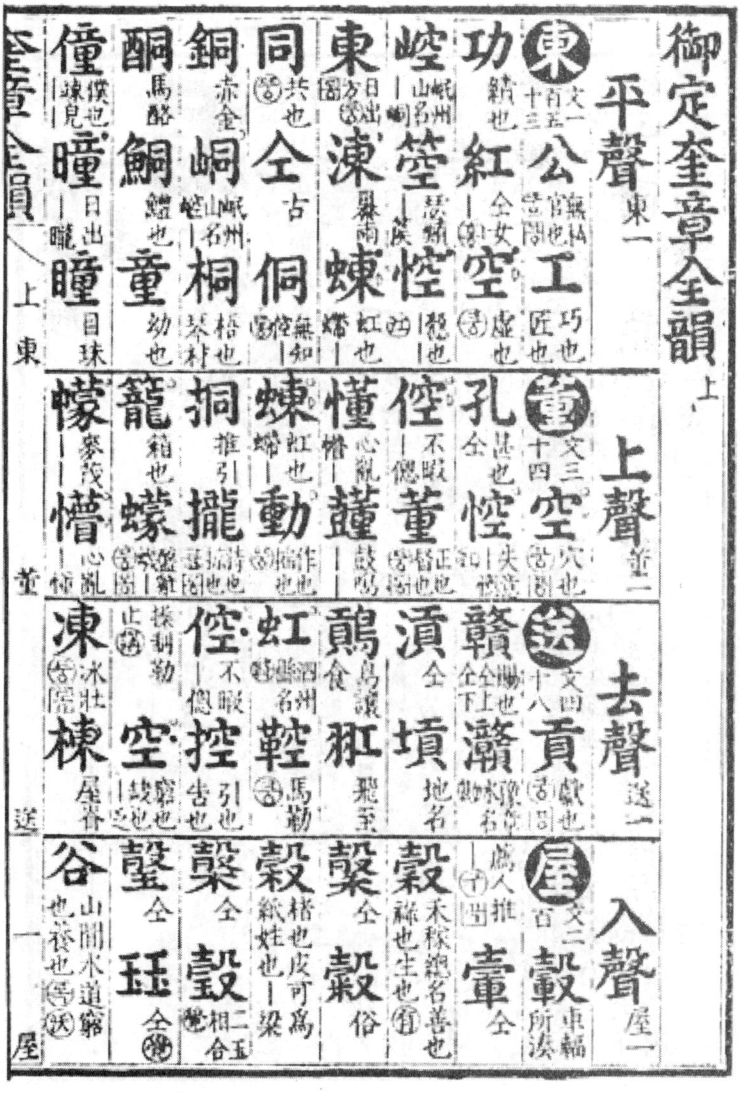

御定奎章全韻 上

奎章全韻 上 東

平聲 東一

入聲 屋一	去聲 送一	上聲 董二	平聲 東一
屋	送	董	東
穀	贛	孔	公 工
縠	漬 填	倥 董	功 紅 空
榖	鶇 狐	懂 蕫	崆 笁 悾
榖 俗	虹 鞚	蝀 動	東 涷 蝀
穀	倥 控 空	洞 攏	同 仝 恫
糓 鼟 玨	凍 棟	籠 蠓	銅 峒 桐 童
谷		懞 懜	酮 鮦
			僮 瞳 曈

【그림 5】『奎章全韻』(1796) : 도서출판 박이정, 영인본, 2000년 판

一

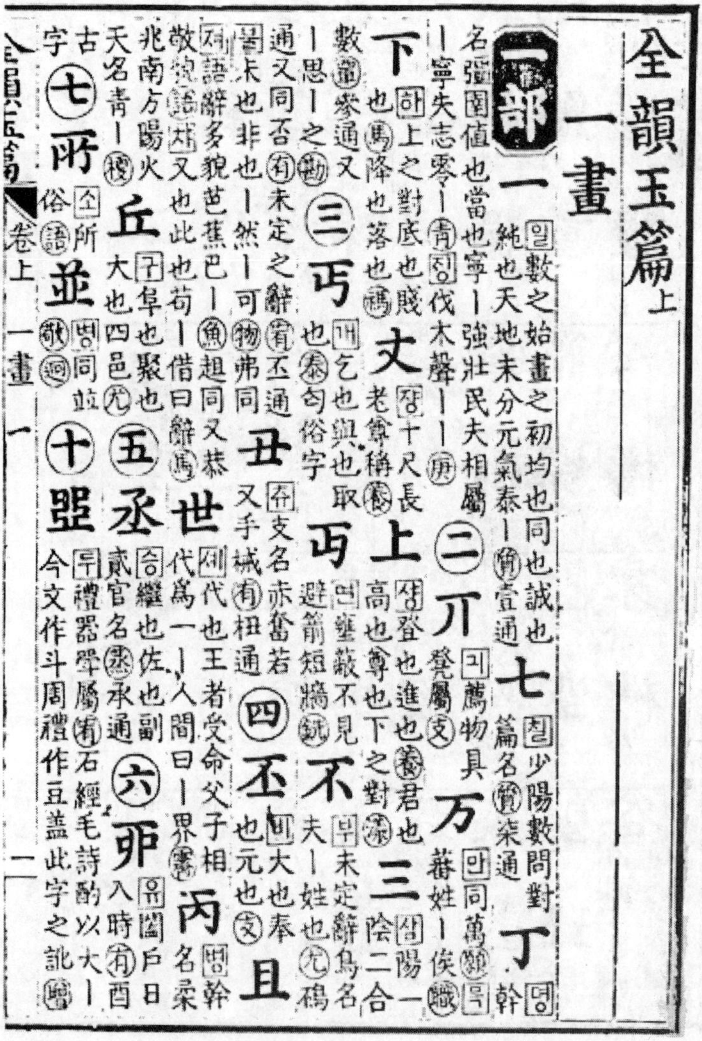

全韻玉篇 上

一部 一畫

一 數之始畫之初均也同也誠也 純也天地未分元氣泰一 宣通

七 少陽數問對 丁 幹

万 篇名 通

丁 幹

二 凭屬

丌 凳物具

七

不 夫一姓也 碼

三 陰二合

丈 老算稱 又一思之辭 未定之辭

三 丏 乞也句 俗字 又手械 玉通

上 高也尊也下之對 進也 君也

丙 名

下 上之對底也落也 賤 趨同又恭 借曰辭

丑 代也王者受命父子相 一人間曰一界

且 大也元也

丌 數辭蒙通又一語辭多貌 敬也語 又此也苟一 天名青一 南方陽火 兆四邑 大也聚也 卓也

世 代也繼也 佐也副一

五 官名 承通

丞 禮器 石經毛詩酌以大一

古字七所 俗語 卷上 一畫 一

丘 大也四邑聚也阜也

並 同也

十 今文作斗周禮作豆蓋此字之訛

丙

【그림 6】『全韻玉篇』(18세기 말1) : 도서출판 박이정, 영인본, 2000년

一部 一畫

校訂全韻玉篇卷上

一畫

一部

一 數之始畫之初均也同也誠也圖少陽數問對圖幹名彊圉值也
純也天地未分元氣泰圖壹通圖篇名的柴通圖侯通的強壯民也

丁 當也對底也的贍字也

七 陽數也少陰二合之數

万 蕃姓圖同撝圖下也圖降也略也

三 參通又圖思之數

丅 下也的乙也圖俗字又圖

丂 氣欲舒出也圖俗作巧考之本字

上 高也對下之稱的升也登也進也

丈 長老之稱圖戈圖木杖圖的

丌 薦物具圖

丏 不見也圖遮短貌又圖避也

丐 乞也圖乞求也的又手械的杻通的

世 代也三十年為一世又圖時也圖人間圖界也

丘 大也聚也空也四邑也圖水名圖此也圓有圖借曰邱以避圖孔子名也

丙 陽也天名南方圖

丕 大也圖奉也圖語辭多貌圖

且 語辭多貌又圖此也恭也承也佐也圖禮器名也

丞 官也佐也承也翼也

串 穿也圖親串習讀慣同圖圖物穿也

中 正也心也内也半也成也滿也圖當也應也

两 圖數名圖同兩圖車名圖匹也圖的

丱 束髮貌頭角也圖束髮兩角貌圖

个 枚也的物數的偏也圖箇之俗的

个 俗竹的個同

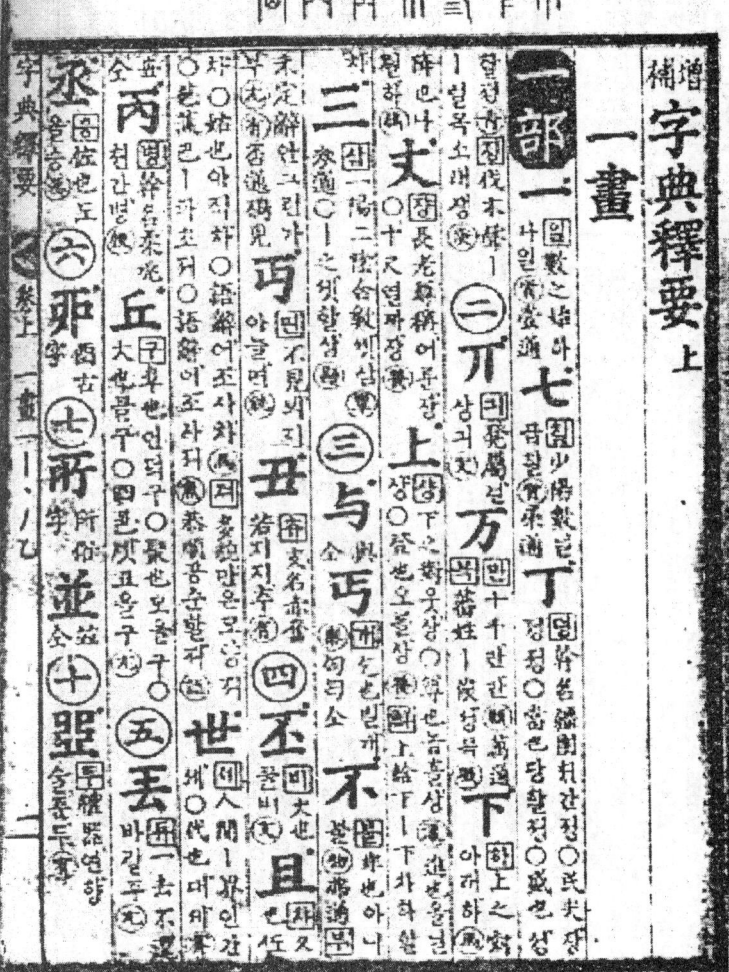

【그림 9】池錫永의『字典釋要』(1909) : 선장본, 리득춘 소장

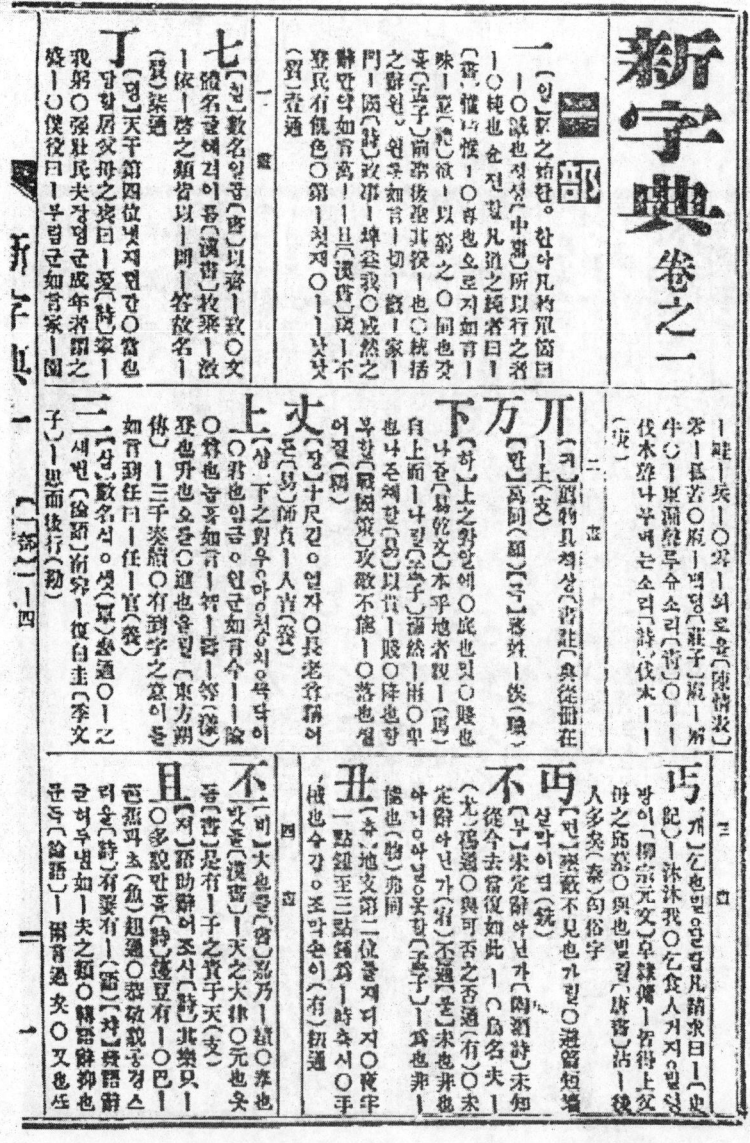

【그림 10】 최남선의 『新字典』(1915) : 六堂崔南善全集 7, 玄岩社, 1973

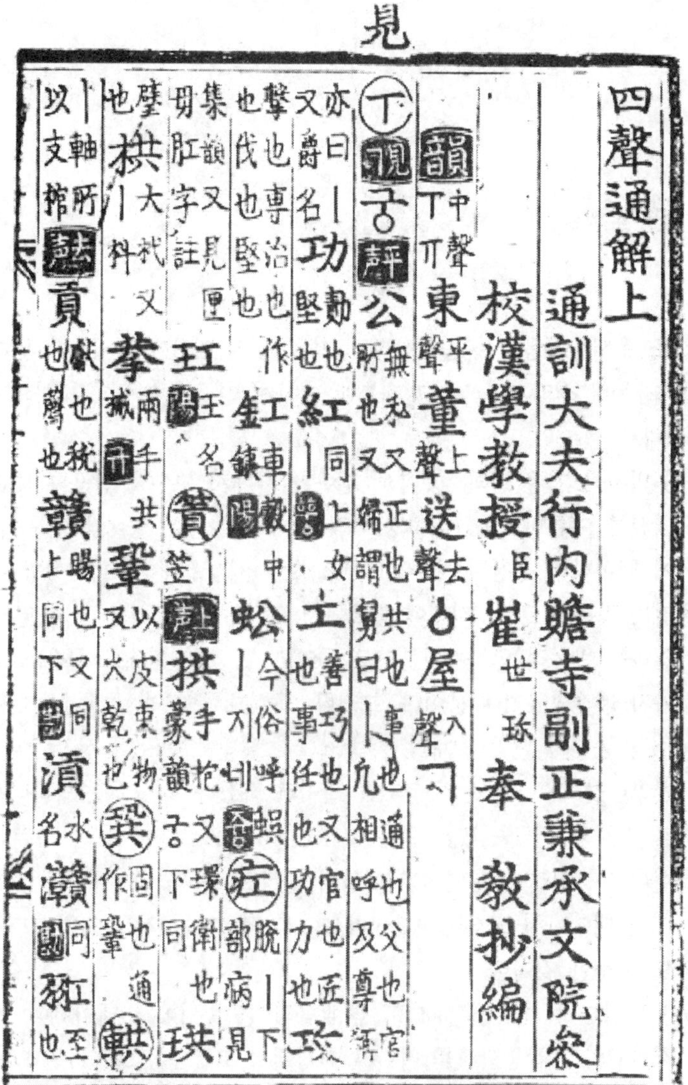

四聲通解上

通訓大夫行內贍寺副正兼承文院叅

校漢學教授臣崔世珍奉教抄編

韻 ㄱ中聲 ㄱㄲ

東平聲 董上聲 送去聲 ㅇ屋 入聲 ㄱ

功 公 所無私也又又正謂也又緜謂也 亦曰丄功堅也勤也堅也作

紅 工同 上丄中丄 ・工女红謂也善事任也又官力也正官

工 公工車陽教 ・工今俗呼지비又環衛也見下 攻 部脘病丄攻

蚣 蚣 蜙蚣見下

蜙 蜙 ᅟ

江陽 王名 賛 輦 以火乾東也又以皮物也 巽作固鞏也通輈

拱 大枓又又 科又手共 笠又 蒙手꼿子又下環衛也通軒 珙

鞏 聲 伐也專治也堅也 ㅸ獻也兾也稅也 上賜也同下又同 滇水名 灘同紅也至

以丨支軸所輈

四聲通解

37

【그림 11】『四聲通解』(1517) : 서울대 영인본, 明信文化社, 1972

서 문

『조선조 운서한자음의 전승양상과 정리규범』은 조선조 운서들에 나타난 조선(한국)한자음의 정리과정 및 그 계승에 대하여 연구한 이승자 박사의 박사학위논문이다.

이승자 박사는 지금 나와 한 학교, 같은 강좌에서 교수와 연구를 하고 있다. 이승자 박사는 이른바 "문화대혁명"이라는 세찬 돌풍이 중국대지를 휩쓸었던 그 시기에 태어나서 성장한 새 세대이다. 오늘 새삼스레 "문화대혁명"이란 말을 떠올리는 것은 바로 그 시대에 중국에서 조선어를 연구하는 사람은 한낱 나라를 분열하는 반동적 민족주의분자로 몰았고 그 결과 학교도 문을 닫고 조선말 신문마저 폐간되었기 때문이다. 그러한 "문화대혁명"의 중반기에 태어난 세대가 등소평 동지의 현명한 개혁, 개방노선의 햇빛을 받으며 성장하여 박사학위까지 받았다는 것은 실로 의의 있는 일이라 하겠다. 사실이 증명하다시피 민족의 얼과 직결되어 있는 말과 글은 그 어떤 수단으로든지 억압적으로 동결시키지 못한다. 이 진리는 70년대 세대들의 성장으로부터 증명할 수 있으며, 그러한 시대에 태어나서 조선어(한국어)박사까지 되었다는 것은 또한 그것으로써의 의의도 충분한 것이다.

이승자 박사는 黑龍江省 尙誌市 魚池鄕의 한 농가에서 태어났다. 그곳 시골에서 소학교와 초급중학교를 다니고 현성에서 고급중학교를 마친 그는 1991년에 연변대학 조문학부에 입학하였다. 학부생 생활을 끝내고 그는 계속 조문학부에서 석사, 박사과정까지 끝내게 되었다. 이승자 박사는 연변대학 아시아 아프리카(조선어)박사과정에 입학하던 그 해에 동시에 한국정신문화연구원 대학원의 입학통지서를 받게 되었다. 지도교수로서의 나는 연변대학에 학적을 두고 한국에 가서 우선 대학원 공부를 하게 하였었다. 까닭은 불 보듯 뻔하다. 그곳에 가면 배울 것도 볼 것도, 모실 수 있는 교수도 모두 이곳과는 비하지 못할 정도로 우월하기 때문이다. 먼저 그러한 자양분을 흡수하고 다음 일을 다시 고려하자는 심산이었다. 이승자 박사는 이렇게 되어 2000년 2월부터 1년 간 한국정신문화연구원 이광호 교수님의 슬하에서 국어학을 배웠고 학문과 학술을 깨치기 시작하였다.

『조선조 운서한자음의 전승양상과 정리규범』은 18세기의『華東正音通釋韻考』,『三韻聲彙』,『奎章全韻』(『全韻玉篇』을 포함)을 기본으로 하고 15～16세기의『東國正韻』,『訓蒙字會』,『四聲通解』와 20세기 초의『字典釋要』,『新字典』을 곁들어 조선조 운서들의 연혁과정 및 운서한자 조선독음의 규범정황을 다루었다.

이 책은 먼저 조선왕조시기에 조선에 유입되어 널리 사용된 중국운서 그리고 조선조의 자체 자서와 운서를 소개한 후 이러한 운서들의 서문, 범례, 운서정문(正文) 등의 내용을 상세히 비교하면서 운서들 사이의 상호관계와 계승관계를 논설하였다.

조선시대의 운서는 중국의 전통적인 운서와 운도(韻圖)의 편성방식을 채용하여 내리 4단 혹 3단으로 운모와 성조를 표시하고 자모에 따라 가로 한자의 성모를 표시하였다. 그런데 조선소 운서는 중국음 혹은 조선음을 삭삭으로만 표기한 것이 아니라 중국음(華音)과 조선독음을 동시에 기록하는 병기방식을 창안하였다. 이것은 한자운서의 역사에서 다종음(多種音) 표기의 새 장을 열어놓은 것으로 된다.

『조선조 운서한자음의 전승양상과 정리규범』에서는 각 운서의 정음과 속음을 검색하여 계열적인 대조도표를 만들면서『華東正音通釋韻考』,『三韻聲彙』,『奎章全韻』,『全韻玉篇』을 중점으로 파고 들어갔다. 이러한 과정에서『華東正音通釋韻考』와『三韻聲彙』각자의 장점을 받아들여 후기 운서와 자전들이 이루어졌고 이것이 곧 조선조 운서 한자음의 기본 음계(音係)임을 지적하였다. 여기에『奎章全韻』까지 포함하여 이 3부의 운서는 조선 왕조시기의 대표적 운서가 되기에 손색이 없음을 논증하였다.

작자는 각 운서의 초성(성모), 중성, 종성을 개괄하여 조선조 한자음은 14개의 성모, 23개의 중성, 6개의 종성으로 그 기본음을 이루고 있음을 지적하면서

『華東正音通釋韻考』의 11,794개 한자 중에서 한글로 표음한 한자(운목의 소운 대표자) 4,686개를 선택하여 『三韻聲彙』와 비교하였다. 비교 결과 3,995개의 한 자의 음이 두 운서에서 일치함을 밝혔다. 그 외의 자들은 이독자(異讀字)들인데 그 중에서 비규범적으로 적힌 자들을 제외하면 약 10%의 글자가 남게 된다. 다시 말해서 실제로 이독자는 10% 밖에 되지 않는다. 이어서 작자는 성모가 다른 이독자에서 보면 『華東正音通釋韻考』가 그 당시의 현실음을 많이 반영 하고 있고 중성이 다른 이독자들에서 보면 『三韻聲彙』, 『奎章全韻』이 현실음 을 많이 반영하고 있음을 검출해냈다. 종성은 두 운서가 완전히 일치하다. 이 러한 이독자는 『全韻玉篇』에서 다시 정리되었는데 20세기 이래의 한자의 조선 독음은 대체로 『全韻玉篇』의 음을 따르고 있음을 지적하였다.

운서 한자독음에는 상당수의 속음(俗音)자들이 나타나는데 이른바 속음은 전 통적인 운서의 음이 아니고 민간에서 널리 쓰이는 음이다. 이러한 속음은 점차 본음을 밀어내고 후기 운서들에서 정음으로 치환되기도 하였다. 이러한 사실에 기초하여 작자는 이른바 조선한자독음 중의 정음(正音)이란 전통중국운서음에 부합되는 음만이 아닌바 본음을 축출하고 정음으로 자리잡은 속음을 포함한, 그 당시에 통용된 음도 가리킨다고 정의하였다.

『조선조 운서한자음의 전승양상과 정리규범』은 책 후반부에서 한자음에 대 한 역대의 규범과 정리에 대하여 언급하였다. 조선조 운서들은 한자독음을 정 리함에 있어서 중국운서를 의거로 하여 성모와 운모의 규범표준을 두었다. 그 들은 한자독음을 중국운서거나 『洪武正韻譯訓』과 『四聲通解』 등 운서에 근거 를 두고 오음청탁 등의 중국 음운학원리를 이론적인 기초로 삼았다. 어떤 글자 들에서 비록 중국음과 일치하지 않더라도 만약 그것이 이상의 큰 원칙의 테두 리에 크게 위반되지 않으면 그 독음을 보존하도록 윤허하거나 혹은 동류의 음 으로 개정하게 하였다. 그러나 이러한 규범은 시종 조선의 전통한자음과의 대 비 속에서 이루어졌다.

총괄해보면 이상과 같은 면에서 이 책은 학술적 가치를 갖게 된다. 지난날의 연구에서는 개별 운서의 독음연구는 일정하게 이루어졌으나 여러 운서 간의 연관성을 찾아내는데 좀 미약하였고 여러 운서의 정문, 서문, 발문, 범례 등을 총체적으로 고찰하는데 좀 부족하였다. 『조선조 운서한자음의 전승양상과 정리규범』은 비교적 계통적으로 그리고 총체적으로 일련의 부동한 운서들을 연구하였는바 그 결론이 적중한 것으로 보아진다. 이는 앞으로 조선(한국)운서 독음의 발전역사를 서술하는데 새로운 도움을 줄 것이다. 이는 이 책이 거둔 성과의 중요한 부분이라 하겠다.

이승자 박사의 학위논문이 서울에서 책자로 정식 출판된다고 하니 참으로 경하할 일이다. 3년 간 학점을 따느라 학위논문을 쓰느라 하루도 편할 날 없이 노력한 결과로 맺어진 이 열매 —『조선조 운서한자음의 전승양상과 정리규범』이 한국어학 연구의 본체인 대한민국에서 출판된다고 하니 저자 본인은 물론 우리 모두 이 열매의 무게를 알고도 남음이 있을 것이다. 학문의 첫걸음이 무겁거니와 앞으로의 나아갈 길 또한 평탄치만은 않을 것임을 예측하면서 이 길을 지평선 끝까지 걸으려는 저자의 마음 생각할수록 기특하기만 하다. 아무튼 중국의 30대들 속에서도 계속하여 어학자가 속출되기를 기대하는 바이다. 이 기회에 저자가 한국에서 공부하는 기간 가르침을 아끼지 않으신, 박식하신 이광호 교수님께도 다시 한번 인사드린다.

아직 경제적으로 뒤떨어진 중국형편에서 개인저서를 출판한다는 것은 쉽지 않은 일이다. 저서를 내자면 엄청난 출판비용을 교부해야 한다. 젊은 교원일 경우 2~3년의 봉급을 다 들어야 할 정도이다. 그러나 서울 역락출판사 이대현 사장님께서 돈 한푼 받지 않고 출판을 허락해 주심으로 해서 책 출판의 기쁨을 저자와 함께 가지게 된다. 이에 이대현 사장님께 두 손 모아 감사의 인사 올리는 바이다.

서로의 일이 내내 잘되기를 기원하면서 이로써 서문을 마친다.

2002년 11월 19일
중국 연길에서 李得春 씀.

감사의 글

책을 냄에 즈음하여 또다시 감회가 깊어지면서 고맙고 감사했던 분들의 이름들이 다시 떠오른다.

많은 사람들의 성원과 지지가 아니었으면 오늘 이 자리는 전혀 불가능하였다. 어렵고 힘들고 주저될 때 가장 큰 힘이 되었던 것은 주위에서 주는 믿음과 격려였다.

우선 지도교수 이득춘 교수님이 계셨다. 석사에 거쳐 박사에 이르기까지 학문의 틀과 기초로부터 시작하여 독자적 연구능력을 하나하나 깨우쳐 키워주신 은사님이시다. 잔일은 많고 힘은 별로 빌릴 데 없는 여성제자인데다 박사과정에 들어감과 동시에 한 아이의 엄마가 될 여러 가지 사정이 있었음에도 믿음과 격려로 이 자리까지 지키고 밀어주신 은사님이시다. 세상을 크게 내다볼 수 있는 안목을 띄워주시고 제자가 커질 수 있는 길이라면 당신께서 수고스럽더라도 항상 선뜻 밀어주신 은사님이시다. 항상 고맙고 마음이 뜨거운 우리 스승님께 엎드려 큰절을 올린다.

가까이 계시면서 학술의 성장을 이끌어주시고 무거운 짐을 덜어 주셨던 최명식, 류은종, 전학석, 김광수, 김일 등 강좌의 교수님들과 학문의 편달을 주셨던 태평무, 류영록, 최건, 김기석, 최희수 등 교수님들께 심심한 감사를 드린다.

한국정신문화연구원에 가서 공부할 수 있는 기회를 두 차례나 주셨고, 체류기간 학업과 생활상 많은 도움 주시면서 가르침을 아끼지 않으셨던 자상하신 이광호 지도교수님께 깊은 감사 드린다.

무언의 성원을 보내며 말없이 큰 힘을 주신 김병민 총장님, 연구실 겸 생활방을 마련해주어 부담 없이 학문에 몰두할 수 있도록 해주신 김호웅 학부장님, 연구의 편의를 여러모로 돌봐주신 최웅권 처장님, 최문식 원장님, 채미화 교수님께 뜨거운 감사 드린다. 뜨거운 방조를 주신 최석우 처장님께도 감사 드린다.

이 외에도 직접, 간접적으로 도움을 주신 분들이 참으로 많다. 먼저 논문을 쓰면서 많은 학술적 가르침을 받았던 한국, 조선, 중국의 여러 학자분께 심심한 감사 드린다. 번거로운 자료작성에 도움을 준 김광수 선생님, 오성애 석사 연구생, 2001급의 박련실, 경취 학생에게도 고마움을 전한다. 한국행 때 무거운 책을 흔쾌히 전해주었던 동방문화연구원 이영자 선생께도 감사 드린다.

박사학위를 제시간에 잘 마칠 수 있은 것은 시부모님의 성원과 남편의 지지가 컸다. 공부하는 며느리와 아들을 위해 3년 간 모든 수고로움을 아끼지 않으신 우리 시부모님께 큰 절 올린다. 어깨 겯고 나란히 걸을 수 있도록 항상 힘과 용기를 주며 어렵고 힘들어도 티를 내지 않는 남편께 이제 아내의 역할을 다하고 싶다. 할머니 할아버지의 품에서 건강하고 귀엽게, 탈 없이 잘 자라준 딸 김정이에게도 그간에 하지 못한 엄마노릇 착실히 하고싶다.

대학졸업하고 일찍 취직하여 고등학교 때부터 석사과정까지 10년 간 줄곧 뒷바라지 해준 언니를 생각하면 항상 마음이 뜨겁다. 가장 사랑을 많이 주시면서도 항상 마음 저려하는 연로한 우리 엄마, 고지식한 큰오빠, 작은 오빠께도 고마운 마음이다.

이 책의 출판을 흔쾌히 허락해주시이 '출신'의 희열을 안겨주신 역락출판사 이대현 사장님께 심심한 사의 표한다.

많은 고마운 분들이 계셨기에 오늘 이 자리도 있게 되었다.

책 출판의 희열을 성장을 지켜봐 주신 모든 고마운 분들과 함께 나누려 한다.

2002년 11월 22일
저자로부터

차례

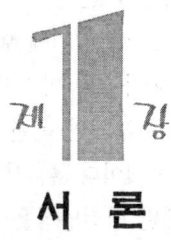

서 론

1. 연구목적 및 의의

근대에 이루어진 조선어의 제반 양상이 현대조선어의 바탕이 되고 근간을 이루었던 것과 마찬가지로 각종 옥편, 자전류에 표기된 현대조선한자음도 근대에 정리 기록된 운서한자음이 주류를 이루고 있는 것이라 할 수 있다.

그러나 지금까지의 연구는 주로 『동국정운』, 『훈몽자회』, 『천자문』, 『유합』, 『신증유합』 등을 대상으로 한 중기조선한자음에 집중되어 있고 근대조선한자음에 대한 연구는 많이 이루어지지 않은 형편이다. 근대조선한자음 자료들은 전기한자음연구의 참고자료로 인용되는 경우가 많았고 그 자체에 대한 본격적이고 전면적인 연구가 거의 이루어지지 않은 상태이다. 개별적으로 진행된 운서한자음 연구는 운서 간의 연관성이거나 본문의 내용과 범례 등에 대한 전반적인 고찰 가운데서 진행된 체계적 연구가 아니고 개별적인 한 두 운서의 어떠한 특정한 내용을 대상한 연구여서 운서한자음의 전반 모습과 발전 양상을 인식할 수 없었다.

18세기에 들어서서 많은 운서들이 편찬되고 한자음의 정리작업이 이루어졌는데 조선한자음의 진정한 정리는 이 시기에 이루어졌다고 할 수 있다. 이 시기 운서들은 조선한자음과 중국한자음을 병기한 특징을 띠는데 전통음과 중국음을 감안하면서 정리한 한자음은 후기의 옥편, 자전에 전승되고 그 음들이 다시 현대조선한자음으로 정착되는 것이다. 이 시기 한자음의 통시적인 변천과정에 대한 연구는 조선한자음의 제반 발전양상을 규명할 수 있을 뿐만 아니라 조선한자음의 기록과 정리의 기준에 대한 연구에 중요한 단서를 제공해주고, 현실적으로 조선한자음을 정리하고 규범하고자 할 때에 근거를 제공해줄 수 있다.

이와 같은 점에 주목하여 본 연구에서는 조선조에 편찬된 운서의 한자음에 대한 통시적인 비교와 본문의 내용과 서문, 범례 등의 상관연구를 통하여 다음과 같은 목적에 도달하려 한다.

첫째, 조선조에 편찬된 운서의 한자음에 대한 구체적인 내용비교를 통하여 한자음의 전승양상을 연구한다.

둘째, 운서의 서, 범례, 발문 등에 대한 고찰과 이음생성의 원인분석을 통하여 운서한자음의 정리규범을 파악한다.

조선한자음의 연구에서 항상 제기되는 문제는 조선한자음의 전래와 모태에 관한 것이다. 이를 해결하기 위하여 상고시기 중국음과 중고시기 중국음과의 비교와 대조 속에서 많은 연구가 이루어져 있고 더불어 많은 설들이 제기되고 있다. 그러나 자료의 부족으로 조선한자음 형성의 양 배경이 되는 고대조선어의 음운체계와 중국 상고음의 음운체계 내지 변화 자체가 불분명한 상태여서 제반 연구들은 나름대로 문제점을 극복하지 못하고 있다. 현재 절운계의 북방 중고음을 모태로 거기에 육조시대의 동남방 중국음이 고층으로 잔존하고 있다는 설이 지반을 넓히고 있는 상황이지만 아직도 많은 현안들이 남아있다. 따라서 각 시기에 보이는 한자음 특히 전후시기와 비교하여 이례적으로 보이는 음들에 관하여 개별자음의 면밀한 검토작업은 아주 필요한 것이나 본고는 이조시기 운서한자음 전승의 전반적인 흐름과, 운서한자음 정리의 규범에 초점 둔 것으로서 조선한자음의 기원과 모태에 관한 문제는 다루지 않는다.

2. 기존연구

운서에 기록된 한자음은 초기에 운서에 대한 해제의 한 내용으로 언급되었다. 『삼운통고』, 『삼운보유』, 『증보삼운통고』를 제외한 조선의 운서들은 모두 조선문자로 한자의 음을 기록하고 있어 조선어의 연구자료로 주목되어 오꾸라 신뻬이(小倉進平)의 『조선어학사(朝鮮語學史)』(1940), 김윤경의 『조선문자급어학사 (朝鮮文字及語學史)』(1938), 최현배의 『한글갈』(1942), 김병제의 『조선어학사』(1984), 김영황의 『조선언어학사연구』(1996)등에서 언급되었다.

한자음 연구의 한 목적이 문자기록 이전의 고대조선어의 음운체계를 연구하는데 있었고, 그것의 보조수단이 되는 고대조선한자음의 연구는 또 중기조선한자음의 연구를 바탕으로 역추리적인 방법에 의해 진행됨으로써 한자음의 연구에서 중기조선어시기의 연구가 가지는 중요한 지위를 인식할 수 있다. 중기조선한자음의 대상자료는 그 성격에 따라 크게 두 가지로 대분 되는데 현실한자음을 기록한 『훈몽자회』, 『천자문』, 『신증유합』 등 자서류와 각종 언해류가 그 하나이고 비현실 한자음을 기록한 『동국정운』과 그 계열의 한자음으로 기록된 언해류가 다른 하나이다. 조선한자음의 연구는 중기한자음을 대상으로 한 연구가 주류를 이루었는데 실제상, 『동국정운』은 훈민정음이 창제된 후 제일 먼저 등장한 조선운서라는 점에서 훈민정음 체계의 연구를 위한 접근으로 많이 이용되었고 거기에 기록된 한자음은 인위적으로 교정된 비현실적인 한자음이라는 점에서 조선한자음연구에서는 별 가치를 인정받지 못하였다. 다만, 신숙주의 서문에 보이는, 당시 현실에 쓰이던 조선한자음의 제 양상에 대한 내용이 조선한자음의 실상을 간접적으로나마 알려주고 있어 많이 인용되고 참고될 뿐이다.

이 시기에 『동국정운』을 제외하고 『홍무정운역훈(洪武正韻譯訓)』, 『사성통해 (四聲通解)』 등 운서가 편찬되었고, 그에 대한 연구가 많이 이루어졌으나 이 두 운서는 중국한자음을 기록한 운서일뿐이어서 다만 중국한자음의 전사체계와 음운현상을 이해하는데 훌륭한 자료로 되었다. 조선한자음과는 직접적인 연관이 없으므로 경우에 따라 조선한자음연구의 참고문헌으로 인용될 뿐이었다. 따라서 본 논문에서는 이에 관한 연구는 소개치 않기로 한다.

　　현실 조선한자음을 기록한 운서는 18세기에 들어서서 많이 나타난다. 이 시기에 등장하는 운서와 옥편으로 『華東正音通釋韻考』(이하 『화동정음』으로 약칭), 『三韻聲彙』, 『奎章全韻』, 『全韻玉篇』이 있다. 『전운옥편』을 제외하고 이 시기의 운서들은 중국음과 조선한자음을 함께 기록하는 특징을 보이는데, 모종 의미에서 조선한자음의 진정한 정리는 이시기 운서들에서 이루어졌다고 할 수 있다. 그러나 이 시기 운서들에 대한 연구는 중기조선한자음 연구의 자료로 인용되는 『훈몽자회』, 『천자문』, 『유합』, 『신증유합』 등에 비해 상대적으로 아주 빈약한 모습이다.

　　운서와 운서류 한자음연구에 주목하여 이왕에 이루어진 대표적 연구들을 살펴보면 다음과 같다.

　　먼저 고노오로꾸로(河野六郞)의 『조선한자음의 연구(朝鮮漢字音の硏究)』(1979)를 들 수 있다. 그는 『훈몽자회』, 『천자문』, 『유합』, 『효경언해』, 『경서언해』 및 18세기의 운서류를 대상으로 조선한자음의 특성을 밝히려 하였다. 결과 조선한자음이 중고시기 중국음과 다르게 반영된 이유를 주로 유추와 음절편향에 의한 것으로 해석하고 전청·차청이 혼잡한 양상을 보이면서 반영되는 것은 고대조선어에 기(氣)에 의한 유기음과 무기음의 대립이 존재하지 않았기 때문이며 탁음에 속하는 중국음들이 전청이나 차청으로 반영되는 것은 청·탁의 대립이 조선어에서 변별력이 없었기 때문이라고 하였다. 또한 일모(日母)는 시기에 따라 달리 반영되어 고시기에는 "ㅿ"로 나타나고 후기에는 "ㅇ"으로 반영되며 중국음의 상모(牀母)가 조선한자음에서 "ㅈ, ㅊ, ㅅ" 등 3음으로 반영되는 것도 역사적 전개의 결과로서 원래는 심모(心母)와 같이 "ㅅ"으로 나타났었는데 이 고층 위에 근세음의 영향으로 "ㅈ, ㅊ"의 신층이 겹친 것이라고 하였다. 설상음이 옛 자료에는 "ㄷ, ㅌ"으로 반영되고 새로운 문헌에서는 "ㅈ, ㅊ"으로 반영되는 것은 3등자의 경우는 조선어의 구개음화법칙에 의하여 그렇게 된 것이고 2등자의 경우는 중국 근대음에서 설상음이 파찰음화된 영향을 받아 인위적으로 교정하였기 때문이라 하였다(1979:416~420). 이상이 성류(聲類)의 연구에 관한 것이고 운류(韻類)의 연구에 관하여 다음과 같이 결론지었다. 먼저 모음체계가 풍부한 조선어지만 중국어처럼 이중 삼중모음이 많은 언어를 전사함에 그 음성적 자질을 왜곡하여 반영하기도 하였지만 음상으로부터 달라진 대응관계

를 살펴보면 예외로 세밀한 구별이 인식되어 있어 이 점이 중국어 음운사 자료
로서의 조선한자음이 높이 평가되는 점이라고 하였다. 합구음은 아음과 후음에
비교적 잘 보존되어 있고 설음과 치음에는 합구 요소가 사라진 경우가 많으며
특히 3등운의 경우 더욱 그렇다고 하였다. 운미에 있어 입성 "ㄷ[t]"이 규칙적
으로 "ㄹ[r]"로 변하였고 효섭(效攝)과 유섭(流攝)의 음성 운미 "우[u]"가 주요모
음과 통합되어 전자에서는 "오", 후자에서는 "우"로 됨으로써 이 두 섭에 한하
여 핵 모음의 상황을 불분명하게 하기는 하였지만 대체로 중고음의 그것을 충
실하게 보존하고 있다고 하였다. 성조는 거의 미개척된 상태고 전래한자음의
모습으로 파악할 수 있는 것은 중국어의 평성은 평성으로, 상성과 거성은 상성
으로, 입성은 거성으로 표기되었다고 하였다(1979:497).[1] 이상 고노오로꾸로(河野
六郞)의 연구는 오랜 시기에 걸친 자료를 대상으로 한 방대한 작업이고 후기
조선한자음 관련연구에 많은 영향을 준 연구이다. 그러나 이 연구는 조선한자
음의 모태와 조선어음운사의 확립에 목적을 두고 진행된 것이었다. 일부 근대
운서들을 다루기는 하였지만 그것들은 자료채집의 대상으로 작용하였고 운서
자체에 대한 전면적인 연구가 아니었다.

　　다음 안병호의 『조선한자음체계의 연구』(1984)가 있다. 본 연구는 조선한자음
의 난일한 체세의 성립과 발전에 관한 연구로시 조선말 말소리체계에 복종하
여 조선한자음체계가 어떻게 완성되었고 그것이 어떻게 발전하여 오늘에 이르
게 되었는가 하는 전반 조선한자음체계의 발전역사를 밝히는데 중심을 두었다.
조선한자음의 변화발전을 연구함에 있어서 『동국정운』계 한자음, 운서 옥편류
한자음, 자서류와 언해류에서 보이는 통용한자음으로 부류를 나누고 각 시기
한자음을 연구함에 음절에 따라 초성·중성·종성별로 나누고 그 안에서 다시
구체적인 자모나 모음과 대조시켜 분석함으로써 한자음에 대한 교정관계를 고
찰하는 연구방법을 채취하였다. 초성의 경우, 『화동정음』, 『삼운성휘』, 『규장전
운』의 편찬자들이 각각 주관적으로 제각기 설정한 규범에 따라 한자음을 정리
함으로써 초성에서 동일한 한자에 대한 음의 표기형태가 일치하지 않게 되었
으며 여러 개의 음을 가지고 있는 한자에 대하여 운서 편찬자들이 임의로 그

---

1) 이외에 각 섭의 운이 조선한자음에 반영된 상황을 보면 신구 층이 섞여있어 일견 혼란스러워 보이는
　 점에 대하여 섭에 따라 조선한자음의 운을 정리하였는데 이에 관한 내용은 약하기로 한다.

어떤 하나의 음만 취사선택함으로써 상호간 차이를 조성하였고 이들 운서음을 통용음과 비교할 때 어느 한 운서도 완전히 통용음과 일치되는 것은 없지만 매 개 한자로 볼 때에는 통용음과 일치되는 음이 많음을 말하였다(1984:158). 중성 의 경우, 운서들에서 보이는 중성음표기의 차이는 조선말 말소리의 일반적인 변화와는 직접적인 관련이 없고 주요하게 중국한자음과 조선통용음 사이에서 일치되지 않는 것을 근거로 하여 임의로 교정한데서 기인되며 운의 측면에서 볼 때 중성의 차이는 모든 운에 일관되어 조금씩 굴곡이 있을 수 있으나 가장 심하게 일치되지 않는 것은 "支"운, "齊"운, "微"운, "虞"운들임을 말하였다 (1984:169). 『전운옥편』이나 『동국정운』에 대한 한자음도 상술한 방법으로 연구 하였다. 이처럼 본 연구는 각 시기의 한자음에 대하여 세밀한 작업의 과정을 거쳐 이음들은 규칙적인 대응관계거나 법칙을 이루고 생성된 것이 아니라 상 호간 무관하게 교정됨으로써 조성된 것임을 밝힌 방대한 분량의 작업이었다. 그러나 이 연구에서는 18세기의 운서, 옥편의 음들을 일률로 통용음에 상대하 는 교정음으로 처리하였다. 그리고 연구방법상 음소별로 세분하여 분석한 후 한자음을 음절자체로 연구하는 종합작업이 이루어지지 않았다. 어느 면에서 각 시기 차이나는 한자음들의 현상을 지적한데 그치고 있어 한자음의 전승양상이 체계적으로 뚜렷하게 안겨오지 않는다.

다음 이돈주의 『한자음운학의 이해』(1995)에서는 한 개 장, 한 절의 분량으로 운서 중심의 근대조선한자음을 연구하였다. 실제 언급된 내용을 보면 『훈몽자 회』 예산본의 한자음을 운서한자음의 속음과 비교하였는데 『훈몽자회』에 수록 된 3360자의 한자 가운데 200자가 『화동정음』과 『전운옥편』에서 정·속음으 로 반영되었고 그 중의 152자가 현대조선한자음으로 고착되었음을 밝히었다. 조선한자음의 속음 생성의 원인을 해석함에 있어서 형성자의 성부음에 끌리어 유추된 것이거나 자형의 상사로 인하여 다른 한자음에 유추된 것이 가장 큰 원 인이라 하였다(1995:352~353). 그리고 설음자를 중심으로 근대운서음의 규범성 을 지적하였다.

운서 대상의 한자음 전문연구는 그래도 강신항을 들 수 있다. 「국어학논총」 의 계열서로 출판된 『한국의 운서』(2000)는 운서에 관한 그의 연구(1969, 1970)를 집대성한 것이라 할 수 있다. 하나의 주제를 가지고 쓴 것은 아니지만 조선시대 언어학연구의 주류를 이루었던 조선조 운서에 대하여 그 계통과 성격 그리고 일부 운서가 나타내고 있는 음계를 밝힌 내용으로 되어있다. 또한 여러 운서들의 성격을 더욱 분명히 하기 위하여 운서에 붙어있는 서문과 범례를 번역하고 간단한 주석을 붙여놓았다. 내용을 살펴보면 조선조 운서의 성격을 규범성으로 규정짓고 조선조 운서의 계보적 관계를 『삼운통고』와 『사성통해』에서 찾았다. 그리고 운서의 관계상 『화동정음』과 『삼운성휘』는 전연 관련성이 없다고 하였다.

강호천은 「조선조 한자음 정리의 역사적 연구」(1991)에서 운서들의 선후영향을 시대적으로 파악하려는데 목적을 두고 운서의 체계를 중심으로 서문, 범례, 발문, 본문 등을 참조하여 운서의 편찬과정과 동기, 편차와 형식, 정음(定音)과 주석, 정모(定母)와 편운(編韻), 한자음, 수록자 등을 연구하였다. 한자음에 대한 연구를 살펴본다면, 저자는 한자음의 구성을 초성, 중성, 종성 체계로 나누어 매 운서들에서의 기록상황을 분석하였다. 이러한 연구는 중국한자음의 성모와 운모 체계와 조선한자음의 초·중·종성 체계의 대비 및 각 운서들에 보이는 음운구조를 고찰하는 면에서 좋은 연구이다. 반면 총체적인 체계 뒤에 존재하는 음들의 구체적인 차이와 변화를 지적, 분석하지 않았기에 각 운서들에서 나타나는 한자음의 특징과 실상을 반영하지 못한 면도 있다.

양인종의 「한국한자음과 중국북방음의 비교연구」(1982)는 조선문자로 기록된 중국음표기 운서를 주요 연구대상으로 하여 중국한자음이 조선에서 어떤 음운규칙에 의해 변화되었는가를 고찰하였다. 중국한자음의 음운변화와 대비하기 위하여 조선조의 운서를 대상으로 조선한자음의 음운변화에 관하여도 세밀한 고찰을 진행하였다. 성모별 음운변화는 영성모화, 구개음화, 유추 세 가지로 지적하였고 특히 유추로 인정된 자음들에 관하여 『홍무정운역훈』의 자모별로 이음례를 구체적으로 지적하였다. 다음 중성의 음운변화는 모음탈락, 고설모음화, 중설모음화, 저설모음화, 전설모음화, 후설모음화, 축약, 유추로 구분하였다. 조선한자음에서 "반절의 법을 몰라서"거나 혹은 "글자체가 비슷해서"거나 혹은 "사용의 회피"거나 "속음을 인습"하거나 해서 변이 된 것으로 인정되는 이음례들을 구체적으로 예시하였다. 특히 이 연구에서 주목되는 것은 "한국한자음의 통시적 음운변화표"라 하여 15세기 이전부터 20세기까지의 음운변화를 성모별,

운모별로 도표를 작성하고 있는 점이다. 상술한 고찰의 결과 조선한자음에 있어『동국정운』이전의 한자음은 주로 아음, 후음, 순음자가,『동국정운』이후의 한자음은 주로 설음, 치음자가 운모에 대해 작용하여 변화를 일으켰으며 중국 북방음은『홍무정운역훈』이전에 주로 순음, 설음, 치음이,『홍무정운역훈』이후에는 주로 아음, 후음자가 운모의 영향을 받아 변화되었음을 밝히었다.

옥편류의 한자음에 관한 연구로는 달머스(Dormels)의「옥편류의 한자음 비교연구」(1993)가 있다. 본 논문은『전운옥편』,『신자전』,『대자원』을 중심으로 옥편류의 한자음을 연구하였다.『신자전』이 주로『전운옥편』에 많이 의존한 까닭으로 두 책의 한자음은 큰 차이를 보이지 않으며 106자에 한하여 음이 차이나는 것은『신자전』이 대부분 중국운서『강희자전』을 참고하여『전운옥편』의 음을 고친 것이거나『전운옥편』의 정음 대신 속음을 취한 것, 또는 현실음을 반영하였기 때문이라고 하였다. 다음『신자전』과『대자원』을 비교한 결과 나타나는 이음례는 418자이고 이러한 이음생성의 원인은『대자원』이『신자전』의 음을 교정하였거나,『신자전』의 음 대신『신자전』에 보이지 않던 다른 음을 기록한데서 생긴 것이라 하였다. 본 연구에서 주목되는 점은 현대의 사전이나 옥편과『대자원』의 여러 판본 사이에 상당한 차이가 있음을 지적하였고 그래서 어떤 자료의 한자음을 소위 "현대조선(한국)한자음"이라고 하는 것과 비교하려면 매우 혼란스럽다고 하였다. 저자는 한국의 현대의 사전이나 옥편의 한자음은 규정된 음이라기보다는 편찬자의 의견을 반영한 것이라 하였다. 그 원인은, 권위 있는 국가기관에 의한 한자음정리사업이 없었고, 소위 "한글전용운동"으로 하여 한자에 대한 부정적 시각이 커졌기 때문임을 들었고 또 반절법에 의한 표시와 조선한자음의 변화가 차이를 유발하였으며 현대의 사전이나 옥편과『대자원』의 여러 판의 이음 중 벽자(僻字)가 많기 때문이라고 하였다.

이외에 하혜정은「조선조 운서의 독자성 연구」(1997)에서 조선조의 운서 사용목적이 체제와 내용에 미친 영향을 밝히는데 목적을 두고 중국 운서와 다른 조선조 운서의 독자적인 특징을 연구하였다. 본질적으로 한자음 자체에 대한 연구는 아니지만 조선조 운서를 연구대상으로 하여 운서의 체재, 내용, 기능과 이용에 대하여 전면적인 고찰을 진행한 가치 있는 연구이다.

다음 개별 운서에 대한 연구로는 다음과 같은 것이 있다.

정경일은 「규장전운 연구」(1984)에서 『규장전운』의 일자다음어(一字多音語)를 대상으로 중고한어음과 대조하여 정·속음을 판별하였고 「화동정음통석운고 한자음 성모연구」(1989)에서 『화동정음』의 초성체계를 "ㄱㅋ, ㄷㅌㄴ, ㅂㅍㅁ, ㅈㅊㅅㅆ, ㅎㅇ" 14자로 밝혔다. 중국한자음의 성모가 『화동정음』의 조선한자음에 반영되는 양상은 대체로 36자모체계의 음가를 그대로 유지하고 있으며 중기조선한자음에 반영되는 양상과 일치한다고 하였다. 중기한자음에서 "ㄷ/ㅌ"로 반영되는 설음 지(知)·철(徹)·징(澄)모가 『화동정음』을 비롯한 18세기 운서에서 모두 "ㅈ/ㅊ"에 반영되는 것은 근대한어음의 구개음화의 영향 때문이라고 하였다. 다음 『화동정음』에서 반절의 음가와 달리 반영되는 이음례들은 대체로 중기한자음에서 이미 이례적으로 반영되던 음들이며 이례적 반영의 원인은 대부분 성부(聲符)와 해성자(諧聲字)의 음에 의한 유추지만 엄격하게는 상고한어음의 지속이라고 해석하였다. 『화동정음』에 기록된 속음자 중 305자가 성모상의 변이가 일어난 것이며 속음화의 가장 큰 원인은 음운유사에 의한 변이라고 하였다. 음의 구체적인 반영양상으로 볼 때 표음의 기준은 달랐지만 전체적인 결과로 보아 『화동정음』, 『삼운성휘』, 『규장전운』 세 운서는 같은 음을 표기하였다고 하였고 『화동정음』보다 『삼운성휘』, 『규장전운』이 좀더 규범적인 태도를 보인다고 하였다. 그리고 각 운서 간에 이음이 발생하는 원인을 기음의 발생과 발달에 따른 신·구음의 반영, 파찰음과 마찰음의 분화에 따른 신·구음의 반영, 아·후음의 상호간 혼란 등으로 지적하였다. 운서음들의 관계상 『화동정음』, 『삼운성휘』, 『규장전운』 세 운서는 중국한자음 기록이 모두 동일하며 조선한자음은 중국음을 기준으로 한 『화동정음』과 현실한자음을 기준으로 한 『삼운성휘』, 『규장전운』으로 이분된다고 하였다. 이 연구에서 조선한자음을 이분한 것은 타당성이 있으나 그들의 성격을 규정함에 『화동정음』은 중국음을 기준으로 한 것이고 『삼운성휘』, 『규장전운』은 현실음을 기준하였다고 한 점과 이 세 운서에 기록된 중국음 관련 견해는 그릇된 것으로서 시정되어야 할 바라고 생각한다.

이 외에 단편적인 연구들로 주요하게 속음 관련 연구를 지적할 수 있다. 이돈주의 「화동정음통석운고의 속음자에 대하여」(1977)는 『화동정음』의 속음을 여덟 가지로 분류하고 그중 현대음으로 전승된 속음자를 중심으로 속음생성의 원인을 연구하였는데 대부분 유추로 처리하였다. 정경일의 「한국한자음의 속음화에 대한 일고」(1987)는 『화동정음』의 속음화의 원인을 중원음운과의 상관 속에서 찾아보려 하였다. 이기동의 「전운옥편에 주기된 정속음에 대하여」(1982)는 전청자에 해당되는 221개의 한자음에 대하여 성모를 중심으로 한 고찰인데 속음화의 원인을 해석함에 역시 해성자의 유추를 가장 크게 꼽았다.

　이상 기존의 연구들에 대한 소개와 평가를 마치고 이외의 한자음 관련 연구 내용들은 필요에 따라 본문에서 간혹 언급하기로 한다.

3. 연구방법과 대상자료

5백년 역사의 조선왕조를 통관하여 볼 때, 한자음 운서들은 세 개의 고봉을 이루며 나타난다.

제1기 : 15세기 중기～16세기 초엽
① 『동국정운(東國正韻)』(1447)
② 『홍무정운역훈(洪武正韻譯訓)』(1455)
③ 『사성통고(四聲通考)』(1458～1468 사이)
④ 『사성통해(四聲通解)』(1517)

제2기 : 18세기
⑤ 『삼운보유(三韻補遺)』(1702)
⑥ 『증보삼운통고(增補三韻通考)』(1702～1720 사이)
⑦ 『화동정음통석운고(華東正音通釋韻考)』(1747)
⑧ 『삼운성휘(三韻聲彙)』(1751)
⑨ 『규장전운(奎章全韻)』(1796)
⑩ 『전운옥편(全韻玉篇)』(18세기 말)[2]

---

2) 운서가 운을 중심으로 한 한자의 분류와 배열이라고 할 때 옥편과 자전은 부수를 중심으로 한자를

제3기 : 20세기 초엽

⑪ 『자전석요(字典釋要)』(1909)

⑫ 『신자전(新字典)』(1915)[3]

그중 ② ③ ④는 중국한자음만을 기록한 운서이고 ⑤ ⑥은 한자의 간략한 훈만 있고 음은 표기하지 않은 무음유석(無音有釋)의 운서이다.

본고에서는 ① ⑦ ⑧ ⑨ ⑩ ⑪ ⑫ 등 조선한자음을 기록하고 있는 운서들을 대상으로 역사적 연계의 방법을 적용하여 범례, 서, 발문 등과 본문의 내용을 결부하여 운서한자음의 전승양상과 정리규범을 파악하려 한다. 18세기 운서의 한자음의 전승양상에 대한 연구는 방법상 ⑦『화동정음』, ⑧『삼운성휘』두 운서를 출발점으로 삼는다. 그 이유는 다음과 같다.

첫째, 조선조 조선한자음 운서의 진정한 발전과 완성은 18세기로부터 시작되는 바 이 두 운서는 거의 동일한 시기에 선보인 각자 특색 있는 운서이다.

둘째, 후기 운서들은 체재와 내용에서 이 두 운서를 기준으로 각자 선별하여 전범으로 삼았다. 운서한자음의 정착에 있어 이 두 운서는 조선한자음정리의 두 기둥이 되었다고 할 수 있다.

연구의 구체 보조는 다음과 같다.

1. ⑦에서 동일음의 한자가 몽상(蒙上)한, 조선한자음이 직접 기록되어 있는 한자들을 선별한다.

2. 1에서 얻은 한자음을 ⑧과 비교하여 동음자와 이음자로 분류한다.

3. 2의 결과에서 얻은 동음자를 15~16세기 전통음과 현대음과 비교하여 분석한다.[4]

배열한 획인 자전으로서 이들을 갈라보아야 할 것이나, 한자음의 기록에 있어서 옥편과 자전의 음은 운서음에 준하는 바가 크고 또 옥편과 자전에서도 매 한자의 음에 따라 운의 소속을 밝히고 있으므로 조선의 운서음과 옥편, 자전의 음은 본질적으로 구별되지 않는다. 따라서 본고에서는 옥편, 자전류도 운서에 포괄하여 고찰키로 한다.

3) 1897~1910년은 대한제국이 정권을 세웠던 시기이다. 1910년 8월 29일 한일합방을 체결함으로써 국권이 탈취되었고 따라서 조선왕조도 막을 내리게 되었다. 본고는 이러한 역사적 사실을 인정하는 전제 하에 1915년에 펴낸 『신자전』을 보조적으로 함께 고찰한다.

4) 본고는 한국의 두산동아 『한한대사전』(1998)과 조선의 『새옥편』(1963)을 중심으로 한국과 조선의 현대 한자음을 기록한다.

4. 2에서 나타난 이음자를 대상으로 ⑨ ⑩ ⑪ ⑫ 및 ⑬ ⑭와의 비교를 통하여 한자음이 계승되는 양상을 살피고 이음생성의 원인을 고찰한다.

다음, 운서한자음의 기록과 정리규범에 대한 연구는 상술한 전승양상의 연구결과에 기초함과 아울러 서문, 범례, 발문 등에 반영된 저자들의 견해와 병기운서들에 기록된 중국음과의 연관 속에서 전면적으로 고찰한다.

제2강
조선조에 편찬 사용된 운서

1. 조선조에 유행한 중국운서

주지하는바 운서의 발원지는 중국이다. 위나라 이등(李登)이 『성류(聲類)』를 시작으로 중국에서는 근 170종의 운서가 편찬되었다.

지역, 정치, 문화적 요인으로 하여 조선에서는 일찍부터 중국의 운서를 들여와 사용하였는데, 그 유입시기에 관하여 신라유입설, 고려유입설 등 여러 설이 있다. 처음, 조선에서는 중국인들이 사용하는 운서를 그대로 들여다 사용하였는데 중국운서를 사용함에 불편이 없어서가 아니었다. 15세기 전까지 조선에는 운서를 편찬할 수 있는 선행작업인 조선어 자체의 음운에 대한 연구가 이루어지지 않았고 또 그에 알맞은 표음문자가 없었기 때문이었다. 민족문자 훈민정음이 창제됨으로써 이 여건이 해결될 수 있었다. 물론 조선문 표기가 없는 운서가 이때 일부 만들어졌지만 본질상 그것은 중국운서와 다를 바 없는 것이다.

지금까지 알려진, 조선조에 복각되어 가장 많이 사용되었던 중국운서로는 『배자예부운략(排字禮部韻略)』, 『고금운회거요(古今韻會擧要)』, 『홍무정운(洪武正韻)』 3종을 들 수 있다.

현존 판본이나 기록으로 확인되는 『예부운략』은 한국에서만도 20여종 가량[1)

되는데 14세기 초부터 18세기 초의 것까지 확인할 수 있어 조선 운서가 편찬된 후에도 학자들에게 애용되던 운서였음을 알 수 있다.『예부운략』은 처음에는 중국 간본 그대로 사용하다가 수요가 늘어나면서 복각하여 사용하였는데, 실제로 조선의 실정에 맞는 운서를 편찬하는 바탕이 되었다. 조선조에 간행된『예부운략』은 운을 분류함에 있어서 모두 106개의 운을 설정하고 있다. 이는 유연(劉淵)의『임자신간예부운략(壬子新刊禮部韻略)』에서 사용한 107개의 운과 구별된다.[2] 조선조 운서들은『동국정운』을 제외하고 모두 이 106운의 분운 방법을 사용하고 있는데, 이는 원나라와 명나라 이후 시운으로 정착된『예부운략』의 분운 방법을 그대로 계승한 것이다. 최초의 조선 운서인『삼운통고(三韻通考)』는『예부운략』의 글 배열과 106운의 운 분류방법을 그대로 계승하고 체제만 평·상·거 3단식으로 개편해 만든 것이다. 또 이『삼운통고』가『삼운보유(三韻補遺)』로 증보된 후『증보삼운통고(增補三韻通考)』로 재 증보된다. 또한『삼운통고』의 106운의 분운 체계와 도표식 배열 체제는 18세기에 등장하는『화동정음』,『삼운성휘』,『규장전운』에로 전승된다. 이처럼 조선조에『예부운략』이 널리 쓰인 것은 조선의 실정 상 과거에서의 작시용으로 간략하게 만든『예부운략』이 사용에 가장 편리하였기 때문이다.

『고금운회거요』는 30권으로 된 거질의 운서인데, 매 한자에 대하여 자세한 해석을 하였다. 조선문자로 음을 기록한, 조선운서로 첫 운서인『동국정운』이『고금운회거요』를 저본으로 한 운서이면서도『고금운회거요』의 자세한 자훈(字訓)은 약하고 음만을 기록한 점으로 미루어볼 때 당시 조선에서 필요하였던 운서는 과거준비용의 압운 운서였음을 알 수 있다. 따라서 당시 조선의 실정 상『고금운회거요』는『예부운략』처럼 널리 복각되어 사용되지는 않았던 것으로 보이나『규장전운(奎章全韻)』이 공용 운서로 자리잡고 있던 19세기 말까지 계속해서 간행되었음을 현재 남아있는 판본으로 확인할 수 있다. 작시용의 압운 기능보다는 자훈서로서의 기능이 강하였던『고금운회거요』가 조선조에 널

---

1)『예부운략』의 현존본의 판본에 대한 종합고찰은 하혜정(1997), 강호천(1991)에서 구체적으로 서술되었다.
2) 조선조에 간행된『예부운략』의 판본과 운의 분류체계에 관한 전문적 연구는 강신항(2000)에서 이루어졌다.

리 사용되고 동시에 조선운서 편찬에 적합한 저본으로 채택될 수 있었던 이유
를 하혜정(1997:10)은 다음과 같이 해석하였다. "첫째, 분운 방법에 있어서 「고
금운회거요」가 「예부운략」을 저본으로 한 운서이기에 조선에서 통용되던 평수
운3)의 분운 체계와 흡사하였기 때문이다. 둘째, 음의 계통에 있어서 당시의 북
방음을 취하면서도 「집운」과의 차이를 하나하나 제시하고 있어 절운계 중고
음에 바탕을 둔 조선한자음의 근원을 규명하는데 편리하였다.4) 셋째, 「몽고운
략」의 체제를 도입하여 내부 분운이라고 할 수 있는 자모 운을 설정하여 조선
의 음운체계를 고려한 운서 편찬에 도움이 되었기 때문이다."

다음, 조선조에 널리 사용된 운서로 『홍무정운』을 들 수 있다. 조선 개국초
기 『홍무정운』이 끼친 영향은 『홍무정운』의 역훈작업과 『동국정운(東國正韻)』
의 편찬으로도 충분히 알 수 있다. 세조년간(1455~1468)에는 여러 차례에 걸쳐
중국에서 『홍무정운』의 판본을 구하였고 과거시험에 『예부운략』외에 『홍무정
운』을 시강(施講)하게 하자고 주장할 만큼 『홍무정운』에 대한 평가가 새삼스러
웠다. 또 이미 조선에서 편찬한 운서가 많이 사용되던 영조조(1725~1776)에도
새삼스럽게 『홍무정운』이 번각되고 조정에서 공공연히 정음(正音)의 기준으로
숭상하였다. 정책적인 규범운서로 편찬된 『홍무정운』은 현실음과의 괴리로 하
여 중국에서도 널리 사용되지 못하였는데 조선조에는 의외로 중시되어 널리
사용되었다. 의도적으로 『홍무정운』의 정책적인 음을 받아들이려 했던 것은 종
주국인 명조에 영합하려 했던 사대(事大) 때문이었을 것이다. 『예부운략』과 『고
금운회거요』에 비해 간행빈도는 많지는 않지만 조선문자로 역훈되고 동일계열
의 많은 운서까지 펴냈던 『홍무정운』은 당시 정책적으로 필요했던 외교적 도
구였다고 할 있다.

조선조에 사용된 중국운서를 통해서 당시 운서 사용의 경향을 정리하면, 조

---

3) 평수운에 대한 견해는 중국과 한국 학자들 사이에 차이가 있다. 중국에서는 『임자신간예부운략』을
   편찬한 유연(劉淵)이 평수지방의 사람이었기에 유연의 운서를 대표로 하는 107운을 평수운으로 보고
   있고 한국학자들은 왕문욱(王文郁)의 『평수신간운략』에서 보이기 시작하여 조선조 운서 편찬의 분운
   체계에 그대로 계승된 106운을 평수운으로 보고 있다.
4) 조선한자음의 근원에 관하여는 종래 많은 학자들에 의하여 의논되어 왔으며 여러 가지 설이 있다.
   본 논문은 조선한자음의 기원과 바탕에 관한 연구가 아니기에 이와 관련된 문제는 고찰의 범위에 넣
   지 않으나 기본적으로 절운계 중고음을 바탕하였음에 동조하는 바다.

정에서는 사대외교에 필요한 중국조정의 정책적 운서를 택하고, 민간에서는 압운의 보수성을 지키는 전통운서를 사용했다고 해석할 수 있다. 또 조선운서는 운서적인 역할 외에 자해서로서의 역할도 하였다는 것을 알 수 있다.[5]

2. 조선조에 편찬 간행된 조선운서

2.1. 훈민정음의 창제와 조선운서의 편찬

"반절(反切)"은 중국고대인들이 한자의 자음(字音)에 대한 분석결과로 나온 주음(註音)방법의 하나로서 두개의 한자를 이용하여 다른 한 한자의 독음(讀音)을 표기하는 표음방식이다. 윗 글자에서 소리를 따고 아래 글자에서 성조를 포괄한 운을 따서 합성시키는 방식의 주음법인 반절은 그에 앞서 사용되던 "독약(讀若)법", "직음(直音)법" 등과 비하면 일대 발전이라 할 수 있지만 또한 치명적인 단점을 가지고 있다. 즉 표기자에 따라 반절 상자와 하자를 각이하게 사용함으로써 동일한 하나의 성모도 아주 많은 글자로써 표기할 수 있었는데, 예하면 『광운』에서 사용한 성모 "ㄷ [t]"의 표기자만으로도 "都, 丁, 多, 當, 得, 德, 冬" 등 일곱자다.[6] 다음, 반절표기법의 사용에서 제기되던 또 하나의 문제는 방언적인 문제와 고금음의 문제가 있다. 후대의 일반적인 반절의 원리로 고대의 어떠한 반절자를 해석할 때 중국음으로는 정확하게 그 음을 합성해낼 수 없는 경우가 많다. 또 반절하여 읽는다고 하여도 각 지방에 따라 발음이 달라지게도 되는 것이다. 이러한 제반 문제점들은 한자가 표음문자가 아니라는데 궁극적인 원인이 있고 나아가 반절이 안고있던 불가피한 문제점이기도 하여 현재 라틴자모로의 독음표기법이 고정되기까지 반절은 끊임없이 수정되어 왔다.

반절표기법의 폐단은 중국에만 존재한 문제가 아니다. 중국의 운서를 그대로 들여다 사용하던 조선조에는 더욱 절실한 문제였을 것이다. 왜냐하면 조선인들의 입장에서 볼 때 유일한 문자생활의 도구인 한자, 한문은 그들과 가장

---

5) 이상 하혜정(1997), 「조선조 운서의 독자성연구」, 중앙대 문헌정보학과 박사학위논문, pp.7~16 참조
6) 唐作藩(1988), 音韵学教程, 북경대학출판사, p.22 참조

가까운 존재인 동시에 또한 자민족어와 완전히 다른 어음체계를 가진 생소한 존재이기도 하기 때문이다. 중국인에게도 어려웠던 문자를 외국어로 접수해야 하는 조선인들에게 있어서 한자가 얼마나 어렵고 힘든 존재였을지 어렵지 않게 상상할 수 있다. 이러한 절실함이 민족문자 훈민정음이 창제되자 곧 운서의 주음을 조선문자로 표기하고 조선의 운서를 편찬하게 하였다고 할 수 있다.

훈민정음을 창제한 후, 세종대왕이 제일 첫 작업으로 착수한 것이 바로 운서음의 기록이었는데, 세종 26(1444)년 갑자 2월 16일에

> 집현전 교리 최항, 부교리 박팽년, 수찬 신숙주·이선로·이개, 돈녕부 주부 강희안 등에게 명하여 의사청에서 언문으로 운회를 번역하게 하였다.(命集賢殿校理崔恒副校理朴彭年副修撰申叔舟李善老李塏敦寧府注簿姜希顔等詣議事廳以諺文譯韻會)[7]

라 하여 『고금운회거요』[8]의 번역에 착수하였음을 말하였다. 정식 간행되었다는 기록이 없고 동명(同名)의 서적도 전함이 없지만 훈민정음이 만들어지기 무섭게 그 2개월 뒤에 최초로 시작된 운서 언해사업의 무게가 어느 정도였던지 짐작할 수 있다.[9]

한자의 표음을 훈민정음이라는 표음문자로 기록한 것은 조선운서가 중국운서에 비하여 한 걸음 앞서 독자적인 영역을 개척한 부분으로서 조선조 운서의 가장 큰 특징이다. 훈민정음은 당시까지 사용해오던 반절이 지니고 있던, 시대와 지역에 따라 음이 다르게 읽힐 수밖에 없던 한계를 극복할 수 있게 하였으며 어음기록의 과학성을 보장해주었다.

---

7) 리조실록 권 103, 19장
8) 『운회(韻会)』에 관하여 『동국정운』의 별칭으로 보는 견해도 있으나, 유창균, 河野六郎 등 여러학자들에 의하여 『고금운회거요』를 일컫는 것이라는 견해가 일반화된 관점이다. 이에 따라 본고에서도 『고금운회거요』로 본다.
9) 훈민정음과 운서의 언해 및 편찬사업과의 밀접한 관계를 감안하여 학계에는 훈민정음을 창제한 애초의 목적은 한자, 한문 더 나아가서는 중국어까지도 스승없이 쉽게 배울 수 있게끔 운서에 조선문자로 주음하는 데 있었다는 주장이 강길운(1972)에 의하여 구체적으로 전개되어 정곡을 찌르기도 하였다.

2.2. 조선조에 편찬 혹은 번역 간행된 운서

조선왕조가 건립되면서 역대 임금들의 운학에 대한 풍부한 지식을 바탕으로 세종대왕과 집현전의 젊은 학자들이 훈민정음을 만들어내고 조선의 실정에 맞는 운서를 자체로 편찬하여 사용하기 시작하였다.

1) 무음유석 운서

『삼운보유』(1702), 『증보삼운통고』(1702~1720)가 이 부류에 속한다. 이 두 운서는 조선의 첫 운서인 『삼운통고(三韻通考)』를 수정보완한 운서다.

『삼운통고』는 현존하는 판본에 서문이나 범례, 발문이 없고 중국문헌이나 조선실록에서도 관련 기록을 찾아 볼 수 없어 편찬시기와 저자를 확인할 수 없다. 하여 일본운서라는 설과[10] 조선에서 만들어진 운서인데 잃어진 것을 일본에서 다시 얻어다 복간한 것이라는 설[11]이 있으며 그 만들어진 시기에 있어서도 고려말기에 편찬되었다는 고려설[12]과 세종조 유신들의 편찬으로 보는 조선조설[13]이 있다. 『삼운통고』는 음의 표기가 없고 간단한 자석(字釋)만 있는 무음유석의 운서인데, 『예부운략』의 분운방법과 자순을 그대로 따르면서 운도의 도표식 배열방법을 활용하여 체재만 3단식으로 바꾸었다.

『삼운통고』는 선비들이 모범운서로 삼고 널리 읽었고 과거시험장에서 통용할 정도로 애용되었는데, 수록된 글자수가 적고 주석이 간략하다고 하여 그의 증보로 숙종 28년(1702) 박두세(朴斗世)가 『삼운보유』를 저술하였다. 『삼운보유』는 3천여 자를 증보하여 수록하고, 80여종의 한적(漢籍)을 참고하여 자석을 크게 보완하였다. 체재는 『삼운통고』의 3단식을 따르지 않고 평성, 상성, 거성, 입성의 운목 순으로 운차 없이 배열하여 『예부운략』의 체재로 복원하는 형식을 취하였다. 즉 시운에 익숙하지 않은 조선사람들이 사용하기 편리하게 만들어졌던 『삼운통고』의 3단식체재를 버리고 중국운서의 전통적인 체재를 그대로

---

10) 李晬光(1563~1628), "三韻通考出於倭国而便於考閱 於今用之", 李晬光, 『芝峰类说』, 卷7.
11) 李瀷(1579~1624), "三韻通考我人从倭得之……至於我国之李相国集 国中已失 复从倭来复刊于世", 安鼎福『星湖塞说类选』 韵考条
12) 김민수, 『신국어학사』, 일조각, p.95.
13) 리덕무, "三韻通考未知缘起似是世宗朝命儒臣編定者", 「규장전운 범례」, 『雅亭遺稿』.

답습하여 도표식이 아닌 나열식의 체재를 사용하였다. 그 뒤, 이러한 체재가 사용에 불편하다고 하여 『삼운보유』를 수정 보완하여 『삼운통고』의 3단식 체재로 다시 고쳐 나온 것이 김제겸(金濟謙 1680~1722)과 성효기(成孝基 ?~?)의 공저인 『증보삼운통고(增補三韻通考)』다. 간행연대가 없어 확실한 연대는 알 수 없지만 숙종 28년(1702)에서 숙종 46년(1720)사이에 저술된 것으로 보고 있다.

이 세 운서는 수정보완의 관계에 있는 운서로서 글자수의 다소, 주석의 소상 등에서 차이가 보일 뿐 분운은 모두 조선 전통의 106운을 취하고 있다.

2) 중국음표기 운서

이민족의 문자를 가져다 사용하고 있던 조선민족에게 있어서 운서는 작시용의 압운기능뿐만 아니라 한자를 배우고 익히는 자전기능도 하였다. 운서의 이러한 기능에 의해 편찬된 운서로는 『홍무정운역훈』과 『사성통고』, 『사성통해』가 있다.

『홍무정운역훈』은 오랫동안 중국과 교린하며 세세 대대 중국을 섬겨 왔지만 어음이 통하지 않아 반드시 통역에 의거해야 하는 불편함 때문에 세종의 명에 의하여 중국운서인 『홍무정운』을 역훈하여 이루어진 것이다.[14] 8년이라는 시간을 소요한 거대한 작업이었는데, 1455년에 완성되었다.

『홍무정운』(1374)은 중국 역대의 운서처럼 어느 특정지역의 방언음을 기준으로 편찬한 것이 아니라 "천하지만국소종(天下之萬國所宗)"의 목적 하에 남북음을 혼합하여 표준적인 음을 만들려던 명태조의 통일정책에 의하여 인위적으로 편찬된 것이어서 중국에서 널리 쓰이지 못하였다. 그럼에도 불구하고 『홍무정운』을 선정하여 역훈한 이유는 명태조의 흠정운서라는 외교적인 관계와 중국의 표준 한어음을 스승 없이도 홀로 배울 수 있게 하기 위한데 그 목적이 있었다.

『홍무정운역훈』은 『홍무정운』의 체재와 형식은 그대로 따르고 운을 표시하는 글자 위에 성모를 나타내는 자모를 분류하여 기입하고 반절의 음을 훈민정

---

14) "我世宗庄宪大王留意韵学劳研眎蕴创制训民正音若千字 四方万物之声无不可传 吾东邦之士始知四声七音自无所不具非待尹韴而己也 於是以吾东国世事中华 而语音不通必赖传译 首命承洪武正韵", 『洪武正韵译训』 序.

음으로 기록하고 속음과 두 가지로 읽히는 음은 해당 글자 아래 그 음을 기입
하였으며 이해하기 어려운 음이 있으면 간단히 주를 달고 그 예를 보였다. 『홍
무정운역훈』은 반절을 그대로 두고 『홍무정운』의 대표자 우에 조선문자로 자
모와 한자음을 첨가하여 기록하였다.

> 『洪武正韻』: 　東 德紅切 春方也 說文動也
> 　　　　　　　通 他紅切 達也 徹也
>
> 『洪武正韻譯訓』: 🈀 둥 東 德紅切 春方也 說文動也
> 　　　　　　　　　🈁 퉁 通 他紅切 達也 徹也

『홍무정운역훈』이 너무 방대하여 사용에 불편이 있었기에 세종조에 그것을
간단히 개편하기에 이르렀는데, 『홍무정운역훈』에서 한자음을 배우는데 중요
하지 않은 주석을 생략한 축약본을 만들고 그것을 『사성통고』라 하였다. 『사성
통고』의 편자에 관하여는 세종대왕이 편찬하였다는 설, 신숙주가 편찬하였다
는 설, 세종과 신숙주가 각기 편찬한 『사성통고』가 있다는 별저설(別著說)이 있
다. 구체적인 편찬연대도 확인되지 않지만 『홍무정운역훈』이 이루어져 일정한
기간 사용된 뒤로 추정하고 있다. 『사성통고』는 범례만 전하고 내용은 현재 전
하지 않아 그 구체적인 모습은 알 수 없지만, 『번역로걸대(飜譯老乞大)』, 『번역
박통사(飜譯朴通事)』의 범례와 『사성통해』의 서(序)에 남아있는 기록들로 보면15)
중국어를 배우는데 반드시 의거해야 했던 표준운서로 널리 쓰였음을 알 수 있
다.

『사성통해』는 중종 12년(1517)에 간행되었다. 한어를 배우는 사람들이 『로걸
대』와 『박통사』를 배우고 『사성통고』로 한어의 정음과 속음을 찾았는데 『사성
통고』는 주음은 있으나 새김이 없어 같은 글자가 거듭 나올 경우 어느 소리인
지 알 수 없는 불편이 있었다. 이에 최세진이 4년 만에 7번을 고쳐 간행한 것
이 바로 『사성통해』이다.16)

---

15) "今按本国通考槪以正音为本", 『번역 노걸대 박통사』 범례, "夫始肆华语者……必观四声通考以识双音
　　之正俗", 『사성통해』 序.
16) "夫始肆华语者先读老乞大朴通事二书以为学语之阶梯 初学二书者必观四声通考以识双音之正俗 然其

『사성통해』는 『홍무정운역훈』을 개편하여 음만 달고 주석은 생략하였던 『사성통고』를 다시 수정하여 자의(字義)도 풀이해줌과 동시에 『사성통고』의 정음과 속음 및 당시의 현실음인 금속음을 수록하였다. 초간된 이후 중간된 기록은 없지만 후대 조선조 병기운서인 『화동정음』, 『삼운성휘』, 『규장전운』의 중국음으로 연면히 이어지고 있다. 『사성통해』는 권두의 『운모정국(韻母定局)』에 도합 23개 운류에 80개의 운모를 수록하였다. 평, 상, 거성에 각각 23부, 입성에 11부이다. 운모로 보면 진(眞), 문(文)이 갈라지고 있다. 따라서 『홍무정운』에 비하여 4개의 운모가 더 많게 되었다.

3) 조선한자음표기 운서

『동국정운』은 세종 29년(1447) 9월에 완성되어 세종 30년(1448) 11월에 반포되었는데 바로 훈민정음이 완성된 지 5년 뒤, 『훈민정음』 해례본이 나온 지 2년 뒤의 일이다.

앞서 본 『삼운통고』, 『삼운보유』, 『증보삼운통고』가 주석만 있고 음의 기록이 없는 무음유석의 운서였던데 반하여 『동국정운』은 주석이 없고 음의 표기만 있는 유음무석(有音無釋)의 운서다. 따라서 『동국정운』은 조선에서 편찬되고 조선문사로 이른바 "동국음"을 주음한, 조선 최초의 운서로 된다.

『동국정운』은 제목 그대로 조선에서 쓰이는 한자음의 모범적인 운서의 뜻으로서 중국운서인 『홍무정운』의 영향 하에 이루어진 것이다.

편성은 사성의 운차에 따라 운목을 제시하고 훈민정음에서 규정한 자모한자, 조선문자 주음, 사성표기, 동운자 순으로 배열하였다.

君 궁 平　拖…
快 쿵 上　肯…

훈민정음의 제정에 참여하였던 사람들이 거의 그대로 『동국정운』 편찬에 참

二书训解承讹传伪 通考诸字有音无释 承讹传伪则国经老译莫能就正 有音无释则一字重出无所适从 臣即将二书谐释音义书中古语衰成相览 陈乞刊行人便阅习 今将通考一书亦己转闻于朝 证据古韵抄著音解焚纂继暑 誊藁七易迄 藁今四载方克就绪 厘之为上下二卷 名之曰四声通解, 『사성통해』 序.

가하였는데 정린지(鄭麟趾)가 빠지고 조변안(曺變安)과 김증(金曾) 두 사람이 보충되어 9명이 참여하였다. 이로부터 우리는 『동국정운』의 편찬이 훈민정음 창제에 못지 않은 비중을 가지고 이루어진 사업임을 알 수 있다. 그러나 『동국정운』은 초기의 기대와는 달리 한자음에 대한 인위적인 교정이라는 비현실성으로 인하여 널리 쓰이지 못하였다.

『동국정운』이 편찬된 후 18세기 중반까지 조선한자음을 기록한 운서가 더 나타나지 않았다. 운서편찬의 제2고봉을 맞아 편찬 된 것이 『화동정음』, 『삼운성휘』, 『규장전운』, 『전운옥편』이다.

『전운옥편』을 제외하고 18세기에 편찬된 조선의 운서들은 중국음과 조선한자음을 함께 기록하는 특징을 보이는데 그 배경은 다음과 같이 살펴볼 수 있다.

조선에 있어서 운서는 시를 지을 때 압운하는 작시(作詩)용의 기능뿐만 아니라 중국어발음을 익히는 학습서로서의 기능도 하였다. 운서의 이러한 기능은 조선시대에 들어온 뒤 더욱 절실히 필요하게 되었다. 명나라와의 외교관계가 밀접해지자 조선조 초에 설치된 사역원(司譯院)에서는 무엇보다도 한어의 학습에 힘을 기울였는데 이때 가장 시급한 것이 학습용 한어교재였다.

한어교재로서 초기에 널리 이용 된 것은 『번역소학』과 고려시대부터 쓰여 오던 『노걸대』, 『박통사』가 있었다. 그러다가 중국과의 외교에 가장 힘쓰던 세종 때에는 『홍무정운』을 역훈하여 한어교재로 사용하였다.[17] 조선조에 이토록 한어학습에 주력한 것은 바로 중국과의 외교관계에 중점을 두었기 때문인데 아래 보이는 성종조 상소문의 한 구절은 당시 조선사회의 분위기를 잘 반영해 준다.

　　이번에 온 기(祁), 장(張) 두 사신은 모두 중국의 명사로서 의례를 행할 때 경서와 사서에 있는 말로 아뢰는 일이 많으나 통사들이 모두 알아듣지 못하여 사신이 손바닥에 글자를 써 보여야만 그제서야 말뜻을 깨닫습니다. 예의국가로서 한어에 능통하여 두 나라사이의 뜻을 자유자재로 전할 수 있는 자를 일찍부터 얻어두지 못하였으니 한심스럽고, 중국에 대한 송구함은 더욱더 심합니다…널리 나이 어린 문신을 뽑아서 한어를 배우게 하고 우수한자는 상을 주어 권장하소서.(玆者出來祁、張兩使, 皆中朝名流, 揖讓之間, 多以經史之語白上, 而通事皆未能曉解, 至有使臣畫

---

17) 세조실록 참고

字於掌上以示, 然後乃悟。噫, 以堂堂禮義之國, 而曾不得一傳給之士,
能通華語者, 周旋於其間哉。其無光於朝廷甚矣……又廣選年少文臣, 使
習漢訓, 能者賞之以勸。)18)

　외국어인 중국어를 빌려쓰는 조선의 입장에서는 작시용뿐만 아니라 글자의
훈과 음을 변별하는 자전식의 또 다른 공구서가 필요하였기에 그 기능을 운서
가 담당하게 된 것이라 할 수 있다.『홍무정운역훈』,『사성통해』등 초기 중국
음기록 운서들은 중국한자음만을 기록하였는데 18세기에는 운서에 중국한자음
과 함께 조선한자음을 기록하는 소위 병기(併記)운서들이 등장하게 된 것이다.
『화동정음』은 현존하는 조선 최초의 병기운서이다. 저자 박성원은 조선중기
의 학자로서 진사직을 하였었다. 정조 11년에 왕명으로 간행할 때 표제를『정
음통석(正音通釋)』이라 함으로써『정음통석』이라 부르기도 하였다.
　편찬동기는 서문에서 잘 나타난다.

　　세상사람들이 혹 말하기를 원나라가 중국을 지배한 이후로 정음이 와전되게 되었
다고 하나 여러 자서들을 살펴보면 그 와전되었다고 하는 것은 혹시 중성이 조금 변한
것이 있고 자모의 오음소속에는 변함이 없다. 우리나라에 이르러서는 아, 설, 순, 치,
후 등 성모의 조음위치와 합벽 등 운모의 성격 같은 발음의 진수 등에 밝지 못하여
오음의 소속이 서로 섞이었다. … 아직 일정한 음운이 없으니 이는 실로 우리나라에서
말과 글을 둘로 보고 뜻에만 힘쓰고 음은 소홀히 한 까닭이다. … 잘못된 것이 잘못된
대로 이어지면 이로 인하여 소홀히 하게 되니 문명국이라 일컫는 나라로서 천지자연의
소리에 어둡다면 어찌 부끄러운 일이 아니겠는가! 내 일찍 이를 개탄하여 역관 이언용
과 함께 삼운통고를 가지고 글자 아래에 중국음을 달되 오로지 우리나라 최세진이 편
찬한 사성통해의 음을 따르고 널리 자서를 모아서 바로잡는데 참고로 하였다. 중국음
의 초성에 따라 우리나라 한자음을 정하니 우리나라의 오음청탁도 거의 바로잡히게
되었다.(世或稱, 蒙元亂華之後, 正音訛舛, 而考諸字書, 則其所訛舛者,
或有中聲之少變, 而猶不失五音所屬之宮也。至於我東, 則初不明其牙舌
齒脣喉合闢出聲之妙, 故五音相混……尙無一定之音韻, 此實我東言文爲
二, 務於義而忽於音之致也。……僞而承僞, 因仍苟且, 顧以素稱文明之
邦, 昧昧乎天地自然之音, 豈非可羞者乎。余嘗慨然於斯, 與舌士李君彦

容, 取三韻通考, 懸華音於字下, 一依本國崔世珍所撰四聲通解之音, 而
廣集字書, 以訂參考, 依華音初聲, 以定我音, 我音之五音淸濁, 庶有歸
正。)

『화동정음』 序

즉 『화동정음』은 첫 병기운서답게 조선에서의 중국한자음의 혼란과 조선한
자음의 혼란을 바로잡기 위하여 편찬된 운서였다.

『화동정음』은 11,794자의 한자를 기록하고 있는데 조선 최초의 운서인 『삼
운통고』의 형식에 따라 3단식으로 평성, 상성, 거성에 속하는 자들을 배열하고
그 뒤에 입성자를 따로 수록하였다.

『삼운성휘』는 『화동정음』과 같은 이중 한자음을 병기한 운서인데 형식상 조
선한자음을 중심으로 조선서자모순으로 글자들을 배열하였다는 점에서 조선운
서로서의 특징이 두드러진 운서다. 저자 홍계희는 영조때에 이조(吏曹), 병조판
서(兵曹判書), 양관제학(兩館提學), 판중추부사(判中樞府事)를 역임하였으며 역대의
내외 운서를 연구하여 운학에 밝았다고 한다.

홍계희의 발(跋)에 의하면 『삼운성휘』는 최세진의 『사성통해』가 중국한자음
만 밝히고 조선한자음은 기록하지 않아 한자음의 오류가 계속되고 있다고 하
여 『삼운통고』를 저본으로 글자를 정리하고 그릇된 음들을 바로잡아 공부하는
사람들이 사용하기 편리하게 편찬되었다.

　　최세진의 사성통해는 정음(중국한자음)에는 밝으나 이 책은 오직 정음만 기록하고 방
　음(조선한자음)은 언급하지 않았기에 역관들을 위한 학습서로만 되고 조선한자음의 그
　릇됨은 예나 다름이 없다. 음독의 기본서인 경서언해에 이르러서도 그 틀림을 답습하
　고 바로잡지 않았는데 식자층들은 이를 안타까이 여기었다. 내가 삼운통고를 취하여
　운에 따라 성을 모으고 그 그릇됨을 바로잡고 모자람을 보충하였다. 조선음을 씨실로
　하고 중국음을 날실로 하여 비록 자모를 반드시 따르지는 않았지만 5성에 어긋남이
　없게 하였으며 간혹 속음을 따른 것이 있으나 반드시 큰 오차는 없게 하였다.(崔世珍
　之四聲通解, 作正音雖明, 然是書只詳於正音, 而不及乎方音, 則正音未
　行之前, 僅爲象鞮所習, 而方音之訛自如也。經書諺解卽音讀之所本, 而
　亦襲其謬, 莫能是正, 識者恨之。不佞嘗取三韻通考, 逐韻彙聲, 正其譌
　而補其闕, 經方音而緯正音。雖未一遵字母, 而要令不違於五聲, 間或委

曲從俗，而必期無至於大錯。）

『삼운성휘』 跋

『삼운성휘』는 12,965개의 한자를 수록하고 있는데『화동정음』처럼『삼운통고』의 3단식체제를 따라 평성, 상성, 거성을 먼저 배열하고 그 뒤에 입성을 따로 기록하였다.

조선한자음 중심으로 한자를 분류하고 조선문자의 자모순으로 한자를 나열함으로써 각 한자의 자순은 대변혁을 가져오게 되었는데 운목 내에서 조선어 자모순으로 한자를 배열한 점은 조선운서로서의『삼운성휘』의 가장 돋보이는 특징이다.

병기계열의 마지막 운서로『규장전운』이 있다. 정조의 어명으로 이덕무 등에 의하여 1796년에 간행된『규장전운』은『삼운통고』이래 조선의 운서들이 3단식체제를 취하여 평·상·거 3성을 먼저 수록하고 입성을 따로 수록하던 방식을 고쳐 4성을 나란히 배열한 4단식의 국정(國定)운서이다. 운서 사용의 정황을 보면,『화동정음』은 역관들의 회화용 지침서로 애용되었고『규장전운』은 시작자들의 작시용 지침서로 사용되었다.19)『규장전운』은 조선후기에는 거의 공용운서의 역할을 하였으며 현재 전하는 판본도 다른 운서에 비하여 월등히 많고 또 민간에 가장 많이 남아있다.

『전운옥편』은『규장전운』을 모체로 하여 정조대에 편찬된, 저자와 간년(刊年) 미상의 획인 자전이다. 조선에서는 운서를 만들어낸 후 색인용의 옥편을 따로 갖추는 경우가 많다. 그렇게 편찬된 옥편은 획과 부수에 따라 한자만 배열하고 있어 일반적으로 운서의 보편(補編)으로 이루어지는 것이 상식인데,『전운옥편』에서는 운서의 색인격이었던 종래의 자전과는 달리, 음을 기록하고 또한 한문으로 상세한 주해를 달아놓았으며 한시 짓는 사람들을 위하여 4성의 운자를 표시해 줌으로써 독립적인 체재를 갖추고 조선의 한자자전 편찬사상 일대 혁신적인 존재로 되었다.

『전운옥편』이후 19세기 말까지 새로운 운서의 편찬은 보이지 않는다. 그러

---

19) "今編韵书为词林之木铎 正音通釋衔龝象之指南 与之并行固不相悖矣"「리덕무 규장전운 범례, 청정관 전서」

다가 1909년에 지석영이 편찬한 『자전석요(字典釋要)』가 등장하고 최남선의 『신자전(新字典)』이 1915년에 편찬되면서 제3의 고봉기를 맞는다. 『자전석요』는 아동들을 가르쳐 깨닫게 하기 위하여 편찬된 것으로서 원거(源據)를 『강희자전(康熙字典)』에 두고 주석은 『규장전운』에 따라 기본 뜻만을 수록하였다. 『자전석요』에 이르러 자음과 자의를 모두 조선문자로 표기하여 비로소 독립적인 조선자전의 면모를 갖추게 되었다. 『신자전』은 『전운옥편』이 글자의 기록수가 적고 주석이 간단하며 용례와 출전의 명시가 없어서 자전으로서의 요건을 갖추지 못하였다고 하고, 종래 자전들의 이러저러한 결함을 인식하여 새로 만든 글자와 새로 불어난 뜻을 보태서 새 시대에 실용성 있게 쓰이도록 엮은 것이다. 『자전석요』와 함께 가장 근대적인 색채를 띤 자전으로 손꼽힌다. 한자음의 기록상 이 시기에 편찬된 옥편류의 자전들이 전시기 운서들과 다른 점이라면 중국음을 기록하지 않고 조선한자음만을 기록하고 있다는 점이다.

3. 한자음기록의 방식

3.1. 도표식의 배분법

조선조 운서는 체재상 중국운서와 달리 도표식의 배분법으로 3단식과 4단식의 체재를 고수하고 있음이 특징이다.

조선조 운서의 전통적 체재인 3단식의 편찬체재는 『삼운통고』에서부터 보이던 것이다. 한 면을 3단으로 나누어 평·상·거 3성을 종으로 나란히 배열하고 입성은 따로 권말에 첨부하는 3단식의 체재는 종래 중국운서가 평·상·거·입 4성을 차례로 배열하던 체재와는 구별되는 조선운서의 독특한 편찬방식이었다. 이러한 3단식의 배분법은 『증보삼운통고』, 『화동정음』, 『삼운성휘』에 그대로 이어져 평·상·거 3성을 한 면에 먼저 배열하고 다음 입성은 모든 운의 평·상·거 3성의 배열이 끝난 뒤에 따로 배열하였다.

『규장전운』에 이르러 입성자를 따로 배열하지 않고 평·상·거 3성과 함께 한 면에 배열하는 4단식의 체재를 취함으로써 4단식체재의 운서가 등장하게 된다. 3단식과 4단식의 배분법의 차이는 형식상 입성자에 대한 자리배정문제인데 실질적으로는 중국어 음운체계에서의 입성운의 소실 및 입성운의 작시에서의 압운허용과 관계되는 문제이다. 중국어에서 입성자의 소실은 14세기 전에 이루어졌고, 이러한 변화를 반영하여 입성을 평·상·거성으로 혼입하여 편찬한 운서가 『중원음운』이다.[20] 입성운이 소실되면서 작시에서 입성자는 독자적인 압운의 위치를 잃게 되었는데 조선한자음에서는 입성자가 여전히 그 자리를 지키고 있었다. 즉 중국한자음으로는 소실된 입성운이지만 조선한자음으로는 여전히 엄연하게 구분되고 있는 음이어서 4성의 배분에서 입성자가 언제나 평·상·거와 함께 독자적으로 존재하였다. 그러나 중국 작시용의 압운체계에 영합하여 부득이 입성자를 뒤로 빼는 3단식의 체재를 사용한 것이다. 『규장전운』에 이르러 정조는 운의 배분에서뿐만 아니라 자리배정에 있어서도 입성의 지위를 회복하여 입성을 평·상·거성자와 동등하게 한 면에 배정하는 4단식의 체재를 취하였다. 또한 과거시험에서 입성자의 압운을 허용하였다. 이러한 복고적인 정책은 정조의 문체반정과도 부합되는 보조이다.

조선조 운서의 도표식 배분법은 중국 전통운서의 체재인 나열식 구조에서 완전히 벗어나 운을 1차적 기준으로 하여 글자를 분류하고 다음 사성을 2차적 기준으로 하여 다시 운 내에서 글자를 배열하던 중국운서의 방식을 답습하지 않고, 반대로 사성을 1차적 기준으로 하여 평·상·거·입성의 글자를 먼저 대분하고 그 안에서 2차적 기준으로 운을 분류하는 방법으로 한자를 배분하였다. 다음 중국 운도의 형식을 도입하여 그것을 도표식으로 일목요연하게 배열한 것이다. 운도의 형식은 종으로 평·상·거·입 사성별로 운모를 배열하고 횡으로 36자모를 배열하여 그 종횡의 결합으로 한자음을 표시하는 방식이다. 중국에서 운서가 운도와 각기 따로 발전해온 데 비해 조선운서들이 중국운서의 체재를 과감히 타파하고 운도의 형식을 빌어 일목요연한 도표식의 배분법을 사용한 것은 조선운서의 독창적인 방안이다.

---

20) 입성의 현실적 소실에 대하여 중국학계에서 부동한 관점이 있지만 본 논문은 운서의 표식을 근거로 할 뿐이다.

3.2. 106운의 분운체계

조선에서 시운으로 널리 쓰인 평수운(平水韻)은 왕문욱(王文郁)의 『평수신간운략(平水新刊韻略)』을 그대로 받아들인 106운의 분운법이다.[21] 조선한자음을 기록하고 있는 조선의 운서 중 『동국정운』을 제외하고 모두 106운의 분운체계를 고수하고 있다. 『증보삼운통고』, 『화동정음』, 『삼운성휘』, 『규장전운』의 106운의 분운은 『삼운통고』로 거슬러 올라가고 『삼운통고』의 분운은 중국운서의 그것으로 올라간다.

중국운서의 분운법의 변천과정을 본다면 『광운』에서 206운 체계가 성립되어 『광운』의 운에 대한 독용(獨用)과 통용(通用)의 부동한 견해에 따라 『오음집운(五音集韻)』에서 160운, 『고금운회거요』에서 107운, 『평수신간운략』에서 106운의 분운체계가 나타난다. 『예부운략』도 원래 206운으로 만들어졌던 것인데 유연(劉淵)의 『임자신간예부운략(壬子新刊禮部韻略)』에 이르러 107운으로 줄고[22] 왕문욱의 『평수신간운략』에서 106운으로 자리잡게 되었으며 이 106운이 원나라 음시부(陰時夫)의 『운부군옥(韻府群玉)』으로 이어져 원명이래 가장 일반적인 시운으로 쓰여왔다. 107운과 106운의 구별은, 상성에 있어서 106운은 107운의 30운목을 29운목으로 고치고 107운에서 독립되어 있던 "拯"운을 "24 迥"운에 병합시킨 데 있다.[23]

조선에서 복각 사용한 『예부운략』은 모두 106운의 평수운 체계를 따르고 있는데[24] 『삼운통고』는 3단식으로 체재만을 개편하고 이 『예부운략』을 그대로 답습하여 31운차 106운을 설정하고 있으며 다시 이 『삼운통고』의 내용과 체재를 그대로 따르고 거기에 조선문자로 음을 더하고 훈을 밝혀서 『화동정음』이 편찬된다. 『삼운성휘』와 『규장전운』도 모두 31운차 106운의 분운체계를 답습하였다.

조선조 운서에 쓰인 31운차 106운을 사성으로 보여주면 다음과 같다.[25]

---

21) 하혜정(1997), 『조선조운서의 독자성 연구』, pp.56~66 ; 강신항(2000), 『한국의 운서』, pp.23~30 참고.
22) 黃公紹 『古今韻会』 韵会凡例
23) 하혜정(1997), 『조선조운서의 독자성 연구』, p.61 ; 강신항(2000), 『한국의 운서』, p.25 참고.
24) 이에 관한 구체적인 연구는 강신항(2000)에서 진행한 바 있다.
25) 이는 『화동정음』, 『삼운성휘』, 『규장전운』의 운목을 정리한 것이다.

1. 東董送屋	2. 冬腫宋沃	3. 江講絳覺
4. 支紙寘○	5. 微尾未○	6. 魚語御○
7. 虞麌遇○	8. 齊薺霽○	9. 佳蟹泰○
10. 灰賄卦○	11. ○○隊○	12. 眞軫震質
13. 文吻問物	14. 元阮願月	15. 寒旱翰曷
16. 刪濟諫黠	17. 先銑霰屑	18. 簫篠嘯○
19. 肴巧效○	20. 豪皓號○	21. 歌哿箇○
22. 麻馬禡○	23. 陽養漾藥	24. 庚梗敬陌
25. 青迥徑錫	26. 蒸○○職	27. 尤有宥○
28. 侵寢沁緝	29. 覃感勘合	30. 監淡豔葉
31. 咸豏陷洽		

단, 『규장전운』에서 "어정규장전운부목(御定奎章全韻部目)"에서 밝힌 통운(通韻)이라는 협주에 의해 31운차 106운은 더 큰 군을 이루기도 하는데 평성에서 10類로 대분되는 것을 보이면 다음과 같다.

一. 東, 冬, 江	二. 支, 微, 佳, 灰, 齊
三. 魚, 虞	四. 眞, 文, 元, 寒, 刪, 先
五. 蕭, 肴, 豪	六. 歌, 麻
七. 陽	八. 庚, 靑, 蒸
九. 尤	十. 侵, 覃, 鹽, 咸

3.3. 한자의 배열과 음의 주기방식

동일하게 106의 분운체계 하에 3단식의 체재를 사용하였다 하더라도 모든 운서의 글자배열은 꼭 같은 것이 아니다.

『화동정음』은 『삼운통고』의 분운체계와 3단체재를 수용하였을 뿐만 아니라 글자의 배열도 그대로 수용하여 기본적으로 순서를 달리하지 않았다. 반하여 『삼운성휘』는 『삼운통고』의 분운체계와 3단식의 체재를 수용하면서도 글자의 내부적인 배열에 있어서는 일대 혁신을 일으켜 독자적인 배열구조를 가졌다. 즉 성과 운의 1, 2차적인 분류는 『화동정음』처럼 전통운서와 보조를 같이 하였으나 한자를 구체적으로 배열할 때 3차로 선정한 기준이 달랐던 것이다. 전시기 운서들이 중국운서의 배열을 그대로 답습한 것에 반하여 『삼운성휘』에서는 조선한자음 중심으로 최세진의 『훈몽자회』범례의 자모순서에 따라 글자를 배열하였다. 구체 배열원칙을 보면 다음과 같다.

> 종성은 운이 이미 나뉘어있으니 이제 운 안에서 먼저 중성(조선한자음 기준)으로 나누고 중성 안에서는 또 초성 기준으로 나누되 중성은 ㅏ, ㅑ 순으로 차례를 삼고 초성은 ㄱ, ㄴ순으로 차례를 삼으며 하나의 한자음 가운데 정음이 2, 3개인 것은 자모를 가지고 차례를 삼았다.(終聲則韻已分之, 今就韻內先分中聲[我音爲主]; 中聲內又分初聲; 而中聲以ㅏㅑ[見圖]爲次, 初聲以ㄱㄴ[見圖]爲次, 一音內有二三正音者, 以字母[見圖]爲次[一母內, 有二三中聲者, 以中聲爲次。)
>
> 『삼운성휘』범례

이러한 배열법은 다시 『규장전운』으로 이어진다. 『삼운성휘』에서 시도된 글자 배열법은 조선사람들이 사용하기에 편리한 실용위주의 배열법이다. 『화동정음』, 『삼운성휘』, 『규장전운』에서 東운 거성을 일례로 글배열과 한자음의 기록형식을 보이면 다음과 같다.[26]

『화동정음』: 좌우대칭식 병기

『화동정음』은 한자아래 오른쪽에 중국음을, 왼쪽에 조선한자음을 기록하는 대칭의 병기형식을 취하였다. 종서체에서 좌우로 대응되는 방위는 횡서체에서 상하로 대응되는데 그 기록형식을 보이면 다음과 같다.

숭　봉　궁　　룽　　둥
送　鳳　貢　贛　弄　凍　棟……
송　봉　공　　롱　　동

『삼운성휘』: 상하층차식 병기

『삼운성휘』는 글의 배열과 음의 기록에 있어 전시기 운서들에서 흔히 사용

---

26) 단, 주석은 생략함.

하던 방식을 취하지 않고 조선한자음 기준으로 일대 혁신을 일으킨 운서이다. 중국음과 조선한자음을 기록할 때 『화동정음』에서 보인 좌우로 대응되게 병기하는 방식을 취하지 않고 먼저 조선한자음을 크게 쓰고 다음 중국음을 그 아래 모아쓰는 층차식 방식을 취하였다. 이는 조선한자음을 중심으로 한 병기형식이다.

궁 눙 둥 룽
(공) 貢[見]…鞚[溪]… (농) 齈[泥] (동) 凍[端]…詷[定]… (롱) 弄[來]…
쿵 뚱

『규장전운』: 상하순위식 병기

『규장전운』은 조선한자음 기준의 조선자모순으로의 배열이라는 『삼운성휘』의 글 배열법을 따르면서도 한자음의 기록방식에 있어서는 『삼운성휘』처럼 "先大書我音하고 次書正音"하는 층차식 방식을 따르지 않고 『화동정음』과 같은 기록형식을 따랐다. 매 한자마다 중국음과 조선한자음을 밝히는 일일대응의 형식을 취하되 좌우대칭이 아닌 상하순위식으로 ○안에 중국음, □안에 조선음을 기입하여 나란히 배열하였다.

貢(궁)[공]贛灨…鞚(쿵)空凍(둥)[동]棟…

『화동정음』과 『규장전운』의 기록형식은 중국음과 조선음 기록의 순위에 있어서 중국음의 기록을 우위에 둔 방식이지만 『삼운성휘』의 층차식 병기는 조선한자음의 기록을 우선한 형식이다.

성, 운, 자모의 기준으로 배열되던 배분법과 중국음과 조선음의 병기라는 한자음의 기록방식은 부수와 필획을 기준으로 글자를 배열하고 한문의 독해를 위하여 조선한자음만을 기록하는 옥편에 이르러 완전히 소실된다. 그러나 성, 운, 자모와 무관하게 단순히 부수와 필획을 기준으로 한 옥편이라고 하더라도 매 한자의 음 아래에 운서에서 징표로 작용하던 소속된 운을 밝혀주고 있어 운서음과 완전히 단절된 것은 아니다. 『전운옥편』을 일례로 옥편과 자전에서의 글자의 배열과 음의 기록방식을 보이면 다음과 같다.

『전운옥편』:

一畫

一部 一🔲🔲 七🔲🔲 丁🔲🔲🔲🔲 〇기🔲🔲 万🔲🔲呂🔲……🔲所🔲🔲

並🔲敬🔲……

丨部 个🔲🔲 丫🔲🔲 〇丹🔲🔲 四主🔲🔲……

제3강
운서한자음의 전승양상

1. 15세기 조선한자음의 실제

조선조초기뿐만 아니라 그 이전에도 조선의 현실한자음은 쓰이고 있었음은 당연하다. 그러나 15세기 문헌기록으로는 많이 확인되지 않는다. 훈민정음이 창제되자 곧 『동국정운』이 편찬되면서 15세기 언해류 문헌의 한자음은 거의 『동국정운』한자음을 따르게 되어 그 당시 현실한자음의 실상을 반영한 문헌이 극히 희소하기 때문이다. 본고는 『삼강행실도(三綱行實圖)』(동경대본, 1471년)와 『구급간이방언해(救急簡易方諺解)』(1489년)를 대상으로 15세기 한자음의 실상을 알아보려 한다.1)

『삼강행실도』와 『구급간이방언해』에 보이는 산견된 자례들로 당시 현실한자음의 모습을 살펴보면 다음과 같다.

---

1) 본 논문에서 대상한 동경대본 『삼강행실도』와 『구급간이방언해』는 『21세기 세종계획 한글맞춤법 검색기』의 『국어기초자료구축』 전자파일을 이용한 자료이다. 자료상의 부족으로 원본과 대조하지 못하였기에 입력 상에 나타난 착오를 시정하지 못하고 혹간 그대로 따른 것이 있을 수 있음을 밝힌다. 이돈주(1995)는 『육조법보단경언해』(1496), 『시식공권언해』(1497)부터는 거의 전부의 한자음이 전통한자음으로 주음되었다고 하였지만, 필자가 가지고 있는 자료에는 한자음의 표기가 되어있지 않아 확인할 수 없다.

아음(牙音)에서 "ㄲ, ㆁ"초성이 쓰인 자례가 없고 "고(苦) 교(巧) 과(瓜) 계(桂) 귀(貴) 경(經) 간(肝) 감(甘) 격(激) 골(骨)"등과 같이 견모로 사용된 자례들이 나타난다. 계모 "ㅋ"초성 용자례가 보이지 않는다. 그러나 현실적으로는 발음되었던 것으로 보인다. 왜냐하면 『동국정운』 신숙주 서문에서 계모로 발음되는 한자음은 "夬(쾌)" 한 글자뿐이라고 밝히고 있어 15세기에도 "ㅋ"초성한자음이 존재했음을 알 수 있기 때문이다.

설음(舌音)에서 "ㄸ"이 사용되지 않고 "당(唐) 두(豆) 탕(湯) 통(通) 내(乃) 난(難) 리(來) 루(淚)"등으로 기타 설음자들은 다 사용되었다. "디(地) 듕(重, 中) 됴(調, 朝) 뎡(定, 廷) 뎐(田) 뎨(弟, 第, 帝) 듁(竹) 티(治) 텬(天) 털(鐵)"등으로 구개음화를 보여주지 않고 있으며 래모(來母)가 니모(泥母)로도 표기되어 "凉(렁, 닝), 禮(례, 녜)"와 같은 모습이 혹 보이기도 하지만 "량(兩, 粮), 로(路), 록(綠), 리(里, 李, 吏), 렬(烈)", "녀(女), 노(怒)"등으로 래모와 니모가 비교적 분별되어 사용되고 있다.

순음(脣音)에서 전탁계의 음이 쓰이지 않은 외에 "ㅁ, ㅂ, ㅍ"을 보여준다. "모(母, 謀), 밍(盟), 믹(脈), 변(便), 병(病), 부(否), 폐(肺), 피(皮), 평(平)"등 자례들이 보인다. 순음아래에서 "ㅡ"가 원순음화 되지 않고 "븍(北), 블(不)" 등으로 사용되고 있다. "殯"자가 종성에서 변화를 보여 "殯所-빈소"가 "빙소"로 기록되었다.

치음(齒音)에서 "싄(人), 싀(二), 연(然), 삭(弱)"으로 일모자가 비교적 분명히 사용되고 있음을 볼 수 있다. 이는 특히 『구급간이방언해』에서 그러한데 『삼강행실도』에서는 "人"자가 "싄(삼, 충31b)", "인(삼, 효11a)"으로 혼기를 보인다. 치음아래에서 반모음 "ㅣ"가 탈락되지 않고 "샤(秋), 샹(相, 尙), 셕(石), 셩(聖), 션(善), 쇼(小), 슈(守, 讎, 誰, 讐), 슌(筍), 쳔(千, 賤), 쳥(淸)" 등과 같이 사용되고 있다.

후음(喉音)에서 "ㅎ, ㅇ"초성만 사용되었다. "황(黃, 皇), 허(虛), 회(灰), 향(響), 형(兄), 하(下), 효(孝), 힝(行), 우(牛), 안(安), 월(月), 언(言), 양(羊, 養), 역(亦)"등 자례들이 보인다.

15세기의 현실한자음의 특징을 비교적 총괄적으로 보여준 것은 신숙주의 『동국정운』 서문에서다.

용렬한 스승이나 속된 선비들은 반절의 방법도 모르고 뉴섭의 이치에도 어두워 혹 글체가 비슷하다고 하여 한음을 만들고 혹 전대에서 기피하던 글이라 하여 딴 음을 빌고 혹은 두개의 한자를 하나의 음으로 여기거나 하나의 한자를 두개의 음으로 나누었다. 혹 다른 글자를 차용하고 혹은 점과 획을 더하거나 감하고 혹은 중국음에 의하고 혹은 우리 말에 따라서 자모, 칠음, 청탁, 사성에 모두 변함이 있게 되었다. 아음으로 말하건대 계모의 글자가 태반 견모에 들어갔으니 이는 자모의 변함이요, 계모의 자가 혹 효모에 들어갔으니 이는 칠음의 변함이다. 우리 어음에서는 청탁의 분간이 중국과 다름없는데 자모에서만 탁성이 없으니 이 어쩐 도리냐. 이는 청탁의 변함이다. 어음에는 사성이 뚜렷하지만 자음에서는 상성과 거성이 구별이 없고 질물의 제운에서는 마땅히 단모로써 종성을 삼아야 하나 속습에 래모를 써서 그 소리가 느려 입성에 맞지 않으니 이는 사성의 변함이다.(俗儒不知切字之法, 昧於紐躡之要, 或因字體相似, 而爲一音, 或因前代避諱, 而假他音, 或合二字爲一, 或分一字爲二, 或借用他字, 或加減點畫, 或依漢音, 或從俚語, 字母七音、清濁、四聲皆有變焉。 若以牙音言之, 溪母之字, 太半入於見母, 此字母之變也。 溪母之字, 或入於曉母, 此七音之變也。 我國語音, 其清濁之辨與中國無異, 而於字音, 獨無濁聲, 豈有此理, 此清濁之變也。 語音則四聲甚明, 字音則上去無別, 質物諸韻, 宜以端母爲終聲, 而俗用來母, 其聲徐緩, 不宜入聲, 此四聲之變也。)

신숙주의 이 서문은 당시 현실적으로 쓰인 조선한자음의 실상을 부정하는 시점에서 서술된 것이지만 현실 조선한자음의 제반 특징 및 그 생성 원인에 관한 혜안으로 귀중한 자료로 된다. 서문에서 언급된 내용에 근거하여 초기 조선한자음의 여러 특징을 고찰하면 다음과 같다.

첫째, 중국음에서 계모(溪母) "ㅋ [k']"으로 발음되는 자음이 현실 조선한자음에서는 대부분 견모(見母) "ㄱ [k]"음으로 발음되었다. 예하면, "輕"은 "梗"섭의 개구 삼등자로서 반절음은 "去盈切"("溪"모 "清"운)이었다. 그러나 현실조선한자음에서는 "켱[k'iəŋ]"으로 반영하지 않고 견모의 "졍[kiəŋ]"으로 반영하였다. "輕"은 원래 계모자였으나 현대한어음으로는 성모가 "q[tɕ']"로 변한 음이다. "通"섭의 합구 일등자인 "空"은 "東"운의 계모자로서 반절음은 "苦紅切"이고 현대 한어음에서도 계모음을 유지하고 있으나 당시 현실조선한자음에서는 見모의 "콩[koŋ]"으로 반영하였다. 중국음의 계모자가 조선한자음에서 대부분 견모로 반영된 현상은 당시에도 그랬고 현실에서도 그러한, 조선한자음의 일 특징이다. 이러한 자례들을 더 들어 보이면 다음과 같다.

한자	음운지위[2]	한어중고음	15C현실음	음성기호
氣	止開三去未溪	去旣切	긔	[kɯi]
窮	通合三平東溪	去宮切	궁	[kuŋ]
苦	通合一上姥溪	康杜切	고	[ko]
屈	臻合三入物溪	區物切	굴	[kul]
勸	山合三去願溪	去願切	권	[kuən]
巧	效開二上巧溪	苦絞切	교	[kǐo]

중국음의 계모음이 조선음에서도 그대로 계모로 반영된것은 "夬 [k'uɛ]" 한 음절뿐이다. 이러한 특징은 현재에도 마찬가지이다.

둘째, 중국음의 일부 계모음이 조선한자음에서 효모(曉母) "ㅎ [h]"으로 발음되었다.

예하면, "抗"은 "宕"섭의 개구 일등자로서 반절음은 "苦浪切"이다. 조선한자음으로는 "항[haŋ]"이다. 이처럼 중국음의 계모자가 조선한자음에서 효모로 반영된 자들로 "炕, 伉, 亢, 閌"등이 더 있다.

한자	음운지위	한어중고음	15C현실음	음성기호
炕	宕開一去宕溪	苦浪切	항	[haŋ]
伉	宕開一去宕溪	苦浪切	항	[haŋ]
亢	宕開一去宕溪	苦浪切	항	[haŋ]
閌	宕開一去宕溪	苦浪切	항	[haŋ]

『삼강행실도』와 『구급간이방언해』등 15세기문헌에는 출현하지 않았으나 중국음의 계모자가 조선음에서 효모로 반영된 자례들로는 또 "榼(苦盍切) 합", "篋(苦協切) 협" 등이 있다.

---

2) 음운지위에서의 배열은 "섭(攝) —개합구(开合口) —등(等) —성조(声调) —운부(韵部) —성모(声母)"의 순위이고 반절음은 『广韵』의 음이다. 정성수(丁声树)의 『고금자음대조수책(古今字音对照手册)』에 따랐다.

셋째, 중국음에서 구별되는 설두음과 설상음, 순중음과 순경음, 치두음과 정
치음은 현실 조선한자음에서는 변별되지 않는다.

한자음의 성모를 발음부위에 따라 분류하였던 과거음운학의 명칭에는 오음
(五音)과 칠음(七音)이 있었다. 오음이란 "아음(牙音), 설음(舌音), 순음(脣音), 치음
(齒音), 후음(喉音)"을 말하고 여기에 "반설음(半舌音)"과 "반치음(半齒音)"을 더한
것이 칠음이다. 오음을 더 세분하면 "아음, 설두음(舌頭音), 설상음(舌上音), 순중
음(脣重音), 순경음(脣輕音), 치두음(齒頭音), 정치음(正齒音), 후음, 반설음, 반치음"
등이 나누어진다.

당시 중국음에서 구별되는 설두음 단모(端母), 투모(透母), 정모(定母)와 설상음
지모(知母), 철모(徹母), 징모(澄母)는 조선한자음에서 변별되지 않고 "ㄷ"과 "ㅌ"
으로 반영되었다. 그리고 설두음의 니모(泥母)와 설상음의 낭모(娘母)는 "ㄴ"으
로 투영되었다.

한자	음운지위	한어중고음	15C현실음	음성기호
帝	蟹開四去霽端	都計切	뎨	[tĭəi]
天	山開四平先透	他前切	텬	[t'ĭən]
通	通合一平東透	他紅切	통	[t'oŋ]
定	梗開四去徑定	徒徑切	뎡	[tĭəŋ]
同	通合一平東定	徒紅切	통	[t'oŋ]
忠	通合三平東知	陟弓切	튱	[t'ĭuŋ]
竹	通合三入屋知	張六切	듁	[tĭuk]
治	止開三去志澄	直吏切	티	[t'i]
朝	效開三平宵澄	直遙切	됴	[tĭo]
年	山開四平先泥	奴顚切	년	[nĭən]

순중음 "幫, 滂, 並, 明"모와 순경음[3] "非, 敷, 奉, 微"모는 향가표기의 전승
자음에서나 『계림유사』, 『조선관역어』 등에서도 분별된 흔적이 보이지 않는
다.[4] 15세기 조선한자음에서도 "幫, 並"모와 "非, 奉"모[5]; "滂"모와 "敷"모;

---

3) 중국한자음에서 순경음이 분화된 시기를 王力(1958:115)은 12세기를 넘을 수 없다고 하였다. 이돈주
(1995:184)는 "실제로 순경음은 8~9세기 사이의 唐대 長安 방언에서 분화되기 시작한 것 으로 보인
다"고 하였다.

"明"모와 "微"모는 순중음과 순경음들로 분별되지 않고 "ㅂ, ㅍ"과 "ㅁ"으로 반영된다. 자례들을 예시하여 보이면 다음과 같다.

한자	음운지위	한어중고음	15C현실음	음성기호
碑	止開三平支幫	彼爲切	비	[pi]
叛	山合一去換並	薄半切	반	[pan]
番	山合三平元敷	孚袁切	번	[pən]
父	遇合三上麌奉	扶雨切	부	[pu]
飯	山合三去願奉	符万切	반	[pan]
匹	臻開三入質滂	譬吉切	필	[p'il]
風	通合三平東非	方戎切	풍	[p'uŋ]
迷	蟹開四平齊明	莫兮切	미	[mi]
望	宕合三去漾微	巫放切	망	[maŋ]
亡	宕合三平陽微	武方切	망	[maŋ]

치두음 "精, 淸, 從, 心, 邪"모와 정치음 "照, 穿, 牀, 審, 禪"모 역시 한어중고음에서 구별되었으나, 조선한자음에서는 변별되지 않고 "ㅈ, ㅊ, ㅅ" 계열의 음운체계로 투영되었다.

한자	음운지위	한어중고음	15C현실음	음성기호
子	止開三上止精	卽里切	즈	[tsɐ]
請	梗開三上靜淸	七靜切	쳥	[ts'iəŋ]
自	止開三去至從	疾二切	즈	[tsɐ]
髓	止合三去紙心	息委切	슈	[sĭu]
四	止開三去至心	息利切	스	[sɐ]
囚	流開三平尤邪	似由切	슈	[sĭu]
祠	止開三平之邪	似玆切	스	[sɐ]
氏	止開三上紙禪	承紙切	시	[si]
石	梗開三入昔禪	常隻切	셕	[sĭək]

---

4) 리윤동(1995), 『한국한자음의 이해』, 형설출판사, p.34
5) 중국음의 "非"모는 조선음에서 "ㅂ"으로 반영됨이 일반적이나 "ㅍ"으로 반영되기도 한다.

넷째, 당시 현실 조선한자음에는 전탁음이 없었다.

조선어고유어의 어음체계에서 순한소리와 된소리는 변별적이었다. 된소리는 "ㅅ"계, "ㅂ"계, "ㅆ"계의 합용병서자들로 표기되었다.[6] 고유어에서 구별되는 순한소리와 된소리가 한자음에서는 구별되지 않아서 중국음이 조선에 들어올 때 전탁음은 대부분 청음계열의 음으로 대체되어 군모(羣母)를 견모(見母)로, 정모(定母)를 단모(端母)로, 병모(並母)를 방모(幇母)로, 종모(從母)를 정모(精母)로, 사모(邪母)를 심모(心母)로, 갑모(匣母)를 효모(曉母)로 대체시켰다.

한자	음운지위	한어중고음	15C현실음	음성기호
翹	效開三平宵羣	渠遙切	교	[kʲo]
定	梗開四去徑定	徒徑切	뎡	[tʲəŋ]
叛	山合一去換並	薄半切	반	[pan]
自	止開三去至從	疾二切	즈	[tsʐ]
祠	止開三平之邪	似玆切	스	[sʐ]
下	假開二上馬匣	胡雅切	하	[ha]

"雙, 氏, 喫"등에서 현대 조선한자음에 "ㅆ"과 "ㄲ"이 쓰이고 있으나 운서에서 "雙, 氏, 喫"이 된소리로 표기된 것은 근현대에 들어서서의 일이다. 15세기에 "氏"는 "각시, 이시 왕조" 등으로 항상 "시[si]"로 표기되었고『훈몽자회』, 『신증유합』에서도 "시"로 되어있다. "雙"은 "솽[suaŋ]"으로 기록되었다. "雙, 氏"가 언해서에서 "쌍, 씨"로 기록된 것은 17세기 전반기에 이르러서이고[7] 운서에서는 『화동정음』에서 보인다. "喫"은 『자전석요』, 『신자전』에 이르기까지 제 운서와 옥편에서는 항상 "각"으로 기록되어 왔다. 유희의『언문지(諺文誌)』

---

6) 중세조선어에는 "ㅅ"계 합용병서자로 "ㅺ, ㅼ, ㅽ", "ㅂ"계 합용병서자로 "ㅳ, ㅄ, ㅄ, ㅶ", "ㅆ"계 합용병서자로 "ㅴ, ㅵ"가 있었다. 그중 "ㅆ"계 합용병서자는 17세기에 소멸되었다. 근대조선어에서 "ㅅ"의 된소리가 "ㅆ"이 아닌 "ㅴ"으로 표기된 예를 제외하고 된소리의 표기가 "된시옷"으로 통일되는 경향이 분명하여진 것은 19세기에 와서의 일이다. 합용병서자의 음가에 관하여 최현배는 병서된 자들이 본래 제 음가대로 소리나던 것이었는데 받침이 없던 조선어가 음절축약에 의하여 받침이 생겨나면서 차차 된소리처럼 인식되고 발음된 것이라고 하였다. 안병희·이광호(1999),『중세국어문법론』, pp.43~44」, 최현배,『고친 한글갈』, pp.546~563 참조

7) 문선규,「한자음의 현실과 문제점」, pp.272~273 참조

(1824)에 "요사이 우리나라 한자음에는 쌍(雙), 끽(喫) 두 자를 제외한 이외에는 전탁성이 없는데 이는 대개 옛사람들이 글자의 획을 간단하게 생략하여 쓴 까닭으로 그렇게 된 것이다.(近日東俗除雙쌍 喫끽 二字之外 都無全濁之聲 蓋由古人簡省諺畫之故也)"라는 기록이 있다. 운서, 옥편, 자전에는 20세기 초기까지 "끽"음이 반영되지 않았지만 현실발음에서 "喫"의 경음화는 적어도 19세 전에 이루어졌던 것으로 보인다.

다섯째, 중국절운음에서 단모(端母)로 발음되는 종성 "ㄷ"은 현실 조선한자음에서 "ㄹ"로 발음되었다.

조선한자음에 있어서 중국음의 "ㄷ"종성은 신라말기에 이미 "ㄹ"종성으로 변하여 고려시대, 조선조에도 그렇게 발음되었고 현재도 마찬가지다.[8]

신숙주가 서문에서 말한 당시 현실한자음의 특징은 그때만 존재한 것이 아니고 오늘에도 마찬가지임을 보면, 그 앞선 몇 세기 전에도 그러했을 수 있다.

단모가 래모로 변한 자례는 종성뿐 아니라 초성에도 있었다. 예하면 "次第(차제)"가 "차례"로 발음되고 "牡丹(모단)"이 "모란"으로 읽혀졌는데 이는 한자어가 조선어어음체계의 영향을 받아 생긴 어음변화이다.

여섯째, 초성에서 영모(影母) "ㆆ", 의모(疑母) "ㆁ"는 유모(喩母) "ㅇ"와 서로 혼동되어 엄격히 구별되지 않았다. 예하면, "山"섭의 개구 일등인 "安"은 성운으로 볼 때 "寒"운의 "影"모자이고 "語"는 "遇"섭의 합구 삼등자로서 "疑"모자이지만 조선한자음에서 "안"과 "어"로 동일한 초성으로 반영되었다. 더 보면 다음과 같다.

한자	음운지위	한어중고음	15C현실음	음성기호
吳	遇合―平模疑	五乎切	오	[o]
月	山合三入月疑	於厥切	월	[uəl]
一	臻開三入質影	於悉切	일	[il]
怨	山合三去願影	於願切	원	[uən]
養	宕開三上養以	餘兩切	양	[ĭaŋ]
亦	梗開三入昔以	羊益切	역	[ĭək]

---

8) 문선규(1972), 「/-ㄷ/入声音의 /-l/音化考」, 한양대 『논문집』 6..

실제상, 신숙주가 『동국정운』 서문에서 밝힌 조선한자음의 제반 특징에 대한 개괄은 15세기 한자음에만 국한되는 것이 아니고 현재에 이르기까지 조선한자음의 전반 발전과정에 거치는 특징적 현상이라 할 수 있다.

이상 15세기 당시 현실한자음의 양상에 대하여 살펴보았다. "취(醉), 폐(肺)"와 같이 3중모음도 쓰이고 있음을 보아 한자음표기에 사용된 중성의 모습도 대개 파악할 수 있으나 고찰의 대상으로 삼은 15세기 문헌에서 보이는 자료들은 산견된 것이고 중성이 사용된 모습을 전면적으로 보여주지 않고 있어 중성 그 전체를 잠시 아우를 수 없다. 전반적 모습이 비교적 뚜렷한 초성만을 대상으로 그 체계를 다음과 같이 정리한다.

【15세기 현실한자음의 초성체계】

七音	牙音	舌音	脣音	齒音	喉音	半舌音	半齒音
全淸	ㄱ	ㄷ	ㅂ	ㅈ, ㅅ			
次淸	ㅋ	ㅌ	ㅍ	ㅊ	ㅎ		
不淸不濁		ㄴ	ㅁ		ㅇ(零聲母)	ㄹ	△

종성의 사용은 "ㄱ, ㄹ, ㅂ, ㅇ, ㄴ, ㅁ"으로 후기나 현재와 동일함을 볼 수 있다.

2. 『동국정운』 한자음의 비현실성[9]

2.1. 5음의 규범과 23자모의 설정

조선조 초기한자음의 실제모습은 상술한바와 같았으나 『동국정운』 편찬자들은 중국의 전통적인 자모정국(字母定局)을 따라 현실 조선한자음을 정리하여 이

---

[9] 『동국정운』관계 연구는 많이 이루어진 상태다. 그에 관한 전반적인 연구는 유창균(1966)의 『동국정운연구』와 이동림(1970)의 『동국정운연구』, 성원경(1994)의 『15세기한국자음과 중국성운의 관계』를 참고하고 구체적인 교정내용에 대한 연구는 안병호(1984)의 『조선한자음체계의 연구』를 참고할 수 있다.

른바 이론적인 표준자모체계를 세우게 된다.

첫째, 조선한자음 체계 내에 전탁자를 편입하였다.

한어에서는 성모가 발음될 때 생기는 성대의 진동과 기(氣)의 유무에 따라 성모의 음성적 자질을 청(淸)음과 탁(濁)음으로 구분하였는데, 청탁은 원래 고대 음악에서 사용하던 술어로서 후대의 음운학자들이 성모의 자질을 나타내는 용어로 차용한 것이다. 음운 자질상 전탁음은 유성음으로서 무성음인 전청과 차청음에 대응한 것이다. 조선어 자음체계에 유성음이 존재하지 않음은 주지하는 바이다. 그런데 『동국정운』에서는 한자음에서만 청탁이 구별되지 않는 것은 이치에 맞지 않는다고 하여[10] 중국음운학의 청탁의 체계에 맞추어 "ㄲ(虯), ㄸ(覃), ㅃ(步), ㅆ(邪), ㅉ(慈), ㆅ(洪)"등 6개의 전탁자를 설정하였다.

한자	음운지위	한어중고음	"동국"음[11]	성조	현실음	음성기호
翹	效開三平宵羣	渠遙切	꾜ᇢ	평	교	[kǐo]
定	梗開四去徑定	徒徑切	뗭ㆁ	거	뎡	[tǐəŋ]
叛	山合一去換並	薄半切	빤	거	반	[pan]
祠	止開三平之邪	似兹切	쏭ㆁ	평	스	[sɐ]
自	止開三去至從	疾二切	쯩ㆁ	거	즈	[tsɐ]
下	假開二上馬匣	胡雅切	쌰ㆁ	상	하	[ha]

둘째, 또한 초성에서 의모(ㆆ), 영모(ㆆ), 유모(ㅇ)를 분리하여 사용하였다. 『동국정운』에서는 이 세 자모를 분리시키고 개개의 자음을 명확히 구별하려 하였다.

한자	음운지위	한어중고음	"동국"음	성조	현실음	음성기호
銀	臻開三平眞疑	語巾切	은	평	은	[ɯn]
安	山開一平寒影	烏寒切	한	평	안	[an]
養	宕開三上養以	餘兩切	양	去	양	[ǐaŋ]

---

10) "我国语音其清浊之变与中国无异而於字音独无浊声믈有此理" 「동국정운 서」

11) 『동국정운』한자음을 "동국"음으로 약칭한다. 그리고 자판관계로 조합되지 않는 글자들은 나란히 쓴다. "동국"음에서 나란히 쓴 글자들은 원래 종성으로 내려앉아야 할 자들이다. 종성에서 疑母 "ㆁ"와 喻母 "ㅇ"가 구별되어 사용된다.

사실상 이 세 자모는 당시 중국음에서도 변별이 어려웠던 것이다.[12] 또한
『훈민정음』 해례에서도 "초성의 영모와 유모는 비슷하여 언문에서 가히 통용
할 수 있다(初聲之影與喩相似, 於諺可以通用也)"고 하여 실제 언어생활에서도 이
들 운모가 초성에서 분별되지 않고 서로 통함을 말하였다. 그럼에도 『동국정
운』에서 이와 같이 변별하여 사용한 것은 고전적인 중국음운체계로 회귀하려
는 비현실적인 요소가 작용하였기 때문이다.

이렇게 하여 『동국정운』에서는 현실한자음에 사용된 15초성에 8자모를 더 사용
한 23자모체계를 만들어냈다. 『동국정운』 23자모는 세종대왕이 훈민정음을 창제
하면서 사용한 23개의 한자와 일치하는데 훈민정음 초성자로 바꾸면 다음과 같다.

【 동국정운 23자모 및 훈민정음 초성과의 대조표 】

七音 淸濁	牙音	舌音	脣音	齒音	喉音	半舌音	半齒音
全淸	君(ㄱ)	斗(ㄷ)	彆(ㅂ)	卽(ㅈ), 戌(ㅅ)	挹(ㆆ)		
次淸	快(ㅋ)	呑(ㅌ)	漂(ㅍ)	侵(ㅊ)	虛(ㅎ)		
全濁	虯(ㄲ)	覃(ㄸ)	步(ㅃ)	慈(ㅉ), 邪(ㅆ)	洪(ㆅ)		
不淸不濁	業(ㆁ)	那(ㄴ)	彌(ㅁ)		欲(ㅇ)	閭(ㄹ)	穰(ㅿ)

『동국정운』은 중국음운학의 오음청탁의 체계에 맞추어 자모체계를 설정하면
서도 일정한 가변의 원칙을 적용하였는데 서문에서 다음과 같이 밝히면서 중
국의 36자모와 다른 23자모를 만든 이유를 밝히었다.

자모를 만듦은 소리에 따라 조화되게 하는 것이다. 설두, 설상, 순중, 순경, 치두,
정치의 류는 우리 자음에서 분별할 수 없는 것으로서 자연에 말미암음인데 어찌 반
드시 36자에만 구애할 것이랴(字母之作諧於聲耳, 如舌頭、舌上、脣重、
脣輕、齒頭、正齒之類, 於我國字音未可分辨, 亦當因其自然, 何必泥於
三十六字乎。)

---

12) 조음당(趙蔭棠)의 『等韻源流』에서는 중원음운에서 "影、喩、疑"모가 "疑"모로 통합되었다 하였고 왕
력(王力)의 『汉语史稿』는 "喩、疑"모는 물론 "微"모까지도 혼동되어 변별이 어려웠다 하였다.

즉 중국한자음에서 구분되는 설두음과 설상음, 순중음과 순경음, 치두음과
정치음이 우리말에서 변별되지 않는 사정을 감안하여 억지로 36자모에 맞추지
않고 23자모체계를 세웠던 것이다.

『동국』음에서는 자모체계 내에서의 규범과 함께 청탁 내에서도 일정한 교정
을 진행하였는데 현실 조선한자음에서 견모거나 효모로 읽히는 초성들을 중국
한자음에 맞추어 계모로 복원시켰다. 즉 "溪"모자의 "氣, 穹, 苦"등과 "抗, 伉,
亢"등 자들은 현실한자음에서 "긔, 궁, 고", "항"으로 사용되었었는데13) 이들을
각기 "킈ㅇ (거성), 쿵(평성), 코ㅇ (상성)"14)와 "캉(거성)"으로 표기하였다.

2.2. 91운의 설정과 중성의 체계

성모의 체계에 있어 『동국정운』이 중국의 36자모와 다른 23자모체계를 세웠
던 것처럼 운의 설정에 있어서도 『동국정운』은 독자적인 91운의 분운체계를
세우고 있다.

운차	운			
	평	상	거	입
1	긍揯	긍肯	긍亙	극亟
2	굉觥	굉礦	鬨橫	괵號
3	귕肱	○	○	귁國
4	공公	공拱	공貢	곡穀
5	강江	강講	강絳	각覺
6	궁弓	뜡重	쿵言穹	국菊
7	경京	경景	경敬	격隔
8	근根	큰懇	근艮	긎訖
9	곤昆	곤袞	곤睔	곬骨
10	간干	간笴	간旰	갏葛
11	군君	군攟麕	군攈	귫屈

---

13) 3장의 제1절 부분을 참고하라.
14) 종성 "ㅇ"와 무음가 종성 "ㅇ"를 구별하기 위하여 무음가 종성의 경우에는 조합되지 않은 모습으로
풀어쓰기를 하였다. 『동국정운』에서는 물론 조합된 모양이다.

12	건鞬	건蹇	건建	겷訐
13	좀簪	슴痒	좀譖	즙戢
14	감甘	감感	감紺	갑閤
15	껌箝	검檢	검劍	겁劫
16	곰高	곰杲	곰誥	○
17	궁鳩	궁九	궁救	○
18	중貲	중紫	중恣	○
19	굉傀	욍隗	굉儈	○
20	갱佳	갱解	갱蓋	○
21	귕嬀	귕軌	귕媿	○
22	곙鷄	켕啓	곙闋	○
23	공孤	공古	공顧	○
24	강歌	강哿	강箇	○
25	궁拘	궁矩	궁屨	○
26	겅居	겅擧	겅據	○

※운들에서의 "○"는 무(無)를 표시한다.

운목의 설정에 있어서 "ㄱ"초성자를 많이 사용한 것 또한『동국정운』운자의 특징이다.

운모를 91운으로 분류한데 관하여『동국정유』에 구체적인 언급이 없다.『동국정운』이 저본으로 삼은『고금운회거요』는 표면상 107운 체계를 세우고 있지만, 그 내부에 자모운을 설정한 것이 특징이다.『동국정운』은 바로『고금운회거요』의 내부 자모운에 의거하여 운을 책정하였는데 91운 중 69운이『고금운회거요』의 소운(小韻)에서 사용한 한자들이다.[15] 나머지 운들은 조선한자음의 특수성에 의하여 중성에서 음양관계를 고려하던가 혹은 기타 일련의 원인에 의하여 새로운 한자를 취하였다.[16]

조선운서들이 조선한자음의 중성에 대하여 관용적이었던 것처럼 중성에 대하여『동국정운』에서도 특별한 언급은 없다. 중성 사용에서의 특징을 알아보기 위하여 26운목의 운차별로 살펴보면 다음과 같다.

---

15) 안병호(1984),『조선한자음체계의 연구』, pp.94~105; 이돈주(1995),『한자음운학의 이해』, p.301 참조
16) 안병호(1984),『조선한자음체계의 연구』, pp.105~106.

【 운목별로 본 『동국정운』 한자음의 중성사용표 】

운차	운 목	사용된 중성	운차	운 목	사용된 중성
1	搋肯亘亟	ㅡ ㅣ ㅢ	14	甘感紺閤	ㅏ
2	觥礦橫鐄	ㅚ	15	箝檢劍劫	ㅓ ㅕ
3	肱○○國	ㅟ	16	高杲誥○	ㅗ ㅛ
4	公拱貢穀	ㅗ ㅛ	17	鳩九救○	ㅜ ㅠ
5	江講絳覺	ㅏ ㅑ ㅘ	18	貲紫恣○	ㆍ ㅣ ㅢ
6	弓重言穹菊	ㅜ ㅠ	19	傀隗儈○	ㅚ
7	京景敬隔	ㅕ ㅖ	20	佳解蓋○	ㅐ ㅙ
8	根懇艮訖	ㆍ ㅡ ㅣ	21	嬀軌媿○	ㅟ ㅞ
9	昆袞睔骨	ㅗ	22	鷄啓闋○	ㅖ ㅖ
10	干笴旰葛	ㅏ ㅘ	23	孤古顧○	ㅗ
11	君㨾麕攈屈	ㅜ ㅠ	24	歌哿箇○	ㅏ ㅑ ㅘ
12	鞬寋建訐	ㅓ ㅕ ㅝ ㅞ	25	拘矩屨○	ㅜ ㅠ
13	簪瘁譖戢	ㆍ ㅡ ㅣ	26	居擧據○	ㅓ ㅕ

표에 나타난 『동국정운』의 모음을 귀납하면 다음과 같은 23중성이 사용되었음을 볼 수 있다.

훈민정음 11중성 : ㆍ ㅡ ㅣ ㅗ ㅏ ㅜ ㅓ ㅛ ㅑ ㅠ ㅕ
"ㅣ" 상합자 7중성 : ㅢ ㅚ ㅟ ㅐ ㅔ ㅖ ㅖ
2자 합용자 3중성 : ㅘ ㅝ ㅖ
3자 합용자 2중성 : ㅙ ㅖ

이는 『훈민정음』 해례의 중성해에서 언급한 중성에 비하여 "ㆎ, ㅒ, ㆌ, ㅖ, ㆋ, ㆉ"가 사용되지 않은 모습이다.

2.3. 종성사용의 비현실성

『훈민정음』 해례에서 "초성, 중성, 종성의 세소리가 합하여 글자를 이룬다(初中終三聲合而成字)"고 한 원칙에 따라 『동국정운』에서는 모음으로 끝나는 한자음의 경우에도 종성을 사용하여 모든 경우에 종성을 쓰고 있다. 즉 "ㄱ, ㆁ, ㄴ,

ㄹ, ㅁ, ㅂ" 종성 외에 새로운 "ㅇ, ㅱ"종성을 사용하였다.

종성들의 제반 사용정황은 다음과 같다.

【 운목별로 본 동국정운 한자음의 종성사용표 】

운차	운목	종성자				운차	운목	종성자			
		평	상	거	입			평	상	거	입
1	揯肯亙堩	ㆁ	ㆁ	ㆁ	ㄱ	14	甘感紺閤	ㅁ	ㅁ	ㅁ	ㅂ
2	觥礦橫虢	ㆁ	ㆁ	ㆁ	ㄱ	15	箝檢劍劫	ㅁ	ㅁ	ㅁ	ㅂ
3	肱○○國	ㆁ	○	○	ㄱ	16	高杲誥○	ㅱ	ㅱ	ㅱ	○
4	公拱貢穀	ㆁ	ㆁ	ㆁ	ㄱ	17	鳩九救○	ㅱ	ㅱ	ㅱ	○
5	江講絳覺	ㆁ	ㆁ	ㆁ	ㄱ	18	貲紫恣○	ㅇ	ㅇ	ㅇ	○
6	弓重䛐菊	ㆁ	ㆁ	ㆁ	ㄱ	19	傀隗儡○	ㅇ	ㅇ	ㅇ	○
7	京景敬隔	ㆁ	ㆁ	ㆁ	ㄱ	20	佳解蓋○	ㅇ	ㅇ	ㅇ	○
8	根懇艮訖	ㄴ	ㄴ	ㄴ	ㅭ	21	嬀軌媿○	ㅇ	ㅇ	ㅇ	○
9	昆袞論骨	ㄴ	ㄴ	ㄴ	ㅭ	22	雞啓闋○	ㅇ	ㅇ	ㅇ	○
10	干笴旰葛	ㄴ	ㄴ	ㄴ	ㅭ	23	孤古顧○	ㅇ	ㅇ	ㅇ	○
11	君攟攈屈	ㄴ	ㄴ	ㄴ	ㅭ	24	歌哿箇○	ㅇ	ㅇ	ㅇ	○
12	鞬蹇建訐	ㄴ	ㄴ	ㄴ	ㅭ	25	拘矩屨○	ㅇ	ㅇ	ㅇ	○
13	簪昝譖戢	ㅁ	ㅁ	ㅁ	ㅂ	26	居擧據○	ㅇ	ㅇ	ㅇ	○

"16高, 17鳩" 운목자들에서 "高귷, 皎귷, 右귷" 등으로 "ㅱ"종성을 사용하였고, "18貲" 운목으로부터 "26居" 운목들에서 "路룽, 家강, 我앙" 등으로 "ㅇ"종성을 사용하였다. "ㅇ, ㅱ"는 중국음의 음성운 운미를 표기하기 위하여 인위적으로 사용한 무음가 종성인데, 현실 조선한자음에서는 변별되지 않은 받침들이다.[17]

『동국정운』은 입성자에 대하여서도 규범적인 처리를 진행하였다. 전술한바, 신라말기에 이미 "ㄹ [l]"종성으로 변한 중국음의 "ㄷ [t]"종성은 현대에도 그렇고 고려조를 거쳐 조선조의 현실음에서도 "ㄹ"로 발음되었다. 『동국정운』에서는 중국한자음에 맞추어 현실한자음에서 쓰이던 "ㄹ"종성에 대하여 다음과 같이 논하였다.

---

17) 리득춘(1994), 『조선어 한자어음 연구』, 「미모종성을 재차 론함」 참고

어음에서는 사성이 잘 구분되는데 자음에서는 상거무별하고 질물의 제운은 마땅히 단모로써 종성을 삼아야 하는 것인데 세속에서 쓰는 래모자는 소리가 느려 입성이 되지 못한다. 이는 사성이 변한 것이다.(語音則四聲甚明, 字音則上去無別 ; 質物 諸韻宜以端母爲終聲, 而俗用來母, 其聲徐緩不宜入聲, 此四聲之變也。)

『동국정운』 서

그에 따라 "ㄹ"종성에 대하여 다음과 같은 원칙으로 교정하였다.

"질(質)과 물(物)의 여러 운들은 영모로써 래모를 보충하여 세간의 습속에 따라 바로잡는다."(質物諸韻, 以影補來, 因俗歸正。)

영모 "ㆆ"는『홍무정운역훈』의 속음에서 입성운미를 표기하는데 사용되었고 『사성통해』의 속음표기에도 사용되었다. "ㆆ"로써 입성자질을 나타낸 선례는 중국음표기에서 일찍 보이던 것인데『동국정운』에서 중국음운학의 영향으로 이 영모자를 가져다 "ㄹ"아래에 절충적으로 사용한 것이다.

중국북방음에서 입성의 소실은 비교적 이른 시기에 이루어져 14세기 혹은 그보다 더 빠른 시기 북경표준어에서 운미 "-p, -t, -k"는 소실되었다.[18] 『홍무 정운역훈』 서(序)에도

사성의 평, 상, 거, 입성에 있어서 … 입성의 경우에만 세속에서는 종성을 사용하지 않고 있는데 말이 아니다. 몽고운과 황공소 운회의 입성에서도 종성을 사용하지 않고 있으니 어찌된 것이냐(四聲爲平上去入……而獨於入聲, 世俗率不用終聲, 甚無謂也。蒙古韻與黃公紹韻會入聲, 亦不用終聲, 何耶?)

라 하여 당시에 입성자를 종성에 쓰지 않고 있는 현실을 말하였고『사성통고』 범례에서도

입성 ㄷ, ㄱ, ㅂ 세 음은 중국어의 속음과 운회, 몽고운에서는 모두 이를 사용하지 않고 오직 남방에서만 많이 사용하고 있을 뿐이다.(入聲ㄷㄱㅂ三音, 漢俗及韻 會、蒙韻皆不用之, 唯南音之呼, 多有用者。)

---

18) 王力,『汉语史稿』, 中华书局, 2001년 4차인쇄), p.134.

라 하여, 현실북방음에서는 쓰이지 않고 남방에서만 유지하고 있음을 말하였다. 이처럼 중국음에서 입성자는 존재로부터 소실이라는 과정의 변화를 거치고 운서들은 그러한 변화를 감지하고 반영하기도 하였지만 조선한자음에서는 그러한 변화를 받아들이지 않고 시종여일하게 입성받침을 유지하고 있는 것이 특징이다. 단, 표기 방식에 있어서 『동국정운』에서 현실한자음에서 쓰이던 "ㄹ"을 교정하여 "訖, 骨, 葛, 屈, 訐" 등 운에서 "ㅭ" 종성자를 사용하는 변화가 나타났다. 이는 실지 상에 [l?] > [t]로 되는 것이다.

2.4. 『동국정운』 한자음의 사용

『동국정운』은 현실의 조선한자음이 중국음의 음운체계에 맞지 않는다고 하여 그것을 와오음(訛誤音)으로 보고 중국어 음운체계에 맞추어 교정한 절충음으로서 실제 쓰이고 있던 한자음과 상당한 차이가 있었다. 세조조에 예조(禮曹)에서 성균관 유생들에게 『동국정운』을 학습시키자고 건의한 사실이 여러 기록에서 보이는데 세종대왕은 『동국정운』을 반포할 때 백성들은 속습에 익숙해 있어서 갑작스러운 음의 변화를 감당하기 어렵다고 하여 백성들에게 그 사용을 강요하지 않았다.[19]

『동국정운』은 초간 된 이래 다시 중간되지 않았다. "동국"음은 향간에서는 별로 사용되지 않고 특이하게 불경언해류에서 많이 사용되고 있음이 주목된다.

세종 28년(1446), 세종대왕은 소헌 왕후의 명복을 빌기 위하여 수양대군으로 하여금 석가모니의 일대기를 적은 『석보상절(釋譜詳節)』을 짓게 하였는데 그것이 완성된 후 세종은 친히 또 석가모니를 찬송하는 『월인천강지곡(月印千江之曲)』을 지었다. 이 두 책을 훈민정음으로 언해하여 간행할 때 처음으로 "동국"음을 사용하였다. 세조 4년(1459), 선왕인 단종과 왕세자였던 도원군(덕종)의 명복을 빌기 위하여 『석보상절』과 『월인천강지곡』을 합편한 『월인석보(月印釋譜)』를 간행할 때에도 "동국"음을 사용하였다. 특히 세조 7년(1461)에 간경도감을 설치하고 『능엄경언해(楞嚴經諺解)』(1462), 『묘법연화경언해(妙法蓮華經諺解)』(1463), 『금강반약파라밀경언해(金剛般若波羅密經諺解)』(1464), 『불설아미타경언해

_____
19) "本國人民习熟俗旣久 不可猝变 勿强教 使学者随意为之"「세종실록 권 122」

(佛說阿彌陀經諺解)』(1464), 『선종영가집언해(禪宗永嘉集諺解)』(1464), 『반약파라밀다심경언해(般若波羅密多心經諺解)』, 『목우자수심결언해(牧牛子修心訣諺解)』(1467), 『몽산화상법어약록언해(蒙山和尚法語略錄諺解)』(1472), 『구급방언해(救急方諺解)』(1467) 등 불경서적과 의학서를 언해하여 간행하였는데 모두 "동국"음을 사용하였다. 또한 성종 때에 세조의 비 정희(貞熹)왕후가 세조의 명복을 빌기 위해 원각사(圓覺寺)에서 발간한 『금강경삼가해(金剛經三家解)』(1582), 『영가대사증도가남명천사계송언해(永嘉大師證道歌南明泉師繼頌諺解)』(1582)와 덕종의 비 소혜(昭惠)왕후가 덕종을 위하여 간행한 『불정심경언해(佛頂心經諺解)』(1485)에서도 "동국"음을 사용하였다.[20]

이처럼 『동국정운』의 한자음은 세종조에서 성종조까지 불경언해에서 주로 사용되고 있음이 특징적이다. 조선한자음의 현실을 거부하고 중국운서음을 많이 추종하였던 인위적인 교정으로 하여 『동국정운』음은 널리 사용되지 못하였고 그 뒤에 나타나는 운서한자음의 전승에 거의 영향 주지 못한 것으로 보인다.

3. 16~17세기의 현실 한자음

16~17세기는 조선한자음 운서의 공백기이다. 15세기에 『동국정운』이 편찬된 뒤 줄곧 새로운 조선한자음 운서가 편찬되지 않다가 18세기에 이르러서 『화동정음』, 『삼운성휘』, 『규장전운』등 운서들이 나타났다. 운서로서는 공백기였지만 조선문자로 한자의 음과 훈을 단 『훈몽자회』(1527), 『신증유합』(1576), 『천자문』(광주—1575, 석봉—1583), 『유합』(1664) 등 자서가 등장하였다. 상술한 자서류들은 계몽위주의 한자음 학습서로서 현실한자음을 기록하고 있다. 16세기에 이르러 여러 언해서들에서도 현실한자음을 기록하고 있어서 이 시기의 한자음의 실상을 요해하는데 좋은 자료를 제공해준다. 본 절에서는 자서류의 한자음 외에 『속삼강행실도(續三綱行實圖)』를 대상으로 현실한자음을 고찰코저

---

20) 강호천(1991), 『朝鮮朝 汉字音 整理의 历史的 研究』, pp.48~49 참조

한다. 『속삼강행실도』의 원간본은 1514년에 나왔는데 1581년의 중간본과 대비하면 약 5백자에 달하는 한자의 음을 확인할 수 있다.[21]

　『속삼강행실도』에서 보이는 한자음의 수는 제한되어 있다. 그를 대상으로 전반적인 한자음의 체계적 양상을 고찰한다는 것은 신중하지 못한 면이 있으므로 먼저 『훈몽자회』를 대상으로 16세기 한자음의 성운(聲韻)에 대하여 종합하고 거기에 비추어 『속삼강행실도』의 초성, 중성, 종성 사용의 정황을 살펴보도록 한다.

3.1. 성모와 운모체계[22]

1) 성모체계

『훈몽자회』에 사용된 초성체계를 살펴보기 위하여 각 초성별로 용자례를 보이기로 한다.

"ㄱ": 家, 科, 開, 系, 技, 基, 闓, 九, 間, 桔, 京, 角, 國
"ㄴ": 儒, 內, 尼, 紐, 女, 奴, 尿, 南, 捻, 納, 暖, 訥, 兩
"ㄷ": 茶, 代, 弟, 池, 宙, 頭, 度, 朝, 潭, 店, 踏, 旦, 電
"ㄹ": 羅, 雷, 禮, 里, 柳, 漏, 旅, 老, 覽, 帘, 獵, 笠, 烈
"ㅁ": 馬, 賣, 每, 袂, 米, 武, 矛, 苗, 晚, 眠, 蚊, 民, 沫
"ㅂ": 杯, 匕, 夫, 步, 法, 邊, 貧, 拂, 繃, 博, 碧, 腹, 鳳
"ㅅ": 沙, 刷, 洗, 氏, 水, 西, 所, 士, 三, 心, 習, 善, 室
"ㅇ": 牙, 野, 瓦, 愛, 外, 衣, 梧, 腰, 暗, 音, 業, 腕, 宴
"ㅈ": 左, 宰, 罪, 祭, 枝, 酒, 奏, 姐, 早, 自, 潛, 占, 緝
"ㅊ": 叉, 借, 菜, 梔, 醉, 處, 草, 厠, 站, 寢, 妾, 川, 唱
"ㅌ": 打, 汰, 退, 體, 稚, 鬪, 土, 探, 添, 塔, 炭, 奪, 宅
"ㅍ": 波, 佩, 陛, 皮, 鋪, 布, 瓢, 品, 板, 騙, 八, 筆, 坪
"ㅎ": 夏, 火, 咳, 惠, 彙, 姬, 好, 含, 賢, 血, 杏, 黑, 核

"ㅿ": 餌, 二, 仁, 耳, 乳, 汝, 兒, 任, 染, 人, 日, 讓, 肉

보다시피,『훈몽자회』한자음에 사용된 초성은 "ㄱ, ㄴ, ㄷ, ㄹ, ㅁ, ㅂ, ㅅ, ㅇ, ㅈ, ㅊ, ㅌ, ㅍ, ㅎ, ㅿ" 14초성이다.『훈몽자회』에 나타나는 일모자는 총 55자인데 그중 47자가 일모자로 표기되어[23] 일모 "ㅿ"가 비교적 활발히 사용되었음을 볼 수 있다. "ㅋ"초성은 현대한자음에서도 극히 제한된 음절에서만 보이는데『훈몽자회』에 "ㅋ"초성 한자음이 보이지 않는다. 후기 문헌들에서 "쾌"음으로 등장하고 현대에도 "쾌"음으로 읽히는 "噲"의 음을 "회"로 기록하였다.『훈몽자회』에 "ㅋ"초성을 사용한 용례가 없지만 실제 초성체계에서는 존재했던 것으로 보아야 한다.『동국정운』에서 신숙주가 "우리말에는 계모(溪母)를 많이 쓰는데 자음(字音)에는 다만 쾌(夬) 한 종류뿐"[24]이라고 밝혔던 것처럼 15세기 현실음에서는 "ㅋ"초성이 엄연히 존재하였음이 한 이유이고,『훈몽자회』에는 보이지 않지만『신증유합』에 "快쾌"자가 보인다는 것이 다른 한 이유이다.

따라서 16~17세기 현실한자음의 초성체계는 "ㅋ"초성도 함께 고려하여 "ㄱ, ㄴ, ㄷ, ㄹ, ㅁ, ㅂ, ㅅ, ㅇ, ㅈ, ㅊ, ㅋ, ㅌ, ㅍ, ㅎ, ㅿ" 등 15초성이 되는 것이다.

2) 운모체계

『훈몽자회』에서 사용된 중성의 모습과 운들의 정황을 알아보기 위하여 먼저 다음과 같은 표를 만들어 본다. 용자례를 선택함에 원칙상 "ㅇ" 초성자를 취하고 상응한 초성자의 자례가 없을 경우 "ㄱ", "ㅎ" 등 기타 초성자들에서 택한다.

중성	무종성	종성					
		ㄱ	ㄹ	ㅂ	ㅁ	ㄴ	ㅇ
ㅏ	我아	樂악	斡알	壓압	暗암	岸안	仰앙
ㅑ	夜야	藥약	○	○	○	○	陽양
ㅘ	瓦와	郭곽	括괄	○	○	腕완	王왕
ㅓ	魚어	億억	孼얼	業업	嚴엄	言언	○
ㅕ	予여	易역	血혈	葉엽	炎염	研연	英영

---

23) 나머지 자들은 "ㅇ"과 "ㅅ, ㄴ"초성으로 사용되었다. 이돈주(1979),『훈몽자회한자음연구", p.157.』
24) "国语多用溪母 而字音则独夬之一音而己"『동국정운』序.

ㅗ	吾오	玉옥	兀올	○	○	瘟온	瓮옹
ㅛ	腰요	浴욕	○	○	○	○	勇용
ㅜ	宇우	旭욱	蔚울	○	品품	雲운	雄웅
ㅠ	油유	育육	橘귤	○	○	閏윤	忠튱
ㅡ	○	極극	乻을	邑읍	音음	銀은	鷹응
ㅣ	伊이	翌익	一일	十십	心심	姻인	孕잉
ㅐ	崖애	○	○	○	○	○	○
ㅙ	倭왜	○	○	○	○	○	○
ㅓ	愛익	客킥	○	○	○	○	櫻잉
ㅚ	外외	馘괵	○	○	○	○	肱굉
ㅟ	位위	○	○	○	○	○	○
ㆌ	醉취	○	○	○	○	○	○
ㅝ	○	○	月월	○	○	原원	○
ㅔ	饐에	○	○	○	○	○	○
ㅖ	譽예	○	○	○	○	○	○
ㅞ	卉훼	○	○	○	○	○	○
ㅞ	捶췌	○	○	○	○	○	○
ㅢ	衣의	○	○	○	○	○	○
、	事亽	刻각	脖불	○	蚕줌	呑톤	○

표에서 볼 수 있다시피 『훈몽자회』에서는 기본 중성 " ㅏ, ㅑ, ㅓ, ㅕ, ㅗ, ㅛ, ㅜ, ㅠ, ㅡ, ㅣ, 、"등 11자 외에 " ㅣ"상합자로 " ㅐ, ㅢ, ㅚ, ㅟ, ㆌ, ㅔ, ㅖ, ㅢ" 등 8자, 2자 합용중성 "ㅘ, ㅝ" 등 2자, 3자 이상 합용중성으로 "ㅙ, ㅞ, ㅞ" 등 3자로 총 24중성이 사용되었다. 그중 "ㅡ"중성과 "ㅝ"중성은 종성 없이 홀로 사용된 자례가 없다. 사용된 종성은 "ㄱ, ㄹ, ㅂ, ㅁ, ㄴ, ㅇ" 6종성이다. 이 6종성과 24중성이 결합된 운의 종류는 60자이다. 『훈몽자회』에 사용된 운모의 수는 받침자가 없는 운이 22개, 받침자 있는 운이 60개로서 총 82자에 달하는 셈이다.

『속삼강행실도』는 기본적으로 『훈몽자회』와 일치한 모습을 보인다. 초성에 따라 각기 몇 글자씩만 보이되 중성이 사용된 모습도 함께 보기 위하여 "ㅇ"초성의 자례들은 사용된 중성에 따라 하나씩 보인다.[25]

---

25) 자례 뒤의 출처와 페지는 원간본의 것을 따랐다.

"ㄱ":

哥가「열, 9a」　　　艱간「효, 24a」　　　監감「효, 14a」　　　甲갑「효, 32b」
黔검「효, 22b」　　　激격「효, 24a」　　　鏡경「충, 4a」　　　啓계「열, 19a」

"ㄴ":

難난「효, 24a」　　　南남「열, 23a」　　　奴노「효, 22a」　　　女녀「열, 7a」
羅나「효, 34a」　　　樂낙「열, 3a」　　　落낙「충, 5a」　　　來닉「효, 24a」

"ㄷ":

丹단「열, 24a」　　　達달「열, 12a」　　　潭담「열, 22a」　　　答답「열, 15a」
堂당「효, 14a」　　　大대「효, 14a」　　　對디「열, 15a」　　　德덕「열, 4a」

"ㄹ":

賴뢰「열, 22a」　　　廉렴「효, 5a」

"ㅁ":

馬마「열, 7a」　　　幕막「효, 21a」　　　萬만「효, 28a」　　　亡망「열, 10a」
媒미「열, 26a」　　　盟밍「열, 1a」　　　免면「효, 3a」　　　命명「열, 26a」

"ㅂ":

朴박「충, 4a」　　　叛반「열, 22b」　　　方방「열, 16a」　　　背비「열, 22b」
伯빅「충, 4a」　　　法법「효, 3a」　　　變변「효, 3a」　　　別별「열, 10b」

"ㅅ":

史사「열, 24a」　　　敕샤「효, 3a」　　　思ᄉᆞ「열, 12a」　　　朔삭「효, 32a」
裳상「효, 23a」　　　上상「열, 6a」　　　稅세「열, 2a」　　　誓세「열, 1a」

"ㅇ":

娥아「효, 3a」　　　岳악「효, 36a」　　　安안「열, 17a」　　　愛이「충, 4a」
約약「열, 11a」　　　陽양「열, 22a」　　　魚어「효, 26a」　　　嚴엄「열, 8a」
易역「충, 2a」　　　演연「효, 25a」　　　悅열「효, 22a」　　　炎염「충, 1a」
永영「열, 2b」　　　影영「효, 25a」　　　獄옥「충, 4b」　　　王왕「효, 1a」
容용「충, 1a」　　　寓우「열, 22a」　　　郁욱「효, 11a」　　　云운「충, 4a」

願원「열, 2a」　　衞위「효, 12a」　　惟유「열, 22a」　　閏윤「효, 23a」
隱은「열, 4a」　　乙을「열, 9a」　　陰음「열, 25a」　　邑읍「효, 20a」
應응「효, 29a」　　依의「열, 10a」　　伊이「열, 21a」　　益익「열, 14a」
仁인「효, 24a」　　日일「열, 11a」

"ㅈ" :

自ᄌ「열, 23a」　　葬장「효, 14a」　　章장「충, 4a」　　宰지「효, 26b」
政정「효, 25a」　　精정「열, 10b」　　制제「충, 1a」　　諸졔「충, 1b」

"ㅊ" :

泉쳔「효, 3a」　　賤쳔「효, 21a」　　妾쳡「효, 10a」　　請쳥「효, 3a」
草초「열, 17a」　　焦쵸「효, 2a」　　摠총「충, 1a」　　崔최「열, 11a」

"ㅌ" :

托탁「열, 10a」　　嘆탄「효, 24a」　　脫탈「효, 6a」　　塔탑「열, 5a」
統통「효, 7a」　　追튜「효, 32b」　　天텬「열, 5a」　　體톄「열, 8a」

"ㅍ" :

平평「효, 8a」　　廢폐「효, 6a」　　布포「열, 21a」　　表표「열, 8b」
豊풍「효, 31a」　　避피「효, 22a」　　必필「열, 13a」

"ㅎ" :

河하「열, 17a」　　韓한「열, 11a」　　咸함「열, 15a」　　合합「충, 4a」
抗항「충, 3a」　　海히「열, 21a」　　香향「열, 7a」　　許허「열, 21a」

『속삼강행실도』는 『훈몽자회』와 마찬가지로 "ㅋ"초성 용자례를 보이지 않는다. 또한 『훈몽자회』가 "仁, 日"등에서 사용한 일모 "ㅿ"를 사용하지 않았다. "人"은 15세기 현실한자음에서도 "인"과 "신"으로 혼용되고 있었던 것이다. 『속삼강행실도』에서는 "인"으로 되어있고 "신"음을 보이지 않는다. 따라서 일모자는 이 시기에 변동기에 있었다고 볼 수 있다.

중성사용의 정황을 보면 "州쥐, 樞츄" 등에서 " ㅣ"상합자로 "ㅟ"중성을 보이고 있다. "ㅙ", "ㅞ", "ㆅ"등 3자 합용중성이 사용된 자례는 보이지 않는다. 한자음의 출현이 제한되어 있어 중성사용의 전모를 단정하기는 어렵지만 『훈몽자회』의 중성체계와 크게 다르지 않을 것으로 보인다.

3.2. 한자음의 특징

『훈몽자회』 등 자서류와 『속삼강행실도』를 대상으로 이 시기 현실한자음의 뚜렷한 양상과 특징을 살펴보기로 한다.

첫째, 가장 뚜렷한 특징의 하나로 설음계의 "ㄷ, ㅌ"초성이 치음의 "ㅈ, ㅊ"으로 구개음화 되지 않고 본음대로 사용된 현상을 들 수 있다.

앞에서 이미 살펴본 바 중국음의 설음에는 설첨음(舌尖音)과 치음(齒音)사이에서 파열로 의해서 이루어지는 설두음과, 설면음(舌面音) 앞에서 파열되어 발음되는 설상음[26] 두 종류가 있었다. 설상음의 분화시기를 이돈주(1995)는 육조 말에서 당나라시기로 보았다. 물론 그 분화조건은 반모음 "i"가 후행하는 경우이다.

조선한자음에서는 설두음과 설상음이 구별되지 않았기에 훈민정음에서도 설음은 "斗(ㄷ), 呑(ㅌ), 覃(ㄸ), 那(ㄴ)" 네 자모로 설정하고 따로 분별하지 않았다. 즉 조선한자음에서는 설두음과 설상음의 구별이 없이 설두음 한가지로 발음되었던 것이다. 그러던 것이 후기에 이르러 설음의 3등자와 4등자에 속하는 "ㄷ, ㅌ"초성의 한자음들이 모음 "ㅣ"나 반모음 "ㅣ"를 가진 "ㅑㅕㅛㅠ" 등 중성 앞에서 "ㅈ, ㅊ"으로 변하면서 "田뎐", "地디"등이 "뎐>젼", "지" 등으로 읽히게 되었다. 이점을 요해하기 위하여 음운지위로 살펴보면 다음과 같다.

한자	음운지위	중고한어음	15~16현실음	현대음
丹	山開一平寒端	都寒切	단	단
堂	宕開一平唐定	徒郎切	당	당
逃	效開一平豪定	徒刀切	도	도
打	梗開二上梗端	德伶切	타	타
張	宕開三平陽知	陟良切	댱	장

---

26) 왕력(1957), 『汉语音韵学』, p.51.

場	宕開三平陽澄	直良切	댱	장
池	止開三平支澄	直離切	디	지
地	止開三去至定	徒四切	디	지
天	山開四平先透	他前切	텬	천
鐵	山開四入屑透	他結切	텰	철
第	蟹開四去霽定	特計切	뎨	제
帝	蟹開四去霽端	都計切	뎨	제

즉 설음의 1, 2등자에는 변함이 없으나 3, 4등자에 한하여는 설음이 치음으로 변한 것이다. 이와 같은 현상을 구개음화현상이라 한다. 『속삼강행실도』는 구개음화현상을 전혀 보이지 않고 본음대로 "ㄷ, ㅌ"을 보인다.

張댱「열, 2a」	傳뎐「열, 7a」	田뎐「효, 22a」	奠뎐「효, 7a」
貞뎡「열, 22a」	旌뎡「열, 8b」	鄭뎡「충, 4a」	丁뎡「충, 4a」
亭뎡「효, 3a」	定뎡「효, 4a」	弟뎨「효, 22a」	第뎨「효, 32a」
堤톄「열, 10a」	趙됴「열, 9a」	朝됴「효, 24b」	知디「충, 3a」
地디「효, 22a」	重듕「열, 10a」	中듕「열, 26a」	陳딘「열, 2a」
鎭딘「효, 6a」	追튜「효, 32b」	天텬「열, 5a」	體톄「열, 8a」
忠튱「열, 11a」	治티「효, 32b」		

이와 같은 현상은 『훈몽자회』에서도 마찬가지로서 "弟, 帝"등은 "뎨"음으로 나타난다.

조선어 음운사에 있어서 설단 치경음 "ㄷ, ㅌ"이 전설 경구개 파찰음 "ㅈ, ㅊ"으로 구개음화가 활발하게 확산된 시기는 18세기 초기부터나[27] 한자음에서는 전반적 변화발전 양상으로 볼 때 구개음화가 17세기 후반에 비교적 분명하여졌고 18세기말 19세기 초에는 설상음계뿐만 아니라 설두음 4등자에서도 구개음이 완성되었다.[28]

둘째, "ㄹ"초성의 기피현상이 뚜렷하다.

27) 이돈주(1995), 『한자음운학의 이해』, p.356.
28) 문선규(1969), 「리조초이래의 한자음운변화에 대한 일고찰」(전북대 논문집 11), p.10 ; 리득춘(1987), 「漫炎朝鮮又字音舌音的演变(연변대학 학보, 1987년 1호).

이 시기 한자음의 다른 한 특징으로 "ㄹ"초성의 기피현상을 들 수 있다. 『속삼강행실도』에서 "ㄹ"초성의 한자음은 "賴뢰", "廉렴" 두 자에서만 보인다. 래모에 속하는 자로서 조선한자음에서 응당 "ㄹ"초성으로 나타나야 할 음들이 "ㄴ"초성으로 많이 발음되었다. 예하면, "落", "老" 등 래모(來母)자들이 "難난, 南남, 奴노, 女녀" 등 니모(尼母)자에 편입되어 "락>낙", "로>노"의 변화를 보여주고 있다. 이와 같은 자례들로는 다음과 같은 것들이 더 있다.

祿녹「효, 17a」 陵능「충, 3a」 羅나「효, 34a」 樂낙「열, 3a」
來니「효, 24a」 魯노「열, 13a」 梁냥「효, 11a」 領녕「효, 25a」
靈녕「효, 9a」 連년「효, 17a」 烈녈「열, 8b」 吏니「열, 13a」
李니「열, 15a」 鯉니「효, 26a」

이상의 자례들 중 "祿, 陵, 羅, 樂, 來, 魯"등을 제외한 나머지 자들은 현대한자음에서 소위 두음법칙이라 하여 제일음절 어두에서 "ㄴ"마저도 탈락시켜 "ㅇ"초성으로 발음하는 자들이다. 이 시기에는 아직 "ㄴ"을 탈락시킨 자례들은 보이지 않는다. "劉류, 뉴「열, 5a」, 禮례(원), 녜(중)「효, 2a」"등과 같은 자례들도 보이는데, 래모자와 니모자의 혼기는 16~17세기의 자서류들에서도 흔히 나타나는 현상이다.

자례	훈몽	천자문	신증
禮	례	녜	녜
祿	녹	녹	록
農	농	농	롱

셋째, 치음과 반모음 " ㅣ"계 겹모음의 배합이 자유로웠다.
치음의 "ㅈ", "ㅊ"초성들에 "章쟝, 浙졀"등과 같이 반모음 " ㅣ"계 겹모음이 활발히 사용되었다. 이와 같은 자례들은 다음과 같은 것이 더 보인다.

精정「열, 10b」 諸졔「충, 1b」 接접「효, 22a」 終죵「효, 12a」
粥쥭「효, 1a」 彰챵「열, 5a」 處쳐「충, 1a」 賤쳔「효, 21a」

妾쳡「효, 10a」　　請쳥「효, 3a」　　　焦쵸「효, 2a」　　　　樞츄「효, 29a」
春츈「효, 27a」

이와 같은 음들은 현대한자음에서 반모음 " ㅣ"가 소실되어 단모음화한 음들이다. 치음계의 한자음에서 "ㅛ, ㅑ, ㅠ, ㅕ"가 단모음화한 시기는 19세기 후반기에 이르러서이다.[29)]

넷째, "氏"의 "시 > 씨"변화가 이루어지지 않았다.

"氏"는 『훈몽자회』, 『속삼강행실도』에서 "시"로 표기되었을 뿐만 아니라, 『유합』에서도 "시"로 표기되었다. 현대한자음에서 "씨"로 표음되는 "氏"자는 16~17세기의 자서류 뿐에서만 아니고 18세기의 운서들에서도 줄곧 경음화하지 않은 "시"로 나타난다. 『화동정음』에서는 "雙"은 "쌍"으로 경음을 보여주면서도 "氏"는 여전히 "시"로 표음하였다. 따라서 "氏"가 경음화한 시기는 현재에서 오래지 않은 것으로 볼 수 있다. 『동국신속삼강행실도(東國新續三綱行實圖)』(1617), 『권념요록(勸念要錄)』(1637) 등 17세기 전반기의 일부 언해서들에서 "송씨, 구씨, 림씨, 김씨" 등으로 어중에서 경음화한 표기가 보여 이 시기를 경음화한 시기로 보는 이들도 있다.

3.3. 15세기 현실음과의 관계

공동히 보이는 한자들에 한하여 16~17세기의 음과 15세기의 『삼강행실도』, 『구급간이방언해』의 음을 대비하여 보면 큰 차이가 없음을 볼 수 있다.

한자	15세기현실음	16~17세기현실음
貝	패	패
對	디	디
宰	지	지
肺	폐	폐
帝	뎨	뎨
體	톄	톄

---

29) 문선규(1969), 「리조초이래의 한자음운변화에 대한 일고찰」, p.29.

祭	졔	졔
世	셰	셰
桂	계	계
灰	회	회
碑	비	비
迷	미	미
地	디	디
李	리	니
吏	리	리
氏	시	시
醉	취	취
氣	긔	긔
淚	루	류
誰	슈	슈
二	싀	싀/이
然	연	연
人	싄/인	싄/인

이상의 대비로부터 16~17세기의 한자음은 대체로 15세기의 음을 받아들이고 있음을 볼 수 있다. 한자음의 전반적 특징을 볼 때에도 설음의 비구개음화 현상, 설음과 치음계 초성과 " ㅣ"계 겹모음의 활발한 결합 등에서 일치한 모습을 보인다. 굳이 다른 점을 찾는다면 15세기에는 일모자의 사용이 좀 고집스러웠다거나 래모자의 사용이 16~17세기보다 강했다는 점을 들 수 있겠지만[30] 총체적으로 15~17세기의 현실한자음은 일치하였다고 볼 수 있다.

---

30) 구체적인 양상은 앞부분의 상응한 장절을 참고하기 바란다.

4. 『화동정음』과 『삼운성휘』, 『규장전운』

4.1. 18세기 운서류의 초·중·종성 체계

『화동정음』과 『삼운성휘』는 중국음표기에 쓰이는 자모와 조선한자음 표기에 쓰이는 자모를 각기 설정하였다.

먼저 『화동정음』을 보면 중국음 표기 자모는 범례의 "五音初聲"에서, 조선한자음 표기에 쓰이는 자모는 "諺文初中終三聲辨"에서 보이고 있다.

五音初聲五音合二變爲七音

角牙音　ㄱㅋㆁ

徵舌音　ㄷㅌㄴ　　　變徵半舌音 ㄹ洪武韻作半徵半商

商齒音　ㅈㅊㅅ

羽脣音　ㅂㅍㅁ◇

宮喉音　ㅇㅎ　　　　變宮半喉音 ㅿ洪武韻作半商半徵

"商(치음)"과 "羽(순음)"의 순서가 바뀐 점과 음 소속상 반치음 "ㅿ"이 반후음으로 배정된 점이 주목된다. 특히 신조자(新造字)로 "◇"를 쓰고 있는 것이 특징적이다.

> ㆁ, ㅇ, ◇ 세자는 소리가 비슷하여 따로 문자를 만들 필요가 없지만 각, 우, 궁 세음에 각기 이 초성이 있으므로 그 음에 따라 글자의 모양을 조금 변화시켜 소속을 구분하였다.(ㆁ ㅇ◇此三字, 出聲相近, 不必異制, 角羽宮三音, 并有此初聲, 故隨其音, 而小變字樣, 以別所屬。)
>
> 「범례」

상술한 내용 외에 신조자 "◇"에 대하여 별다른 해석은 하지 않고 있다. "◇"가 중국음표기에 쓰인 자례를 보이면 다음과 같다.[31]

---

31) 자판에서 조합되지 않는 관계로 "◇"자에 한하여 성모와 운모를 풀어쓰기로 한다.

자례	중국음	조선음
無	◇ㅜ	무
武	◇ㅜ	무
未	◇ㅓ	미
尾	◇ㅣ	미
吻	◇ㅡ	문
問	◇ㅡ	문
晚	◇ㅏ	만
萬	◇ㅏ	만

"◇"는 중국음 성모 "w"를 반영하기 위하여 박성원이 새로 만든 글자인데 중국음 성모 "w"는 전시기 운서와 후시기 운서에는 모두 미모(微母)"ㅱ"로써 반영된다. "오음초성"에서는 보이지 않았지만 본문에서 실제 표기된 자례들을 보면 중국음 성모 "f"를 반영하기 위하여 "諷봉, 分본, 扶부, 潘반" 등과 같이 순경음 "ㅸ"를 사용하고 있다.

"언문초중종삼성변"에서는 "초종성통용 8자 ㄱ, ㄴ, ㄷ, ㄹ, ㅁ, ㅂ, ㅅ, ㅇ", "초성독용 8자 ㅋ, ㅌ, ㅍ, ㅈ, ㅊ, ㅿ, ㆁ, ㆆ"으로 16개의 자모를 설정하였다.[32] 본문에서 실제로 한자음 표기에 사용한 자모도 이 16개의 자모와 같다. 그중 "ㆁ"와 "ㅋ"초성은 다음과 같은 제한된 한자에서 사용되고 있다.

"ㆁ"초성 용자례 :

운	자례	한자음	운	자례	한자음
佳	媧	왜	漾	仰	앙
	緺	왜	月	越	월
	蝸	왜		日	왈
	娃	왜		謁	알
	騧	왜		钀	얼
賄	瘣	외		粵	월

---

32) 『훈몽자회』에서는 통용자에 "ㆁ", 독용자에 "ㆁ"였으나 여기서는 바꾸어서 기록하고 있다. 박성원의 실수처럼 보이지만, 실제 한자음에 사용된 례를 보면 "ㆁ"는 초성자에서만 쓰였고, "ㆁ"는 초성과 종성에서 사용되고 있다.

庬		외	兀		올
阮	𡔷	언	曷	蘗	알
願	願	원	屑	悅	열
月	喝	알	葉	業	업

"ㅋ"초성 용자례33) :

운 자례		한자음
卦	夬	쾌
	快	쾌
	噲	쾌
	獪	쾌
	駃	쾌

　이 외에 江운에서 "雙, 慪, 艭"자의 음으로 "쌍"음이 보인다. 조선 한자음체계에서의 전탁음 "ㄲ"과 "ㅆ"의 존립여부에 관하여 현재 학자들간에 논쟁이 있는데 "ㅋ"초성과 마찬가지로 현대 조선한자음에서도 "ㄲ"과 "ㅆ"은 극히 제한된 일부 한자음에만 사용된다. "雙"자는 『화동정음』에서 "쌍"음을 보이면서부터 『전운옥편』, 『자전석요』, 『신자전』 등에서 된소리음을 보이였다. 『훈몽자회』에서의 음은 "솽"이고, 『유합』, 『삼운성회』, 『규장전운』에 "상"으로 기록되었다. "喫"자는 『신자전』에 이르기까지 모든 운서와 옥편에 줄곧 "긱"으로 기록되었다.

　중성은 " ㆍ, ㅡ, ㅣ, ㅗ, ㅏ, ㅜ, ㅓ, ㅛ, ㅑ, ㅠ, ㅕ" 등 11자로 설정하였는데 이는 최세진의 『훈몽자회』 범례에서 보여준 "언문자모"와 같다. 실제 한자음 기록에 사용된 중성을 본다면 이 11중성 외에 "ㅣ"상합자로 "ㆎ, ㅢ, ㅚ, ㅐ, ㅟ, ㅔ, ㆌ, ㅖ", 2자 합용자로 "ㅘ, ㅝ", 3자합용자로 "ㅙ, ㅞ" 총 23자의 중성

---

33) "쾌"음으로 발음되는 한자에 관하여 근대나 현대나 비교적 혼란된 모습을 보인다. 『화동정음』에서 "쾌" 음으로 발음되는 한자들은 "夬 獪 快 噲 駃"이고 『삼운성회』에는 이 다섯자 외에 "湙"가 더 있다. 『규장전운』은 『화동정음』과 같다. 『훈몽자회』에는 "쾌"음 한자가 사용되지 않았다. 이상 자례 중 "獪"는 『새옥편』에 泰운에서 "회", 卦운에서 "쾌"로 되어있고 『한한대사전』에는 "회 本 쾌"라 하여 현대음으로 "회"를 사용하였다. "湙"는 『화동정음』에 "괴俗회"로 되어있고 현대음에서도 계모 자가 아니다.

이 사용되었다. 권말에 "각운중성(各韻中聲)"이라 하여 평성운을 대표로 중국한
자음과 조선한자음에 사용된 중성자를 밝혀놓았는데 실제 본문에서 사용한 중
성과 다르다. 예하면 "江"운의 한자음표기에 사용된 중성의 자를 "각운중성"에
서는 " ㅏ, ㅘ"로 밝혔지만 본문의 실제표기에는 " ㅏ, ㅗ"중성이 사용되었고 또
일례로 "魚"운을 볼 때 "각운중성"에서 밝힌 것은 " ㅓ, ㅕ"중성이지만 실제로
는 "ㅜ, ㅓ, ㅕ"중성이 사용되었다.

　　종성에서는 "ㅇ, ㄴ, ㅁ, ㄱ, ㄹ, ㅂ"을 사용하여 음운적으로 "ㅇ:ㄱ", "ㄴ:ㄹ",
"ㅁ:ㅂ"의 대립을 보여주고 있다.

　　『삼운성휘』도 『화동정음』과 마찬가지로 중국한자음표기에 쓰이는 자모체계
와 조선한자음표기에 쓰이는 자모체계를 각기 설정하였다. 중국음 표기에 쓰이
는 자모는 "홍무운자모지도(洪武韻字母之圖)"라 하여 31자모를 설정하였다.

角	牙音	見ㄱ	溪ㅋ	羣ㄲ	疑ㆁ
徵	舌頭音	端ㄷ	透ㅌ	定ㄸ	泥ㄴ
羽	脣音重	幫ㅂ	滂ㅍ	並ㅃ	明ㅁ
	脣音輕	非ㅸ		奉ㅹ	微ㅱ
商	齒頭音	精ㅈ	淸ㅊ	從ㅉ	心ㅅ 邪ㅆ
	正齒音	照ㅈ	穿ㅊ	牀ㅉ	審ㅅ 禪ㅆ
宮	喉音	影ㆆ	曉ㅎ	匣ㆅ	喩ㅇ
半徵 半舌					來ㄹ
半商 半齒					日ㅿ

　　이처럼 중국한자음의 기록에 있어서 『삼운성휘』는 영모 "ㆆ"를 설정하고 순
음과 치음을 세분하여 순중음과 순경음, 치두음과 정치음을 각기 설정하고 있
으며 "전탁자모의 초성(예하면 羣자의 ㄲ, 定자의 ㄸ)은 본음의 전청자와 같은데
청과 탁의 구별이 있을 뿐이다(全濁字母初聲(如羣之ㄲ 定之ㄸ)並與本音全淸同而有淸
濁之別)"라 하여 "ㄲ, ㄸ, ㅃ, ㅹ, ㅉ, ㅉ, ㅆ, ㅆ, ㆅ" 등 전탁자를 설정하고 있다.
이는 『화동정음』의 중국음표기 초성체계와 다른 점이다.

　　조선한자음표기에 쓰이는 초성체계는 "諺字初中終聲之圖"에서 "초종성 통
용 8자 ㄱ, ㄴ, ㄷ, ㄹ, ㅁ, ㅂ, ㅅ, ㆁ", "초성 독용 6자 ㅈ, ㅊ, ㅌ, ㅋ, ㅍ, ㅎ"로

총 14자를 설정하였다. 통용자로 설정된 "ㆁ"는 "월(月)"운에서 "暍(앋)" 한 글자에서만 보인다. 『화동정음』에서 설정한 유모 "ㅇ"와 일모 "ㅿ"를 초성체계에서 제외하였는데 그에 대하여 범례에서 다음과 같이 설명하고 있다.

> 훈민정음에는 또 ㅇ, ㆆ, ㅿ의 3초성이 있는데 ㅇ(유모), ㆆ(영모)를 세속에서는 ㆁ(의모와 더불어 사용한다. ㅿ(일모)는 곧 ㅅ와 ㅇ의 중간음인데 우리나라에서는 발음하기 어려우므로 여기에 쓰지 않는다.(訓民正音又有ㅇㆆㅿ三初聲, ㅇ(喩母)、ㆆ(影母) 俗與ㆁ(疑母)合；ㅿ(日母)卽ㅅㅇ間音, 而我國難於成音, 故今不錄。)

실제 한자음에 표기된 초성도 "ㄱ, ㄴ, ㄷ, ㄹ, ㅁ, ㅂ, ㅅ, ㅇ, ㅈ, ㅊ, ㅌ, ㅋ, ㅍ, ㆆ" 등 14자이다. 『화동정음』에서 사용한 일모(日母) "ㅿ"를 설정하지 않았고 그것을 "ㅇ"초성이나 "ㅅ"초성의 음으로 대응시켰다.[34]

운	자례	화동정음	삼운성휘	운	자례	화동정음	삼운성휘
腫	宂	숑	용	眞	䏋	슌	슌
支	兒	ㅿ	ㅇ	銑	煤	연	션
馬	若	샤	야	屑	雪	셜	셜
漾	讓	샹	양	屑	舌	셜	셜

중성체계는 『훈몽자회』와 같은 기본중성 11자를 설정한 외에 "합중성(合中聲)"으로 "ㅘ, ㅝ"와 "중중성(重中聲)"으로 "ㅣ"를 설정하였다. 그에 대하여 범례에서 다음과 같이 설명하고 있다.

> 훈민정음에는 光(꽝), 月(웡) 등 글자의 중성이 없었는데 세속에서는 두개 중성을 합하여 ㅘ, ㅝ를 삼았으므로 아래에 붙여 합중성이라 하였다. 橫(꿱), 色(쇅)과 같은 글자는 기본중성 이외에 또 ㅣ 중성을 더하여 글자를 이룬 것이니 侵(침)자 중성의 ㅣ와 더불어 같은 것이 아니다. 그러므로 아래에 붙여서 중중성이라 하였다.(訓民正音無光、月等字中聲, 而俗合二中聲爲ㅘㅝ, 故附於下, 曰合中聲；如橫、色等字, 本中聲外又得ㅣ中聲而成字, 與侵中聲ㅣ不同, 故又附於下, 曰重中聲。)

---

34) 이외에 "ㄴ"로 대응 시킨 것도 있는데, 그 자례는 '姙'(화동·염, 삼운·념) 한자에 그친다.

본문의 실제 표기에서는 『화동정음』과 같은 23개의 중성을 사용하였다. "중성은 운에 따라 다르다(中聲則每韻各異)"면서 『삼운성휘』도 『화동정음』이 보였던 "각운중성(各韻中聲)"처럼 개개의 운에 대응되는 한자음의 중성을 밝히고 있다. 다르다면 평·상·거·입 4성의 모든 운에서 중성자의 사용을 보여주고 있는 것과, 중국한자음의 중성사용은 밝히지 않았다는 점이다.

여기서 주목되는 것은 두 운서가 보이는 구성에서의 동일한 모식이다. 중국음과 조선한자음의 초성체계를 각자 설정하여 설명하고 있는 점, 운에 따른 중성사용의 현황을 밝힌 점 등과 같이 구성상에서 보이는 일치는 우연으로 보기에는 너무나 비슷하다. 4년의 시간차이를 두고 선후로 편찬된 두 운서의 관계에 대하여 학계에는 "무관"설과 "유관"설이 있었다. "무관"설을 주장한 사람들은 고노오로꾸로(河野六郞)와 강신항인데 그들은 『화동정음』과 『삼운성휘』는 상호 영향을 주고받지 않았다고 보았다. "유관"설의 대표는 오꾸라신뻬이(小倉進平)로서 그는 『화동정음』이 『삼운성휘』에 영향을 주었음은 긍정적이며 혹 두 운서는 서로 영향을 받았을 수도 있다고 보았다.

그 근거로 첫째, 『화동정음』이 『삼운성휘』보다 4년 정도 앞서 나왔으므로 늦게 나온 『삼운성휘』는 『화동정음』의 영향을 받았을 수 있다. 둘째, 『삼운성휘』의 발문에

> "丙寅冬因儒臣言有刊行之命, 秘閣索草本, 而職務倥傯未暇整頓典籍, 鄭
> 忠彦明於韻學樂助成之, 往復編摩閱半歲而卒業……"

라고 씌여져 있는데 병인년이면 곧 영조 22년으로서 서기 1746년이 되는바 적어도 『화동정음』이 저술되기 1년 전에 『삼운성휘』는 최소한 초고가 완성되었다고 볼 수 있다. 따라서 『삼운성휘』가 『화동정음』에 영향주었을 수도 있다는 점을 들고 있다.

구성상에서의 상술한 일치뿐만 아니라 내용상에서도 두 운서는 연관성이 보인다. 즉 『삼운성휘』에서 중국음에 관하여 "술(兒음), 흉(兄음)등과 같은 것은 분명히 전시기에 전해진 오류를 답습한 것이다."[35]라고 한 것, "우리음의 초성은

---

35) "至若儿音술, 兄音흉之类, 明是传袭之謬." 「삼운성휘 범례」

정음자모에 어그러진 것이 많은데 오음이 서로 바뀐 것(예하면 融, 瀜은 마땅히 (융
으로) ㅇ 초성을 따라야 하나 세속에서는 (륭으로) ㄹ 초성을 따르고 春, 蠢은 마땅히 (숑으
로) ㅅ 초성을 따라야 하나 세속에서는 (용으로) ㅇ 초성을 따른다)은 부득불 바로 잡았
다."36)고 하면서 속음의 규범을 지적한 등 내용들은 『화동정음』을 상대한 내용
이다. 따라서 『삼운성휘』가 『화동정음』을 열람하였음은 충분한 것으로 보인다.

종성 역시 『화동정음』과 동일한 체계의 6종성을 쓰고 있으며 음운적으로는
"ㅇ :ㄱ ", "ㄴ :ㄹ", "ㅁ :ㅂ "의 대립을 보여주고 있다.

『규장전운』에서는 앞의 두 운서처럼 범례에서 중국음과 조선한자음 표기에
쓰는 자모체계의 설정 및 "각운중성"을 논하지 않았다. 한자음표기에 사용된
초중종성체계를 보면 『삼운성휘』와 일치하다.

이상에서 논의된 내용을 운목별 사용현황으로 보이면 다음과 같다.

【『화동정음』, 『삼운성휘』, 『규장전운』한자음의 초성 사용표 】

	운 목	운 서	초 성 자
1	東董送屋	화	ㄱㄴㄷㄹㅁㅂㅅㅇㅈㅊㅌㅍㅎㅿ
		삼	ㄱㄴㄷㄹㅁㅂㅅㅇㅈㅊㅌㅍㅎ
		규	ㄱㄴㄷㄹㅁㅂㅅㅇㅈㅊㅌㅍㅎ
2	冬腫宋沃	화	ㄱㄴㄷㄹㅁㅂㅅㅇㅈㅊㅌㅍㅎㅿ
		삼	ㄱㄴㄷㄹㅁㅂㅅㅇㅈㅊㅌㅍㅎ
		규	ㄱㄴㄷㄹㅁㅂㅅㅇㅈㅊㅌㅍㅎ
3	江講絳覺	화	ㄱㄴㄷㄹㅁㅂㅅㅇㅈㅊㅎㅆ*
		삼	ㄱㄴㄹㅁㅂㅅㅇㅈㅊㅎ
		규	ㄱㄴㄹㅁㅂㅅㅇㅈㅊㅎ
4	支紙寘○	화	ㄱㄴㄷㄹㅁㅂㅅㅇㅈㅊㅌㅍㅎㅿ
		삼	ㄱㄴㄹㅁㅂㅅㅇㅈㅊㅍㅎ
		규	ㄱㄴㄹㅁㅂㅅㅇㅈㅊㅍㅎ
5	微尾未○	화	ㄱㅁㅂㅇㅎ
		삼	ㄱㅁㅂㅇㅎ
		규	ㄱㅁㅂㅇㅎ

---

36) "我音初声, 多有乖於正音字母, 至有五音混淆者(如融, 瀜之宜从ㅇ, 而俗从ㄹ ; 春, 蠢之宜从ㅅ, 而
俗从ㅇ), 不得不釐正" 삼운성휘 범례」

6	魚語御○	화	ㄱㆁㄴㄹㅅㅇㅈㅊㅎㅿ
		삼	ㄱㄴㄹㅅㅇㅈㅊㅎ
		규	ㄱㄴㄹㅅㅇㅈㅊㅎ
7	虞麌遇○	화	ㄱㆁㄴㄷㄹㅁㅅㅇㅈㅊㅌㅍㅎㅿ
		삼	ㄱㄴㄷㄹㅁㅅㅇㅈㅊㅌㅍㅎ
		규	ㄱㄴㄷㄹㅁㅅㅇㅈㅊㅌㅍㅎ
8	齊薺霽○	화	ㄱㄴㄷㄹㅁㅂㅅㅇㅈㅊㅌㅍㅎㅿ
		삼	ㄱㄴㄷㄹㅁㅂㅅㅇㅈㅊㅌㅍㅎ
		규	ㄱㄴㄷㄹㅁㅂㅅㅇㅈㅊㅌㅍㅎ
9	佳蟹泰○	화	ㄱㆁㄴㄷㄹㅁㅇㅈㅊㅌㅍㅎ
		삼	ㄱㄴㄷㄹㅁㅂㅅㅇㅈㅊㅌㅍㅎ
		규	ㄱㄴㄷㄹㅁㅂㅅㅇㅈㅊㅌㅍㅎ
10	灰賄卦○	화	ㄱㆁㄴㄷㄹㅁㅂㅅㅇㅈㅊㅋㅌㅍㅎ
		삼	ㄱㄴㄷㄹㅁㅂㅅㅇㅈㅊㅋㅌㅍㅎ
		규	ㄱㄴㄷㄹㅁㅂㅅㅇㅈㅊㅋㅌㅍㅎ
11	○○隊○	화	ㄱㄴㄷㄹㅁㅅㅇㅈㅊㅌㅍㅎㅿ
		삼	ㄱㄴㄷㄹㅁㅅㅇㅈㅊㅌㅍㅎ
		규	ㄱㄴㄷㄹㅁㅅㅇㅈㅊㅌㅍㅎ
12	眞軫震質	화	ㄱㄴㄷㄹㅁㅂㅅㅇㅈㅊㅍㅎㅿ
		삼	ㄱㄴㄹㅁㅂㅅㅇㅈㅊㅎ
		규	ㄱㄴㄷㄹㅁㅂㅅㅇㅈㅊㅎ
13	文吻問物	화	ㄱㅁㅂㅅㅇㅎ
		삼	ㄱㅁㅂㅇㅎ
		규	ㄱㅁㅂㅇㅎ
14	元阮願月	화	ㄱㆁㄴㄷㄹㅁㅂㅅㅇㅈㅊㅌㅍㅎ
		삼	ㄱㄴㄷㄹㅁㅂㅅㅇㅈㅊㅌㅍㅎ
		규	ㄱㄴㄷㄹㅁㅂㅅㅇㅈㅊㅌㅍㅎ
15	寒旱翰曷	화	ㄱㆁㄴㄷㄹㅁㅂㅅㅇㅈㅊㅌㅍㅎ
		삼	ㄱㄴㄷㄹㅁㅂㅅㅇㅈㅊㅊㅌㅍㅎ
		규	ㄱㄴㄷㄹㅁㅂㅅㅇㅈㅊㅌㅍㅎ
16	刪濟諫黠	화	ㄱㄴㄷㄹㅁㅂㅅㅇㅈㅊㅍㅎ
		삼	ㄱㄴㄹㅁㅂㅅㅇㅈㅊㅍㅎ
		규	ㄱㄴㄹㅁㅂㅅㅇㅈㅊㅍㅎ
17	先銑霰屑	화	ㄱㆁㄴㄷㄹㅁㅂㅅㅇㅈㅊㅌㅍㅎㅿ
		삼	ㄱㄴㄷㄹㅁㅂㅅㅇㅈㅊㅌㅍㅎ
		규	ㄱㄴㄷㄹㅁㅂㅅㅇㅈㅊㅌㅍㅎ

18	簫篠嘯○	화	ㄱㄴㄷㄹㅁㅅㅇㅈㅊㅌㅍㅎㅿ
		삼	ㄱㄴㄷㄹㅁㅅㅇㅈㅊㅌㅍㅎ
		규	ㄱㄴㄷㄹㅁㅅㅇㅈㅊㅌㅍㅎ
19	肴巧效○	화	ㄱㄴㄷㅁㅅㅇㅈㅊㅍㅎ
		삼	ㄱㄴㅁㅅㅇㅈㅊㅍㅎ
		규	ㄱㄴㅁㅅㅇㅈㅊㅍㅎ
20	豪皓號○	화	ㄱㄴㄷㄹㅁㅂㅅㅇㅈㅊㅌㅍㅎ
		삼	ㄱㄴㄷㄹㅁㅂㅅㅇㅈㅊㅌㅍㅎ
		규	ㄱㄴㄷㄹㅁㅂㅅㅇㅈㅊㅌㅍㅎ
21	歌哿箇○	화	ㄱㄴㄷㄹㅁㅂㅅㅇㅈㅊㅊㅌㅍㅎ
		삼	ㄱㄴㄷㄹㅁㅅㅇㅈㅊㅌㅍㅎ
		규	ㄱㄴㄷㄹㅁㅅㅇㅈㅊㅌㅍㅎ
22	麻馬禡○	화	ㄱㄴㄷㄹㅁㅂㅅㅇㅈㅊㅍㅎㅿ
		삼	ㄱㅁㅅㅇㅈㅊㅌㅍㅎ
		규	ㄱㅁㅅㅇㅈㅊㅌㅍㅎ
23	陽養漾藥	화	ㄱㆁㄴㄷㄹㅁㅂㅅㅇㅈㅊㅌㅎㅿ
		삼	ㄱㄴㄷㄹㅁㅂㅅㅇㅈㅊㅌㅎ
		규	ㄱㄴㄷㄹㅁㅂㅅㅇㅈㅊㅌㅎ
24	庚梗敬陌	화	ㄱㄴㄷㄹㅁㅂㅅㅇㅈㅊㅊㅎ
		삼	ㄱㄴㄷㄹㅁㅂㅅㅇㅈㅊㅊㅎ
		규	ㄱㄴㄷㄹㅁㅂㅅㅇㅈㅊㅊㅍ
25	靑廻徑錫	화	ㄱㄴㄷㄹㅁㅂㅅㅇㅈㅊㅌㅍㅎ
		삼	ㄱㄴㄷㄹㅁㅂㅅㅇㅈㅊㅌㅍㅎ
		규	ㄱㄴㄷㄹㅁㅂㅅㅇㅈㅊㅌㅍㅎ
26	蒸○○職	화	ㄱㄴㄷㄹㅁㅂㅅㅇㅈㅊㅌㅍㅎㅿ
		삼	ㄱㄴㄷㄹㅁㅂㅅㅇㅈㅊㅌㅎ
		규	ㄱㄴㄷㄹㅁㅂㅅㅇㅈㅊㅌㅎ
27	尤有宥○	화	ㄱㄴㄷㄹㅁㅂㅅㅇㅈㅊㅌㅍㅎㅿ
		삼	ㄱㄴㄷㄹㅁㅂㅅㅇㅈㅊㅊㅍㅎ
		규	ㄱㄴㄷㄹㅁㅂㅅㅇㅈㅊㅊㅍㅎ
28	侵寢沁緝	화	ㄱㄴㄷㄹㅁㅂㅅㅇㅈㅊㅌㅍㅎㅿ
		삼	ㄱㄴㄹㅅㅇㅈㅊㅍㅎ
		규	ㄱㄴㄹㅅㅇㅈㅊㅍㅎ
29	覃感勘合	화	ㄱㆁㄴㄷㄹㅅㅇㅈㅊㅌㅍㅎ
		삼	ㄱㄴㄷㄹㅅㅇㅈㅊㅌㅎ
		규	ㄱㄴㄷㅅㅇㅈㅊㅌㅎ

30	監淡豔葉	화	ㄱㆁ ㄴㄷㄹㅅㅇㅈㅊㅌㅍㅎ△
		삼	ㄱㄴㄷㄹㅅㅇㅈㅊㅌㅍㅎ
		규	ㄱㄴㄷㄹㅅㅇㅈㅊㅌㅍㅎ
31	咸鎌陷洽	화	ㄱㄴㄷㄹㅂㅅㅇㅈㅊㅍㅎ
		삼	ㄱㄴㅁㅂㅅㅇㅈㅊㅎ
		규	ㄱㄴㅁㅂㅅㅇㅈㅊㅎ

표에서 우리는 『화동정음』은 초성에 "ㄱ, ㆁ, ㄴ, ㄷ, ㄹ, ㅁ, ㅂ, ㅅ, ㅇ, ㅈ, ㅊ, ㅋ, ㅌ, ㅍ, ㅎ, △" 등 16개 자모를 사용하였고 『삼운성휘』와 『규장전운』은 "ㄱ, ㄴ, ㄷ, ㄹ, ㅁ, ㅂ, ㅅ, ㅇ, ㅈ, ㅊ, ㅋ, ㅌ, ㅍ, ㅎ" 등 14초성을 사용하여 『화동정음』에서 사용한 일모(日母) "△"와 의모(疑母) "ㆁ"를 사용하지 않았음을 일목요연하게 인식할 수 있었다. 일모 "△"와 의모 "ㆁ"는 조선어 음운사적으로는 16세기 중엽에 이미 소멸된 글자들인데[37] 『화동정음』에서 표기에 사용한 것은 당시의 음운론적 사실을 반영한 것이 아니고 단순히 운서적, 이론적 표기이다. 이외에 『화동정음』의 실제 한자음표기에서는 "江"운의 "雙, 慿, 艭"자에 한하여 경음으로 "ㅆ"초성이 쓰이고 있다. 이러한 자례들은 『삼운성휘』와 『규장전운』에서는 경음화하지 않은 "ㅅ"초성으로 사용되고 있다. 18세기 운서들에 사용된 초성들을 15~17세기의 현실한자음에서 사용한 초성들과 대비할 때 일모자의 소실 외에 『삼운성휘』와 『규장전운』과는 대차 없음을 알 수 있다. 『화동정음』에서만 특이하게 이미 소실된 문자로 일모자를 사용하고 있고 또 전 시기에도 사용되지 않았던 의모자를 사용한 점, 된소리로 "ㅆ"을 보여주고 있는 등 점에서 차이를 보일 뿐이다.

---

37) 안병희 · 이광호(1999), 『중세국어문법론』, p.60.

【『화동정음』, 『삼운성휘』, 『규장전운』 한자음의 중성사용표】

운차	운 목	운서	중 성 자	운차	운 목	운서	중 성 자
1	東董送屋	화	ㅗㅜㅗㅠ	11	○○隊○	화	·ㅣㅚㅐㅟㆌㅖㅙ
		삼	ㅗㅜㅗㅠ			삼	·ㅣㅚㅐㅖㅙㅔ
		규	ㅗㅜㅗㅠ			규	·ㅣㅚㅐㅖㅙㅔ
2	冬腫宋沃	화	ㅗㅜㅗㅠ	12	眞軫震質	화	ㅡㅣㅜㅠㅟ
		삼	ㅗㅜㅗㅠ			삼	ㅡㅣㅜㅠ
		규	ㅗㅜㅗㅠ			규	ㅡㅣㅜㅠ
3	江講絳覺	화	ㅗㅏ	13	文吻問物	화	ㅡㅗㅜㅠ
		삼	ㅏ			삼	ㅡㅗㅜ
		규	ㅏ			규	ㅡㅗㅜ
4	支紙寘○	화	·ㅣㅢㅟㆌ	14	元阮願月	화	·ㅡㅗㅏㅜㅓㅠㅝ
		삼	·ㅣㅠㅢㅟㆌㅖ			삼	·ㅡㅗㅏㅜㅓㅕ
		규	·ㅣㅠㅢㅟㆌㅖ			규	·ㅡㅗㅏㅜㅓㅕ
5	微尾未○	화	ㅣㅢㅟ	15	寒旱翰曷	화	ㅑㅕㅘㅝ
		삼	ㅣㅢㅟㅔ			삼	ㅏㅘ
		규	ㅣㅢㅟㅔ			규	ㅏㅘ
6	魚語御○	화	ㅜㅓㅕ	16	刪潸諫黠	화	ㅏㅜㅘㅝ
		삼	ㅡㅓㅕ			삼	ㅏㅘ
		규	ㅡㅓㅕ			규	ㅏㅘ
7	虞麌遇○	화	ㅜㅠ	17	先銑霰屑	화	ㅕㅓㅕㅝ
		삼	ㅗㅜㅠ			삼	ㅕㅓㅕ
		규	ㅗㅜㅠ			규	ㅕㅓㅕ
8	齊薺霽○	화	ㅟㅔㆌㅖ	18	簫篠嘯○	화	ㅗㅛ
		삼	ㅑㅕㅠㅢㅔㅟㆌㅖㅖ			삼	ㅛ
		규	ㅣㅕㅠㅢㅔㅟㆌㅖㅖ			규	ㅛ
9	佳蟹泰○	화	ㅢㅐㅚㅙㆌ	19	肴巧效○	화	ㅗㅛ
		삼	ㅢㅐㅚㅙ			삼	ㅗㅛ
		규	ㅢㅐㅚㅙ			규	ㅗㅛ
10	灰賄卦○	화	ㅢㅚㅐㆌㅖㅘㅙ	20	豪皓號○	화	ㅗㅛ
		삼	ㅢㅚㅐ ㅖㅙ			삼	ㅗ
		규	ㅢㅚㅐ ㅖㅙ			규	ㅗ
				21	歌哿箇○	화	ㅏㅑㅘ
						삼	ㅏㅘ
						규	ㅏㅘ

22 麻馬禡○	화	ㅏ ㅑ ㅘ
	삼	ㅏ ㅑ ㅘ
	규	ㅏ ㅑ ㅘ
23 陽養漾藥	화	ㅏ ㅑ ㅘ
	삼	ㅏ ㅑ ㅘ
	규	ㅏ ㅑ ㅘ
24 庚梗敬陌	화	ㅡ ㅣ ㅕ ·ㅣ ㅟ
	삼	ㅡ ㅣ ㅕ ·ㅣ ㅟ
	규	ㅡ ㅣ ㅕ ·ㅣ ㅟ
25 青廻徑錫	화	ㅡ ㅣ ㅕ ㅕ ·ㅣ
	삼	ㅡ ㅣ ㅕ ·ㅣ
	규	ㅡ ㅣ ㅕ ·ㅣ
26 蒸○○職	화	, ㅡ ㅣ ㅜ ㅕ ㅕ ·ㅣ ㅟ
	삼	, ㅡ ㅣ ㅜ ㅕ ㅕ ·ㅣ ㅟ
	규	, ㅡ ㅣ ㅜ ㅕ ㅕ ·ㅣ ㅟ
27 尤有宥○	화	ㅜ ㅠ
	삼	ㅜ ㅠ
	규	ㅜ ㅠ

28 侵寢沁緝	화	, ㅡ ㅣ
	삼	, ㅡ ㅣ
	규	, ㅡ ㅣ
29 覃感勘合	화	, ㅏ
	삼	ㅏ
	규	ㅏ
30 監淡豔葉	화	ㅓ ㅕ
	삼	ㅓ ㅕ
	규	ㅓ ㅕ
31 咸豏陷洽	화	ㅏ ㅓ ㅕ
	삼	ㅏ ㅓ ㅕ
	규	ㅏ ㅓ ㅕ

표는 『화동정음』은 훈민정음에 보인 기본모음 11자 " ㆍ, ㅡ, ㅣ, ㅗ, ㅏ, ㅜ, ㅓ, ㅛ, ㅑ, ㅠ, ㅕ", " ㅣ" 상합자 8자 "ㆎ, ㅢ, ㅚ, ㅐ, ㅟ, ㅔ, ㆌ, ㅖ", 2자합용 2자 "ㅘ, ㅝ", 3자합용 2자 "ㅙ, ㅞ"로 모두 23자의 중성을 사용하였음을 보여준다. 매개의 운에서 사용된 중성의 정황을 볼 때 간혹 다르게 사용되는 중성들이 보이지만 중성의 종류에 있어 『삼운성휘』, 『규장전운』은 『화동정음』과 동일한 23자의 중성을 사용하고 있다. 『규장전운』은 각각의 운목들에서도 『삼운성휘』와 완전히 일치한 중성자를 사용하고 있다. 18세기 운서들에서 사용된 중성을 15~17세기의 현실한자음에서 사용한 중성들과 대비할 때, "ㆌ"와 같은 중성이 사용되지 않은 외에 나머지 중성들은 동일한 모습을 보인다. 이시기 운서들에서 "ㆌ"중성은 합용된 앞뒤중성들에서 각기 반모음 " ㅣ"가 탈락하여 "ㅞ"중성으로 변화하였다.

【『화동정음』,『삼운성휘』,『규장전운』 한자음의 종성사용표 】

운차	운목	운서	평	상	거	입
1	東董送屋	화	ㅇ	ㅇ	ㅇ	ㄱ
		삼	ㅇ	ㅇ	ㅇ	ㄱ
		규	ㅇ	ㅇ	ㅇ	ㄱ
2	冬腫宋沃	화	ㅇ	ㅇ	ㅇ	ㄱ
		삼	ㅇ	ㅇ	ㅇ	ㄱ
		규	ㅇ	ㅇ	ㅇ	ㄱ
3	江講絳覺	화	ㅇ	ㅇ	ㅇ	ㄱ
		삼	ㅇ	ㅇ	ㅇ	ㄱ
		규	ㅇ	ㅇ	ㅇ	ㄱ
4	支紙寘○	화	○	○	○	○
		삼	○	○	○	○
		규	○	○	○	○
5	微尾未○	화	○	○	○	○
		삼	○	○	○	○
		규	○	○	○	○
6	魚語御○	화	○	○	○	○
		삼	○	○	○	○
		규	○	○	○	○
7	虞麌遇○	화	○	○	○	○
		삼	○	○	○	○
		규	○	○	○	○
8	齊薺霽○	화	○	○	○	○
		삼	○	○	○	○
		규	○	○	○	○
9	佳蟹泰○	화	○	○	○	○
		삼	○	○	○	○
		규	○	○	○	○
10	灰賄卦○	화	○	○	○	○
		삼	○	○	○	○
		규	○	○	○	○
11	○○隊○	화	○	○	○	○
		삼	○	○	○	○
		규	○	○	○	○
12	眞軫震質	화	ㄴ	ㄴ	ㄴ	ㄹ
		삼	ㄴ	ㄴ	ㄴ	ㄹ
		규	ㄴ	ㄴ	ㄴ	ㄹ
13	文吻問物	화	ㄴ	ㄴ	ㄴ	ㄹ
		삼	ㄴ	ㄴ	ㄴ	ㄹ
		규	ㄴ	ㄴ	ㄴ	ㄹ
14	元阮願月	화	ㄴ	ㄴ	ㄴ	ㄹ
		삼	ㄴ	ㄴ	ㄴ	ㄹ
		규	ㄴ	ㄴ	ㄴ	ㄹ
15	寒旱翰曷	화	ㄴ	ㄴ	ㄴ	ㄹ
		삼	ㄴ	ㄴ	ㄴ	ㄹ
		규	ㄴ	ㄴ	ㄴ	ㄹ
16	刪潸諫黠	화	ㄴ	ㄴ	ㄴ	ㄹ
		삼	ㄴ	ㄴ	ㄴ	ㄹ
		규	ㄴ	ㄴ	ㄴ	ㄹ
17	先銑霰屑	화	ㄴ	ㄴ	ㄴ	ㄹ
		삼	ㄴ	ㄴ	ㄴ	ㄹ
		규	ㄴ	ㄴ	ㄴ	ㄹ
18	簫篠嘯○	화	○	○	○	○
		삼	○	○	○	○
		규	○	○	○	○
19	肴巧效○	화	○	○	○	○
		삼	○	○	○	○
		규	○	○	○	○
20	豪皓號○	화	○	○	○	○
		삼	○	○	○	○
		규	○	○	○	○

21	歌哿箇○	화	○	○	○	○
		삼	○	○	○	○
		규	○	○	○	○
22	麻馬禡○	화	○	○	○	○
		삼	○	○	○	○
		규	○	○	○	○
23	陽養漾藥	화	ㅇ	ㅇ	ㅇ	ㄱ
		삼	ㅇ	ㅇ	ㅇ	ㄱ
		규	ㅇ	ㅇ	ㅇ	ㄱ
24	庚梗敬陌	화	ㅇ	ㅇ	ㅇ	ㄱ
		삼	ㅇ	ㅇ	ㅇ	ㄱ
		규	ㅇ	ㅇ	ㅇ	ㄱ
25	靑廻徑錫	화	ㅇ	ㅇ	ㅇ	ㄱ
		삼	ㅇ	ㅇ	ㅇ	ㄱ
		규	ㅇ	ㅇ	ㅇ	ㄱ
26	蒸○○職	화	ㅇ	ㅇ	ㅇ	ㄱ
		삼	ㅇ	ㅇ	ㅇ	ㄱ
		규	ㅇ	ㅇ	ㅇ	ㄱ

27	尤有宥○	화	○	○	○	○
		삼	○	○	○	○
		규	○	○	○	○
28	侵寢沁緝	화	ㅁ	ㅁ	ㅁ	ㅂ
		삼	ㅁ	ㅁ	ㅁ	ㅂ
		규	ㅁ	ㅁ	ㅁ	ㅂ
29	覃感勘合	화	ㅁ	ㅁ	ㅁ/ㄴ	ㅂ
		삼	ㅁ	ㅁ	ㅁ	ㅂ
		규	ㅁ	ㅁ	ㅁ	ㅂ
30	監淡豔葉	화	ㅁ	ㅁ	ㅁ	ㅂ
		삼	ㅁ	ㅁ	ㅁ	ㅂ
		규	ㅁ	ㅁ	ㅁ	ㅂ
31	咸豏陷洽	화	ㅁ	ㅁ	ㅁ	ㅂ
		삼	ㅁ	ㅁ	ㅁ	ㅂ
		규	ㅁ	ㅁ	ㅁ	ㅂ

표에서 보다시피 종성의 사용은 세 운서가 체계를 같이하고 있다. 즉 양성운미는 "ㅇ, ㄴ, ㅁ", 입성운미는 "ㄱ, ㄹ, ㅂ"를 사용하여 음운적으로 "ㅇ:ㄱ", "ㄴ:ㄹ", "ㅁ:ㅂ"의 대립을 보여주었다. 『화동정음』에서 "勘"운의 "憺, 賧" 두 자에 한하여 "ㅁ"종성 대신 "ㄴ"종성을 사용한 자례가 보이는데 오각으로 인정된다. 18세기 운서들에서 사용된 종성은 15~17세기의 현실한자음의 종성과 동일한 모습이다.

4.2. 한자음 비교

1) 동음자

『화동정음』, 『삼운성휘』, 『규장전운』의 한자음을 대비함에 있어서 본고는 원칙상 『화동정음』에서 "하동자(下同字)"가 "몽상공(蒙上空)"한 즉 조선문자로 음을 직접 기입한 글자를 대상으로 선정하였는데 경우에 따라서는 벽자(僻字)대신 상용한자를 선택하기 위하여 이에 따르지 않은 것도 있다. 필자는 이렇게 선정된 4,686자의 한자를 『삼운성휘』, 『규장전운』과 비교하였다.

필자가 조사한 바에 의하면 두 운서에서 일치하게 나타나는 한자음은 4,686 개의 한자 중 3,995자로서 85.25%를 점한다.38) 『규장전운』음은 또 『삼운성휘』 와 완전한 일치를 보였다. 일치음은 다시 현대음과의 관계상 전승음과 비전승 음으로 나누어볼 수 있다.

(1) 현대음으로 전승된 음

『화동정음』, 『삼운성휘』, 『규장전운』, 현대음이 일치를 보이는 음은 3947자 의 압도적인 수자를 보인다.39)

한자	화동	삼운	규장	현대음
犦(東)	동	동	동	동
融(東)	융	융	융	융
翁(東)	옹	옹	옹	옹
動(董)	동	동	동	동
弄(送)	롱	롱	롱	롱
貢(送)	공	공	공	공
彤(冬)	동	동	동	동
宗(冬)	종	종	종	종
統(宋)	통	통	통	통
頌(宋)	송	송	송	송 …

---

38) 『화동정음』과 『삼운성휘』의 한자음 비교는 석사학위논문에서 다룬 바 있다. 그때 대상자료로 삼은 두 운서는 연변대학 소장본으로서 등록번호는 각기 112.4/15, 112.4/18이다. 한국정신문화연구원 장서 각 소장본에 따르면 연대본에서의 기록음과 차이나는 것이 있었다. 총 41자의 이동이 생기는데, 이중 40자가 이음자로부터 동음자로, 1자가 동음자에서 이음자로 이동이 생겼다. 이와 같은 차이는 대부 분 탈각으로 인한 오차였다. 따라서 비율 수치도 84.42%로부터 85.25%로 상응한 변동이 생기었다.

39) 『화동정음』과 『삼운성휘』에 표기된 "斯"의 음을 "시"로 보고(정문연 판본에서는 "스"로 보임) 초기연 구(석사학위논문을 지칭)에서 전승되지 않는 음으로 오식하였던 것과 같은 유형의 음들에 4자의 출입 이 있게 되었다.

현대음으로 전승된 운서음의 성질을 파악하기 위하여 『삼강행실도』,『구급간이방언해』,『훈몽자회』,『속삼강행실도』 등 15~16세기의 자료들에서 보이는 전통한자음들 가운데서 자례가 나타나는 것들로 비교하여 보기로 한다.

한자	운	15~16세기현실음	화동	삼운	규장	현대음
氣	未	긔	기	기	기	기
期	支	긔	기	기	기	기
妓	支	기	기	기	기	기
空	東	공	공	공	공	공
桂	霽	계	계	계	계	계
公	東	공	공	공	공	공
窮	東	궁	궁	궁	궁	궁
計	霽	계	계	계	계	계
貴	未	귀	귀	귀	귀	귀
通	東	통	통	통	통	통
重	冬	듕	즁	즁	즁	중
大	泰	대	대	대	대	대
禮	薺	례, 녜	례	례	례	례
帝	霽	데	뎨	뎨	뎨	제
第	霽	데	뎨	뎨	뎨	제
同	東	동	동	동	동	동
動	董	동	동	동	동	동
吏	寘	리, 니	리	리	리	리
李	紙	리, 니	리	리	리	리
來	灰	리, 니	래	래	래	래
忠	東	튱	츙	츙	츙	충
中	東	듕	즁	즁	즁	중
治	支	티	치	치	치	치
地	寘	디	디	디	디	지
知	支	지	지	지	지	지
齊	齊	졔	졔	졔	졔	제
終	東	종	종	종	종	종
蒙	東	몽	몽	몽	몽	몽

豊	東	풍	풍	풍	풍	풍
貝	泰	패	패	패	패	패
皮	支	피	피	피	피	피
父	麌	부	부	부	부	부
奉	腫	봉	봉	봉	봉	봉
封	冬	봉	봉	봉	봉	봉
世	霽	봉	셰	셰	셰	세
歲	齊	셰	셰	셰	셰	세
醉	寘	취	취	취	취	취
四	寘	ᄾ	ᄾ	ᄾ	ᄾ	사
史	紙	사	사	사	사	사
氏	紙	시	시	시	시	씨
誓	霽	셔, 세	셔	셔	셔	서
肢	支	지	지	지	지	지
肛	江	항	항	항	항	항
紅	東	홍	홍	홍	홍	홍
洪	東	홍	홍	홍	홍	홍
語	語	어	어	어	어	어
吳	虞	오	오	오	오	오
庸	冬	용	용	용	용	용
用	宋	용	용	용	용	용

볼 수 있다시피 『화동정음』, 『삼운성휘』, 『규장전운』 세 운서에서 동일하게 나타나면서 현대음에로 전승된 한자음들은 전통적으로 15～16세기에 쓰이던 현실음들임을 알 수 있다. "地, 帝"등에서의 구개음화반영 여부와 "禮, 吏"등에서의 래모와 니모의 혼기현상을 제외하면 세 운서에서 공동히 보이는 음은 앞 시기의 음들과 다르지 않다. 이는 세 운서가 음을 정리할 때 전통적으로 사용하던 현실음에 바탕 두었음을 말하는 것이고 바꾸어서 운서음이 규범적이라 하지만 그 주류를 이루는 것은 전 시기부터 널리 쓰여오던 현실음임을 말하는 것이다.[40]

---

40) 河野六郎의 『조선한자음연구(朝鮮漢字音研究)』, 남광우 『조선(리조)한자음연구-임란전 현실한자음을 중심으로』에서 『훈몽자회』, 『효경언해(孝經諺解)』(1589) 등 16세기 자료들을 대상으로 연구한바에 의

앞에서 이미 서술한바 있지만 래모(來母)와 니모(泥母)의 혼기는 전 시기 언해서와 자서들에서 흔히 보이던 표기현상가운데의 하나이다. 운서류들에서는 절대로 혼용하는 경우가 없는데 몇 자례들을 보이면 다음과 같다.

자례	"삼강"	"속삼"	"훈몽"	"천자문"	"신유"	"화동"	"삼운"	"규장"
蘭	―	―	란	난	난	란	란	란
烈	렬	녈	렬	―	녈	렬	렬	렬
例	례	녜	례	―	녜	례	례	례
禮	례	례, 녜	례	녜	녜	례	례	례
祿	록	녹	녹	녹	록	록	록	록
農	―	―	농	농	롱	농	농	농
紐	―	―	뉴	―	류	뉴	뉴	뉴
能	―	―	능	능	릉	능	능	능

이상의 자례로부터 볼 수 있다시피 "ㄴ~ㄹ"초성간의 혼기는 언해서 혹은 자서류들 사이에서 뿐 아니라 동일한 문헌 내부에서도 두드러지게 나타난다. 그 까닭은 어두에서 "ㄹ"음을 기피하는 소위 두음법칙과 관련하여 해석할 수 있고 다른 한 면으로 한자어로 보이는 새김어와의 관계도 고려할 수 있다.

자례	『훈몽자회』	『천자문』	『신증유합』
蘭	란촛 란	난초 난	난초 난
禮	례수 례	녜도 녜	녜도 녜
祿	녹 녹	녹 녹	록 록

어음연속 가운데 발음되는 언해서, 자서류 한자음의 상술한 특징은 낱개의 글자와 음으로 존재하는 운서음과는 구별되는 점이라 할 수 있다. 『화동정음』, 『삼운성휘』, 『규장전운』등 운서들에서 상술한 음들은 절대로 혼용되지 않는다. 이러한 현상은 후기 옥편과 사전들에서도 여전한바 『전운옥편』, 『자전석요』에

하면 16세기의 『훈몽자회』음과 18세기의 『화동정음』 및 후세 운서음들과의 사이에는 구개음화현상, △ 음 소실현상 등을 제외하고는 체계상 큰 변화가 없었다고 하였다.

서도 래모 "ㄹ"와 니모 "ㄴ"로 일사불란(一絲不亂)한 표기를 보여준다.

다음, 현실음에서 달리 사용되던 이음들이 운서류 한자음에 어떻게 반영되었는가를 살펴보기로 한다. 『훈몽자회』음과 『신증유합』에서 보이는 일부 자례로 보이면 다음과 같다.

자례	"훈몽"	"신증"	"화동"	"삼운"	"규장"
歉	겸	혐	겸(琰陷)	겸(琰),감(陷)	겸(琰),감(陷)
鎌	렴	겸	렴俗겸(鹽)	렴(鹽)	렴(鹽)
蝸	과	와	왜(佳),와(麻)	괘(佳),과(麻)	괘(佳),과(麻)
刷	솨	살	솰(黠)	솰(黠)	솰(黠)
覺	교	각	교(效),각(覺)	교(效),각(覺)	교(效),각(覺)
吹	츄	취	취(支寘)	취(支寘)	취(支寘)
戎	슝	융	슝(東)	융(東)	융(東)
悴	췌	췌	취俗췌(寘)	취(寘)	취(寘)
鬢	빙	빈	빈(震)	빈(震)	빈(震)

이상 『화동정음』과 『삼운성휘』, 『규장전운』세 운서에서 보이는 전승한자음의 양상에 대하여 살펴보았다 세 운서에서 일치를 보이는 운서음들은 대부분 현대음으로 전승되는데 15～16세기의 전통음과의 관계로 볼 때 이런 음들은 또한 앞 시기 현실음과 밀접한 관계에 있는 음임을 알 수 있다.

(2) 현대음으로 전승되지 않은 일치음

『화동정음』과 『삼운성휘』, 『규장전운』세 운서에서 일치하게 나타나나 현대음으로 이어지지 않은 음들이 있는데 이와 같은 자들은 다음과 같은 것들이 있다.

자례	운	『화동정음』	『삼운성휘』	『규장전운』
禺	冬	옹	옹	옹
話	卦	홰	홰	홰
揣	紙	취	취	취
豯	齊	혜	혜	혜

趣	有	추	추	추
庀	黠	날	날	날
姬	支	긔	긔	긔

상술한 자례들에 대하여 구체적으로 분석하여 보면 다음과 같다. 앞 시기 현실한자음 자례들에서 보이는 한자는 앞 시기의 음도 함께 보인다.

禺(冬) :

"禺"는 "冬, 虞, 遇" 세 운에서 쓰이는 한자다. 세 운서에서 공동히 보인 "옹"은 "冬"운일 때 음이고, 현대 조선한자음으로 전승된 "우"는 "虞, 遇"운에서의 음이다. 각 운서들에 기록된 음을 운에 따라 보여주면 다음과 같다.

운	화동	삼운	규장	옥편	석요	신자전	현대음
冬	옹	옹	옹	옹	옹	옹	₋41)
虞	우	우	우	우	우	우	우
遇	-	우	우	우	우	우	우

話(卦) :

"話"는 "卦"운에서만 보이는 일자일운의 한자다.

운	화동	삼운	규장	옥편	석요	신자전	현대음
卦	홰	홰	홰	화	화	화	화

보다시피 운서와 옥편에서 "話"자의 "화"음은 『전운옥편』에서부터 기록된다. 그런데 사실 『훈몽자회』에서 "話"는 이미 "화"음으로 기록되어 있었다. 『화동정음』, 『삼운성휘』, 『규장전운』 등 운서들에서 현실음인 "화"를 수용하지 않고 "홰"로 교정한 것은 소속된 운의 중성의 영향 때문이었던 것 같다. "卦"는 현대음에서도 여전히 모음 "ㅙ"중성을 유지하고 있는데 옥편 저전류들에서

---

41) "-"표기는 상응한 음이 없음을 뜻한다.

운의 제약성이 약화되면서 "홰"음이 다시 "화"음으로 정착된 것이라 할 수 있다.

揣(紙) :
"揣"는 "紙"운과 "哿"운에서 보인다.

운	화동	삼운	규장	옥편	석요	신자전	현대음
紙	취	취	취	취	취	취	췌
哿	타	타	타	타	타	타	타
寒	—	—	—	—	—	—	단

음운변화 법칙에 따른다면 "支"운에서의 운서음은 "취"로 정착될 것이나, 현대음에서는 "췌"로 받아들였다. "哿"운에서의 "타"음은 『새옥편』에 이어졌지만, 『한한대사전』은 이외에 새로이 "寒"운에서의 "단"음을 받아들였다.

貕(齊) :
이 자는 운서에서 "貕"와 "貕" 두 가지 자형을 보인다. 자형에 따라 제 운서에 기록된 음들은 다음과 같다.

운	화동	삼운	규장	옥편	석요	신자전	현대음
貕	혜	—	—	—	히	—	해
貕	—	혜	혜	혜	혜	혜	혜

『한한대사전』에서 자형에 따라 각기 "해"와 "혜"음을 수용하였지만 반절음으로는 동일한 "弦雞切"이다.

趣(有) :
"趣"는 운서에서 "有, 遇, 沃"운에서 보인다. 각 운에 따른 기록음들을 보이면 다음과 같다.

운	화동	삼운	규장	옥편	석요	신자전	현대음
有	추	추	추	추	추	추	추
遇	츄	츄	츄	츄	츄	츄	취本추
沃	쵹	쵹	쵹	쵹	—	쵹	쵹

『새옥편』은 "遇"운과 "沃"운에서의 음으로 "취"와 "쵹"을 기록하였다. 현재 실제로 우리가 언어생활에서 사용하고 있는 음은 "취"다.

庀(點) :

운	화동	삼운	규장	옥편	석요	신자전	현대음
點	날	날	날	날	닐	닐	날
質	—	—	—	—	—	—	닐

『새옥편』은 "點"운에서 "닐"음을 기록하였다. 이 글자의 반절 하자인 "點"은 "下八切"인데『신자전』에서 "힐"로 기록된 외에 기타 운서들에는 "할"로 기록된다.『한한대사전』은 "힐本할"로 기록하였다.『새옥편』에는 "힐"이다.

姬(支) :

"姬"자 역시 세 운서에 일치하게 기록된 "긔"음이 현대음으로 전승되지 않은 한자다. 제 운서들에서의 기록음을 보이면 다음과 같다.

운	화동	삼운	규장	옥편	석요	신자전	현대음
支	긔俗희	긔	긔	긔俗희	희	긔俗희	희

"姬"는『훈몽자회』에서 "희"음을 보인다.『화동정음』,『삼운성휘』,『규장전운』등 운서에서는 반절음인 "居之切"에 주목하여 효모 "ㅎ"를 견모 "ㄱ"로 반영하였다고 할 수 있다.『화동정음』은 현실음을 속음으로 기록해주었다. "姬"와 같이『화동정음』과『삼운성휘』,『규장전운』의 일치음이『화동정음』에 기록된 속음자로 대체됨으로써 현대음으로 전승하지 못한 음들은 몇 백자에 달하는데 이들은 대부분『훈몽자회』에서부터 사용되어 온 현실음을 운서의 반

절체계에 맞게 고친 정음계열의 음들이다. 구체적인 것은 뒷부분에서 속음자를 다룰 때 보이기로 하고 몇 자례를 더 들어 보인다.

운	한자	화동	삼운	규장	훈몽	현대음
東	娀	슝俗융	슝	슝	융	융
東	舂	숑俗용	숑	숑	용	용
江	幢	장俗당	장	장	당	당
講	港	강俗항	강	강	항	항
支	螭	치俗리	치	치	—	리
寘	寐	미俗믜	미	미	믜	미
尾	磈	위俗외	위	위	—	외
遇	嫗	우俗구	우	우	구	구
霽	系	혜俗계	혜	혜	계	계
尤	矛	무俗모	무	무	모	무

18세기 운서들에서 일치음을 보이나 현대음으로 전승되지 못한 동음자들은 현실음을 수용하지 않고 운서의 반절체계에 맞추어 교정한 음들이다. 따라서 현실에 사용하던 음들과 괴리가 있었는데 이러한 경우 결과적으로 현대음은 운서음을 따르지 않고 전통음을 따랐다.

(3) 특수한 자례

『화동정음』과 『삼운성휘』, 『규장전운』에는 표면상 다른 음으로 보이지만 실질로는 모두 현실적으로 사용되었던 음들이 있는데 먼저 『화동정음』이 『삼운성휘』와 『규장전운』에서 사용하지 않은 초성으로 일모 "ㅿ"를 사용함으로 하여 생긴 이음들을 보면 다음과 같다.

【 "ㅿ"초성 이음자례42) 】

운	한자	화동	삼운	규장	운	한자	화동	삼운	규장
冬	茸	ᄋᆞᆼ	용	용		捴	연	연	연
	慵	ᄋᆞᆼ	용	용		壖	연	연	연
	鱅	ᄋᆞᆼ	용	용		堧	연	연	연
腫	宂	ᄋᆞᆼ	용	용		壖	연	연	연
支	兒	ᅀᆞ	ᅌᆞ	ᅌᆞ	銑	輭	연	연	연
	輀	ᅀᅵ	이	이		礝	연	연	연
	而	ᅀᅵ	이	이		瓀	연	연	연
	髵	ᅀᅵ	이	이	馬	若	ᅀᅣ	야	야
紙	爾	ᅀᅵ	이	이	陽	穰	ᅀᅣᆼ	양	양
	耳	ᅀᅵ	이	이	漾	讓	ᅀᅣᆼ	양	양
寘	二	ᅀᅵ	이	이		釀	ᅀᅣᆼ	양	양
	餌	ᅀᅵ	이	이	蒸	仍	ᅀᅵᆼ	잉	잉
	樲	ᅀᅵ	이	이	有	蹂	ᅀᅲ	유	유
魚	如	ᅀᅧ	여	여	宥	糅	ᅀᅲ	유	유
	茹	ᅀᅧ	여	여		蹂	ᅀᅲ	유	유
語	汝	ᅀᅧ	여	여		揉	ᅀᅲ	유	유
	粔	ᅀᅧ	여	여		篤	ᅀᅵᆷ	임	임
虞	儒	ᅀᅲ	유	유	寢	袵	ᅀᅵᆷ	임	임
麌	乳	ᅀᅲ	유	유		荏	ᅀᅵᆷ	임	임
	擩	ᅀᅲ	유	유	沁	姙	ᅀᅵᆷ	임	임
霽	芮	ᅀᅨ	예	예		任	ᅀᅵᆷ	임	임
	汭	ᅀᅨ	예	예		妊	ᅀᅵᆷ	임	임
	銳	ᅀᅨ	예	예	勘	髯	ᅀᅧᆷ	염	염
	叡	ᅀᅨ	예	예	琰	冉	ᅀᅧᆷ	염	염
眞	仁	ᅀᅵᆫ	인	인	豔	染	ᅀᅧᆷ	염	염
	忍	ᅀᅵᆫ	인	인	屋	肉	ᅀᅲᆨ	육	육
	引	ᅀᅵᆫ	인	인	質	衵	ᅀᅵᆯ	일	일
	蚓	ᅀᅲᆫ	윤	윤		日	ᅀᅵᆯ	일	일
震	刃	ᅀᅵᆫ	인	인	藥	篛	ᅀᅣᆨ	약	약
	閏	ᅀᅲᆫ	윤	윤		爇	ᅀᅣᆨ	약	약
	軔	ᅀᅵᆫ	인	인	緝	廿	ᅀᅵᆸ	입	입
先	然	연	연	연		入	ᅀᅵᆸ	입	입

---

42) 보여주는 자례들은 성조로 구별되어 반복적으로 출현하는 한자들은 제외한 것이다. 이하 자례들에서도 마찬가지이다.

일모자에 의하여 나타난 이러한 이음들은 『화동정음』이 보수적으로 고전음을 기록한데서 기인한 것이다. 『삼강행실도』와 『훈몽자회』등 15~16세기의 현실한자음에서도 "兒ᅀᆞ", "二ᅀᅵ", "然션", "仁신", "乳슈", "日싈" 등으로 일모를 표기하였었던 것인데, 『화동정음』에서 소실된 일모자의 표기를 고집한 것은 독자적인 교정음이었다기 보다는 바로 이 전통음들을 보수적으로 회복하여 답습한 것이라 할 수 있다. 『삼운성휘』와 『규장전운』의 음은 18세기 당시의 음을 현실적으로 기록한 것이다. 그러므로 일모 "ᅀ"로 인하여 세 운서에서 달리 보이는 음들은 실질적으로는 모두 현실에 사용되었던 음으로서 규칙적인 한자음의 변화로 보아야 한다.

다음, 중성 "ㅣ : ㅢ", "ㅐ : ㆎ"의 대응으로 세 운서에서 달리 보이는 이음들이 있는데 다음과 같은 것들이다.

【 "ㅣ : ㅢ", "ㅐ : ㆎ" 이음례 】

운	한자	화동	삼운	규장	운	한자	화동	삼운	규장
支	緇	치	츼	츼		蹛	대	듸	듸
	榴	치	츼	츼	灰	鰓	새	싀	싀
佳	膎	해	희	희		腮	새	싀	싀
	排	배	븨	븨		鰓	새	싀	싀
	埋	매	믜	믜		菑	재	즤	즤
	緒	개	긔	긔		跆	태	틔	틔
	鮭	해	희	희		罳	새	싀	싀
蟹	蟹	해	희	희		鼒	재	즤	즤
	解	해	희	희	賄	每	매	믜	믜
	買	매	믜	믜		洗	매	믜	믜
	鍇	개	긔	긔		娒	애	의	의
	駭	해	희	희		毐	애	의	의
	楷	개	긔	긔		陔	개	긔	긔
	絯	해	희	희	卦	儈	해	희	희
泰	帶	대	듸	듸	隊	佩	픠	패	패
	胅	매	믜	믜		沕	매	믜	믜

상태를 보이고 있다. 이러한 이음들은 당시 현실발음에서 구별하여 사용한 것이라기보다는 동요는 두 음에서 임의로 그 하나를 사용함으로써[43] 나타난

음들로 볼 수 있다.

이렇게 하여『화동정음』과『삼운성휘』,『규장전운』에서 보이는 이음 중 상술한 두 종류의 음은 어느 한 운서가 독자적으로 교정하여 생긴 이음이 아니고 모두 현실적으로 존재하였던 음에 대하여 각자 선별 사용함으로써 나타난 음이거나 규칙적으로 변한 음으로 볼 수 있다. 이 부류들의 자례들을 이음으로 고려하지 않는다면『화동정음』,『삼운성휘』,『규장전운』세 운서에서 나타나는 동음례는 더 많은 비중을 차지하게 되고 현대음으로 전승된 음도 더 많이 나타나게 된다.

2) 이음자

『화동정음』과『삼운성휘』,『규장전운』에는 약 15%의 이음례가 발견되는데 전술한 바의 일모자 "ㅿ"로 인한 것과 "ㆍㅣ", "ㅖ" 등 중성의 혼란으로 인한 음들을 고려하지 않는다면 실질상의 이음들은 약 10%의 비례를 보인다.

세 운서에서 보이는 이음을 대조해보면 다르게 보이는 음은『화동정음』을 한 부류로 하고『삼운성휘』와『규장전운』을 다른 한 부류로 하여 2부류로 대분됨을 볼 수 있다. 몇몇 자례를 보이면 다음과 같다.44)

운	한자	화동	삼운	규장	운	한자	화동	삼운	규장	운	한자	화동	삼운	규장
筱	掉	도	됴	됴	箇	剉	촤	좌	좌		嫈	영	잉	잉
	䫂	조	쇼	쇼	麻	蝸	와	과	과	梗	椮	영	잉	잉
	濼	소	쵸	쵸		樏	사	차	차		湼	정	영	영
嘯	銚	요	됴	됴		櫨	사	차	차	敬	幁	정	징	징
肴	巢	소	쵸	쵸		楂	사	차	차		婧	정	청	청
	敲	고	교	교		呀	아	하	하		清	정	청	청
	磽	요	교	교	馬	踝	과	화	화		榜	봉	병	병
	撓	효	뇨	뇨	禡	厦	하	사	사	青	淡	영	형	형
	麃	표	포	포		咋	사	자	자	徑	鎣	영	형	형
	鄗	호	효	효,호皓		蜡	사	자	자		瞪	증	징	징
	嚆	호	효	효		詐	사	자	자	蒸	䏠	승	증	증

43) 안병호(1984),『조선한자음체계의 연구』, p.169.
44)『화동정음』,『삼운성휘』,『규장전운』에서 나타나는 이음들의 전반 대조표는 부록을 참조하거나 아래에 초성, 중성, 초중성별로 보여준 이음표를 참조하기 바란다.

巧	笊	죠	조	조	陽	彰	창	쟝	쟝		嶒	증	층	층
	鮑	표	포	포		瑲	창	쟝	쟝		鄫	증	층	층
	獠	료	조	조,료蕭		鎗	당	탕	탕		乘	승	증	증,승徑
	稍	쵸	쇼	쇼		倀	쟝	챵	챵		凝	잉	응	응
效	罩	죠	조	조		牀	상	쟝	쟝		繪	증	층	층
	墝	요	교	교		勷	샹	양	양		駷	승	층	층
豪	獠	료	로	로	漾	攘	황	당	당	尤	愁	수	추	추
	醪	료	로	로	庚	輣	붕	평	평		魗	츄	슈	슈
	簝	료	로	로,료蕭		砰	평	평	평		逎	규	구	구,규支
	洮	됴	도	도		棚	붕	평	평		鎦	듀	튜	투
	綯	됴	도	도		橙	증	징	징		諏	츄	추	추,츄虞
皓	燎	료	로	로,료蕭		根	정	징	징		犨	쥬	츄	츄
	皓	호	고	고		珩	힝	형	형	有	赳	듀	두	두
	繰	소	조	조,소豪		粳	경	갱	깅		椒	츄	수	수,추尤
号	嫪	료	로	로		輕	경	깅	깅		嗾	주	수	수
歌	蛇	샤	타	타		蜻	청	정	정	宥	酸	투	두	두
	痤	좌	차	차		鯖	청	정	정		騶	츄	추	추
	疴	가	아	아		菁	청	정	정		僦	수	추	추
哿	脞	촤	좌	좌		硜	경	깅	깅		篍	주	추	추
	砢	가	라	라		盟	밍	명	명		鍪	츄	추	추
	髁	과	화	화,과馬		誙	경	깅	깅		皺	주	추	추
	輠	과	화	화		嶸	영	횡	횡		恟	구	후	후

　『삼운성휘』와 『규장전운』은 한자음을 기록할 때, 하나의 글자로서 다른 운에 나타나거나 혹은 하나의 운이면서 음과 뜻이 다른 한자들의 경우 그것을 밝혀주어 일자다음(一字多音)의 한자음을 쉽게 알아 볼 수 있게 하였다. 예하면 "髁"는 "哿"운과 "馬"운 두 운에 나타나며 운에 따라 각기 "화"음과 "과"음으로 나타나고, "乘"자는 "蒸"운에서 "승"음, "徑"운에서 "증"음을 보이는데 『삼운성휘』와 『규장전운』은 이러한 글자들의 운을 모두 밝혀주었다. 우의 예시자들에서는 편의상 중복을 피하여 『삼운성휘』의 것은 밝히지 않고 『규장전운』에

서만 보여주었는데 『삼운성휘』의 일자다운다음(一字多韻多音)은 『규장전운』과 다르지 않다. 다운다음(多韻多音)자의 경우『화동정음』에서는 다운일음(多韻一音)으로 하나의 음만 보여주고 있다. 즉 "髁"자는 "哿"운과 "馬"운에서 모두 "과"음으로 기록하여 "화"음을 인정하지 않았으며 "乘"자도 "蒸"운과 "徑"에서 모두 "승"음으로 기록하여 "증"음을 인정하지 않았다.

세 운서에서 나타나는 이음들은 초성만 다른 음, 중성만 다른 음, 음절 전체가 다른 음 등으로 분류된다.

(1) 초성이 다른 이음

먼저 초성이 다른 음들을 볼 때 세 운서에서 보이는 이음들은 초성간에 대응을 이루며 나타나는 것이 아니다. 예하면 『화동정음』의 "ㄱ"초성이 『삼운성휘』와 『규장전운』에서 "ㆆ"초성이나 "ㅇ"초성 등으로 일정하게 대응되어 나타나는 것이 아니고 서로 혼란을 보이는데, 가령 "卦"운의 "罫"는 『화동정음』에서 "ㄱ"초성을 사용하여 "괘"음으로 기록되었는데 『삼운성휘』와 『규장전운』에서 "ㆆ"초성을 사용하여 "홰"음으로 기록하여 "ㄱ→ㆆ" 대응을 보이는가 하면, 반대로 "送"운의 "虹"과 같이 『삼운성휘』와 『규장전운』의 "공"음이 『화동정음』에서 "홍"으로 기록되어 "ㄱ←ㆆ"의 대응을 보이기도 하는 것이다. 이와 같은 사정은 기타 초성들의 경우에도 마찬가지로서 "ㅁ"과 "ㅂ", "ㅈ"과 "ㅅ", "ㅇ"과 "ㆆ", … , 등등의 초성들도 상호 전환되어 사용된다. 이음들을 도표로써 예시하면 다음과 같다.

운	한자	화동	삼운	규장	운	한자	화동	삼운	규장	운	한자	화동	삼운	규장
送	虹	홍	공	공		湲	완	환	환	馬	踝	과	화	화
冬	蚣	종	송	송	濟	荒	완	환	환	禡	厦	하	사	사
腫	嵸	종	송	송		剗	잔	찬	찬	陽	彰	창	쟝	쟝
江	厖	방	망	망		鏟	산	찬	찬		倀	쟝	챵	챵
	雙	쌍	상	상		擯	관	환	환		牂	상	쟝	쟝
	淙	창	쟝	쟝	先	駢	연	현	현		勷	상	양	양
	驦	방	망	망		船	션	젼	젼	庚	傖	칭	징	징
未	彙	휘	위	위		沇	연	션	션		蜻	쳥	졍	졍

운	자				운	자				운	자			
魚	蝑	져	셔	셔		涎	연	션	션		鯖	쳥	졍	졍
虞	姝	슈	쥬	쥬		胲	젼	션	션		菁	쳥	졍	졍
麌	撫	무	부	부		慣	견	현	현	梗	涅	졍	영	영
	拊	무	부	부	銑	繎	편	변	변	敬	婧	졍	쳥	쳥
遇	髏	루	구	구		扁	편	변	변	靑	淸	졍	쳥	쳥
齊	栘	톄	셰	셰		艑	편	변	변		淟	영	형	형
薺	羝	뎨	졔	졔		蹁	뎐	년	년	徑	鎣	영	형	형
霽	儕	졔	쳬	쳬	霰	瀳	천	젼	젼	蒸	塍	승	증	증
佳	媧	와	괘	괘		輾	뎐	년	년		乘	승	증	증
	蝸	와	괘	괘		駽	연	현	현		繒	증	층	층
	騧	와	괘	괘		狷	연	견	견		騬	승	층	층
	緺	와	괘	괘	蕭	鉊	조	쵸	쵸	尤	愁	수	추	추
泰	大	대	태	태		昭	쇼	죠	죠		龖	츄	슈	슈
	鈦	태	대	대	筱	祒	조	쇼	쇼	宥	酘	투	두	두
灰	瑰	외	회	회	嘯	銚	요	됴	됴		偢	수	추	추
卦	劽	희	기	기	肴	撓	효	뇨	뇨		篍	주	추	추
	罫	괘	홰	홰		磽	요	교	교		皺	주	추	추
隊	埭	디	티	티	巧	稍	쵸	쇼	쇼		佝	구	후	후
軫	齔	친	진	진	皓	繰	소	조	조		寇	구	후	후
震	峻	쥰	슌	슌		貂	도	토	토	侵	諶	침	심	심
阮	坂	반	판	판	歌	痾	가	아	아	寢	唫	음	금	금
願	嬎	만	반	반		胳	좌	과	과		吟	금	음	음
旱	梡	완	관	관		硧	가	라	라	沁	伈	심	침	침
	蜑	단	탄	탄		髁	과	화	화	覃	酖	탐	담	담
	脘	완	관	관		輠	과	화	화		耽	탐	담	담
翰	胖	판	반	반		剉	최	좌	좌		篸	참	잠	잠
刪	關	관	완	완	麻	蝸	와	과	과	感	寁	삼	잠	잠
	覵	간	한	한		檛	사	차	차	勘	憛	담	탐	탐
	馯	한	간	간		楂	사	차	차		鏨	참	잠	잠
	販	반	판	판		呀	아	하	하	職	稙	식	직	직
	佔	뎜	쳠	쳠	屋	擂	축	훅	훅	緝	繶	집	칩	칩
	槧	졈	쳠	쳠	沃	蜀	촉	속	속	合	頜	합	갑	갑
	譫	셤	쳠	쳠	覺	驁	작	착	착		姶	합	압	압
	潛	졈	쳠	쳠	質	朮	출	슐	슐		嗒	답	탑	탑
	殲	셤	졈	졈		苗	줄	굴	굴		鎝	답	탑	탑
	玷	졈	셤	셤	月	紇	글	흘	흘	葉	跕	톕	뎝	뎝
	苫	졈	셤	셤		癶	달	탈	탈		摵	톕	뎝	뎝
	酤	뎜	텸	텸	點	獺	달	찰	찰					

	鮎	뎜	념	넘	屑	蜇	졀	쳘	철		摺	셥	졉	졉
	黏	뎜	념	넘		凸	텯	덜	덜		浹	협	졉	졉
琰	姌	셤	념	념		窒	졀	덜	덜		慹	셥	졉	졉
豔	觇	졈	쳠	쳠	藥	汋	쟉	샥	샥		讘	셥	졉	졉
咸	詀	참	잠	잠	陌	適	젹	셕	셕		喋	쳡	셥	셥
嗛	喽	담	잠	잠		弈	혁	역	역	治	狎	압	합	합
	撕	참	삼	삼		踖	쳑	격	격		閘	삽	잡	잡
陷	餡	감	함	함	錫	幦	벽	먁	먁		鍤	삽	잡	잡
	濫	람	함	함										

표에서 보다시피, 초성자가 달리 사용된 이음들은 특히 어느 운에서라 할 것 없이 거의 모든 운에 다 나타난다.『훈몽자회』에 기록되어 있는 자례들에 한하여 세 운서에서 초성자가 달리 사용된 이음들을 비교하여 보면 한가지 현상을 발견할 수 있다. 먼저『화동정음』의 음이『훈몽자회』음과 일치한 자례들을 보기로 한다.

운	한자	훈몽	화동	삼운	규장	현대음
送	虹	홍	홍	공	공	홍
江	厖	방	방	망	망	방
先	船	션	션	젼	젼	선
先	涎	연	연	션	션	연
銑	艑	편	편	변	변	편
晧	繅	소	소	조	조	소
麻	槎	사	사	차	차	사
馬	踝	과	과	화	화	과
禡	厦	하	하	사	사	하
陽	牀	상	상	장	장	상
庚	棚	붕	붕	평	평	붕
庚	菁	쳥	쳥	졍	졍	쳥
庚	鯖	쳥	쳥	졍	졍	쳥
庚	蜻	쳥	쳥	졍	졍	쳥
蒸	乘	승	승	증	증	승
蒸	繒	증	증	층	층	증

鹽	潛	즘	즘	쳠	쳠	잠
鹽	苫	졈	졈	셤	셤	졈, 셤
琰	臉	럼	럼	검	검	검
陷	濫	람	람	함	함	람
質	鷸	휼	휼	율	율	휼
黠	獺	달	달	찰	찰	달
藥	瘧	학	학	약	약	학
藥	膔	확	확	학	학	확
陌	弈	혁	혁	역	역	혁
錫	鷁	익	익	역	역	익
合	鎝	답	답	탑	탑	탑
洽	鈒	삽	삽	잡	잡	삽

이상의 자례들은 초성이 다른 한자음의 경우 『삼운성휘』와 『규장전운』의 음은 『훈몽자회』와 같지 않으나 『화동정음』의 음은 『훈몽자회』와 일치를 보이는 음들이다. 그중 "虹", "糠", "乘", "濫", "卒", "獺"에 관하여 『삼운성휘』와 『규장전운』은 각기 "東", "豪", "徑", "勘", "月", "曷"운에서 『훈몽자회』와 동일한 음을 보인다.

『화동정음』이 『훈몽자회』와 일치음을 보이는 자례들은 상당수에 달하는데 이 경우 『화동정음』의 음은 전통적인 현실음을 계승한 음이고 『삼운성휘』와 『규장전운』의 음은 교정한 음이라 할 수 있다. 이와 같은 현상은 초성이 다른 이음들의 경우 나타나는 대체적인 성향이다. 그러나 『화동정음』의 모든 음이 전통음을 계승하였다는 것은 아니다. 왜냐하면 다음과 같이 『삼운성휘』와 『규장전운』의 음이 『훈몽자회』와 일치하는 음들도 보이기 때문이다.

운	한자	훈몽	화동	삼운	규장	현대음
嘯	銚	됴	요	됴	됴	조
肴	磽	교	요	교	교	교
麻	蝸	과	와	과	과	와
寢	吟	음	금	음	음	음
陷	餡	함	감	함	함	함

職　　堛　　벽　　픽　　벽　　벽　　벽

이처럼 『화동정음』의 음이 『훈몽자회』음과 다르고 『삼운성휘』와 『규장전운』의 음이 『훈몽자회』와 일치한 자례들이 있는데, 이 경우는 『삼운성휘』와 『규장전운』의 음이 전통적으로 사용되어온 현실음을 계승한 음이고 『화동정음』의 음은 교정한 음이다. 그렇지만 수적으로 볼 때 『화동정음』이 『훈몽자회』의 전통적인 현실음을 교정하고 따르지 않은 음은 계승한 것에 비하여 상대적으로 아주 적게 보인다. 그러므로 우리는 초성자가 다른 이음의 경우, 『화동정음』의 음이 『삼운성휘』와 『규장전운』에 비하여 현실음을 보다 많이 반영하고 있는 음이고 반대로 『삼운성휘』와 『규장전운』은 『화동정음』에 비하여 보다 많이 교정한 음임을 알 수 있다.

(2) 중성이 다른 이음

세 운서에서 중성이 달리 사용되어 생성된 이음의 수는 상대적으로 많은 비중을 차지한다. 중성이 달리 사용된 이음들도 초성의 경우와 마찬가지로 거의 모든 운에 다 나타나는데 "4 支紙寘"운, "6 魚語御"운, "7 虞麌遇"운, "8 齊薺霽"운에서 특이 많이 보임이 특징적이고 또 달리 사용되는 중성들이 상대적으로 초성에서의 경우보다 덜 혼란한 모습으로 대응하여 나타남이 특징적이다. 즉 "ㅜ"중성은 "ㅗ"와, "ㅠ"중성은 "ㅠ"와, "ㅖ"중성은 "ㅣ"중성과 대응되는 경향이 두드러진다. 아래에 이음자들을 보이면 다음과 같다.

운	한자	화동	삼운	규장	운	한자	화동	삼운	규장	운	한자	화동	삼운	규장
冬	蘢	룽	룡	룡	寘	漬	지	즈	즈	御	甦	수	소	소
支	墮	휘	휴	휴		睡	쉬	슈	슈		坊	우	오	오
	睢	휘	휴	휴		邃	쉬	슈	슈		庸	두	도	도
	觿	훠	휴	휴		遂	쉬	슈	슈	麌	甫	부	보	보
	觜	춰	츄	츄		崇	쉬	슈	슈		姥	무	모	모
	垂	쉬	슈	슈		類	뤼	류	류		土	투	토	토
	隨	쉬	슈	슈		淚	뤼	류	류		魯	루	로	로
	隋	쉬	슈	슈		窠	뤼	류	류		覩	두	도	도

운	한자	화동	삼운	규장	운	한자	화동	삼운	규장	운	한자	화동	삼운	규장
	窺	귀	규	규		帥	쉬	슈	슈		古	구	고	고
	規	귀	규	규		墜	취	츄	츄		五	우	오	오
	葵	귀	규	규		出	취	츄	츄		粗	주	조	조
	追	취	츄	츄		遺	위	유	유		虎	후	호	호
	惟	위	유	유		饐	에	의	의		隖	우	오	오
	雖	쉬	슈	슈		騩	귀	괴	괴		苦	구	고	고
	逵	귀	규	규	魚	初	추	초	초		怒	누	노	노
	錐	취	츄	츄		耡	주	조	조		戶	후	호	호
	誰	쉬	슈	슈		疋	수	소	소		普	부	보	보
	帷	위	유	유	語	所	수	소	소		浦	푸	포	포
	鎚	취	츄	츄		楚	추	초	초		補	부	보	보
	槌	취	츄	츄		阻	주	조	조		圃	푸	포	포
	馗	귀	규	규	御	疏	수	소	소		姆	무	모	모
	濉	쉬	슈	슈		助	주	조	조		許	후	호	호
	蘽	뤼	류	류		呼	후	호	호		迕	우	오	오
紙	跪	귀	궤	궤		吾	우	오	오		鄔	우	오	오
	髓	쉬	슈	슈		模	무	모	모	遇	澍	쥬	주	주
	絫	뤼	류	류		摸	무	모	모		暮	무	모	모
	捶	취	츄	츄		酺	푸	포	포		慕	무	모	모
	硅	귀	뀨	뀨		胡	후	호	호		渡	두	도	도
	洧	위	유	유		孤	구	고	고		路	루	로	로
	水	쉬	슈	슈		徒	두	도	도		菟	투	토	토
	壘	뤼	류	류		圖	두	도	도		顧	구	고	고
	揆	귀	규	규		菟	투	토	토		固	구	고	고
	癸	귀	규	규		奴	누	노	노		故	구	고	고
	唯	위	유	유		盧	루	로	로		護	후	호	호
	机	긔	궤	궤		蘇	수	소	소		訴	수	소	소
	巂	쉬	슈	슈		烏	우	오	오		祚	주	조	조
	礧	뤼	뢰	뤼		枯	구	고	고		怒	누	노	노
寘	累	뤼	류	류		都	두	도	도		布	푸	포	포
遇	鋪	푸	포	포	隊	綷	취	쵀	쵀	沁	飮	임	음	음
	步	부	보	보		喙	휘	훼	훼		甚	슴	심	심
	梧	우	오	오		晬	취	쵀	쵀	勘	喰	염	엄	엄
	涸	구	고	고		崒	취	쵀	쵀		淹	염	엄	엄
	厝	주	조	조	問	娩	만	문	문		杴	험	험	험

운	한자	화동	삼운	규장	운	한자	화동	삼운	규장	운	한자	화동	삼운	규장
	醋	포	포	포	元	侖	륜	론	론	陷	欠	겸	감	감
	愫	수	소	소		圇	륜	론	론		歉	겸	감	감
	拊	푸	포	포	阮	囤	둔	돈	돈		頊	옥	욱	욱
	誓	세	셔	셔	願	噀	순	손	손	覺	葯	약	악	악
齊	黎	례	려	려	寒	羱	원	완	완		葯	약	요	요
	妻	체	쳐	쳐	濟	睅	한	환	환		搦	냑	냑	냑
	低	데	뎌	뎌	筱	掉	도	됴	됴		箾	샥	삭	삭
	西	세	셔	셔	肴	敲	고	교	교	質	驚	즐	질	질
	迷	메	미	미		麃	표	포	포		卒	졸	줄	줄
	泥	네	니	니		鄗	호	효	효	物	朌	힐	흘	흘
	圭	귀	규	규		嚆	호	효	효	月	曰	왈	월	월
	睽	귀	규	규	巧	笊	조	조	조		矻	굴	골	골
	攜	휘	휴	휴		鮑	표	포	포		囫	훌	홀	홀
	呢	네	니	니	效	罩	죠	조	조		窣	술	솔	솔
	鄌	혜	휴	휴	豪	獠	료	로	로		閼	얼	알	알
	鞞	볘	비	비		簝	료	로	로	點	恝	괄	갈	갈
	嶲	휘	휴	휴		洮	됴	도	도		妠	날	날	날
薺	邸	데	뎌	뎌		綯	됴	도	도	屑	鈌	결	걸	걸
	洣	메	미	미	皓	橑	료	로	로	藥	臛	확	학	학
	苨	네	니	니	庚	振	정	징	징		涸	확	학	학
	底	데	뎌	뎌		橙	증	징	징		謔	확	학	학
霽	渼	볘	비	비		根	경	징	징	陌	鯽	즉	격	격
	壻	세	셔	셔		珩	힝	형	형		郤	격	극	극
	謎	메	미	미		粳	경	갱	갱		啞	역	익	익
	麗	례	려	려		硻	경	깅	깅		棟	속	식	식
佳	咓	왜	애	애		盟	밍	명	명		絯	획	획	획
	揩	개	기	기		誙	경	깅	깅	錫	鷁	익	역	역
蟹	夥	홰	히	히		甖	영	앵	앵	職	稷	칙	측	측
泰	祋	뒤	디	디	梗	楟	영	잉	잉		廙	역	익	익
	藾	래	뢰	뢰	敬	幀	정	징	징		匐	복	븍	븍
灰	綷	취	최	최		榜	봉	병	병		蕧	복	븍	븍
卦	晒	새	쇄	쇄	蒸	諏	츄	추	추		賊	적	즉	즉
	繢	회	홰	홰	有	莊	듀	두	두	緝	十	십	습	습
	鎪	새	쇄	쇄	宥	驟	츄	추	추	洽	猲	갑	겁	겁

표에서 보다시피 중성이 다른 이음들은 특히 "4 支紙寘"운, "6 魚語御"운, "7 虞麌遇"운, "8 齊薺霽"운에 많이 집중되어 있다. 이들 여러 운에 중성자의 이음이 특히 많이 나타나게 된 것은 『화동정음』에서 이 운에 속하는 한자음들의 중성자에 대하여 통일적인 교정을 하였기 때문인데 구체적으로 보면 다음과 같다.

① "ㅗ"중성 한자음을 "ㅜ"중성 한자음으로 교정

조선한자음에서 "ㅗ"중성의 음은 "1 東, 董, 送", "2 冬, 腫, 宋"운에서도 보이는데 『화동정음』은 "7 虞, 麌, 遇"운의 "ㅗ"중성 한자음에 관하여는 모두 "ㅜ"중성 한자음으로 교정하였다. 본문의 란외의 두주(頭註)에서 교정의 원칙을 밝히었는데 다음과 같다.

> 이 운(虞, 麌, 遇운)의 중성은 모두 "ㅜ, ㅠ"로써 삼는다. 세속에서는 "ㅗ"중성을 많이 쓰는데 이는 그릇된 것이다. 번잡하여 속음을 밝혀 적지 않으니 상고하라.(此韻中聲, 皆從ㅜㅠ, 俗多從ㅗ, 非, 註煩不著俗音, 觀者詳之。)(虞, 麌, 遇운)

『화동정음』의 저자 박성원이 "虞, 麌, 遇"운에서 "ㅗ"중성 한자음을 인정하지 않고 모두 "ㅜ"중성으로 고친 것은 다음과 같은 이유 때문이다.

> 조선한자음에서 ㅗ, ㅛ, ㅜ, ㅠ 중성들이 비록 서로 혼란되고 있지만 발음할 때 혀가 변하지 않는다. 그러므로 종성을 운으로 하고 있는 한자음의 경우에는 옛것에 따르고 고치지 않았는데 "동(東), 동(冬)"운들의 경우이다. 중성을 운으로 하는 한자음 가운데 "ㅜ"운은 "ㅗ"운과 섞이고 "ㅗ"운은 "ㅜ"운과 섞여 있다. "우(虞)"운의 음이 "호(豪)"운의 음과 섞여 있고 "호(豪)"운의 음이 "우(虞)"운의 음과 섞여 있다. "우(虞)"운에서 "ㅗ"중성에 속해있던 음들은 "ㅜ"중성으로 바로잡고 "호(豪)"운에서 "ㅜ"중성에 속해있던 음들은 "ㅗ"중성으로 바로잡았으니 보는 사람들은 탓하지 말기를 바란다. (東音ㅗㅛㅜㅠ之用, 雖相混, 而所發之舌不變, 故取終聲爲韻者, 則乃舊不改, 如東、冬韻是也。取中聲爲韻者, 則ㅜ韻雜ㅗ, ㅗ韻雜ㅜ, 虞與豪混, 豪與虞混, 虞之從ㅗ者, 則從ㅜ正之, 豪之從ㅜ者, 則從ㅗ正之。觀者幸勿咎焉。)
>
> 『화동정음』 "초중종언문삼성변"

상술한 이유에 의하여 "虞"운의 평, 상, 거성에서 "ㅗ"중성으로 읽히는 한자음을 일률로 "ㅜ"중성 한자음으로 교정하였는데 따라서 "孤구", "奴누", "圖두", "魯루", "慕무", "普부", "甦수", "吾우", "呼후" 등과 같은 음들이 나타나게 되었다. 평시에 잘 사용하지 않는 벽자(僻字)들에 한해서가 아니고 상용한자들에서도 이와 같이 교정음이 나타나게 된 것은 바로『화동정음』이 운서의 운에 맞추어 조선한자음의 "ㅗ"중성을 바로잡았기 때문이다.

『화동정음』은 "虞"운의 "ㅗ"중성을 교정하였을 뿐 아니라 "6 魚, 語, 御"운의 "ㅗ"중성 한자음에 대해서도 "ㅜ"중성으로 교정하였는데 그 이유는 다음과 같이 밝히었다.

> 이들 운의 한자음 가운데 ㅜ중성을 따른 글자들은 홍무정운과 통운에서 虞운에 소속시키고 이들 운에는 없었던 글자들이다. 고로 虞운에 따라 음을 해석한다. 세속에서는 모두 ㅗ중성으로 읽는다. 보는 사람은 상고하라."(此韻東音之從ㅜ聲等字, 洪韻、統韻皆入虞, 而不在此, 故從虞釋音, 而俗皆讀ㅗ。觀者詳之。)(魚, 語, 御운)

이처럼 "魚, 語, 御"운에서 "ㅗ"중성으로 읽히는 한자음들도 중국운서에서는 원래 "虞"운에 속해있던 자들이라 하여 "虞"운에서의 방침에 따라 "魚"운의 평상거성에 속해있던 "ㅗ"중성 한자음을 "ㅜ"중성으로 교정하였다. 따라서 "魚, 語, 御"운에서도 "初추", "助주", "疎수"등과 같이 "ㅗ"종성 한자음의 교정음들이 많이 나타나게 되었다.

이와 같이 교정한 결과 "6 魚語御"운과 "7 虞麌遇"운에서 『화동정음』은 "ㅗ"중성을 전혀 사용하지 않게 되었는데 이 운들에 한하여 『화동정음』,『삼운성휘』,『규장전운』에서 보이는 중성을 운목별로 보이면 다음과 같다.[45)]

---

45) 각 운서들에서 사용된 중성에 관하여는 본 절의 첫째 목 "18세기 운서류의 초중종성 체계"에서 구체적으로 논의한 바 있다.

운차	운목	운서	사용된 중성
6	魚語御○	『화동정음』	ㅜ ㅓ ㅕ
		『삼운성휘』	ㅗ ㅓ ㅕ
		『규장전운』	ㅗ ㅓ ㅕ
7	虞麌遇○	『화동정음』	ㅜ ㅠ
		『삼운성휘』	ㅗ ㅜ ㅠ
		『규장전운』	ㅗ ㅜ ㅠ

② "ㅠ"중성 한자음을 "ㅟ"중성 한자음으로 교정

『화동정음』의 "ㅟ"중성은 "支"운, "齊"운, "灰"운, "隊"운에서 나타나는데 『삼운성휘』, 『규장전운』에서의 대응을 보면 "支"운과 "齊"운에서는 "ㅠ"와, "灰"운과 "隊"운에서는 "ㅚ", "ㅙ"중성과 대응을 이룬다.

운	한자	화동	삼운	규장	운	한자	화동	삼운	규장	운	한자	화동	삼운	규장
支	墮	휘	휴	휴	齊	圭	귀	규	규	灰	綷	취	최	최
	觿	휘	휴	휴		暌	귀	규	규	隊	綷	취	채	채
	觜	취	츄	츄		攜	휘	휴	휴		喙	휘	훼	훼
	隨	쉬	슈	슈		鄨	혜	휴	휴		崒	취	채	채
	規	귀	규	규		巂	휘	휴	휴		䘮	취	채	채

"齊"운에서 "ㅟ"중성이 나타나게 된 것은 "통운(統韻)"의 "圭"운이 이 운에 속해졌기 때문이다. "隊"운에서 "ㅟ"중성이 나타나게 된 원인도 이와 마찬가지이다.[46]

『화동정음』의 "ㅟ"중성은 『삼운성휘』와 『규장전운』의 여러 중성자에 대응되지만 특히 "支"운의 평, 상, 거성에서 "ㅠ"중성과 대립되는 음들이 상당수를 차지한다. "支, 紙, 寘"운은 기타 운들에 비해 중성이 다양하게 사용되는데 "子ᄌᆞ, 持지, 意의, 衰쇠, 位위, 醉취"등으로 "ㆍ, ㅣ, ㅢ, ㅚ, ㅟ, ㅟ" 중성들이 나타난다. 『삼운성휘』와 『규장전운』에는 이외에 "詭궤", "誰슈" 등으로 "ㅠ"중성과

---

46) "此韻亦有ㅓㅟ音者統韻之圭韻附此故也", 『화동정음』 "齐"운 头注 ; "此韻有ㅟ ㅐ声者統韻之圭计韻入此故也", 『화동정음』 "队"운 头注

"ᅰ"중성도 사용되었는데 『화동정음』은 이 경우의 중성들을 "ᅱ, ᅴ"거나 "ᆔ" 중성에 소속시켰다. "支"운에서 이처럼 다양한 중성이 나타나게 된 것은 다음 과 같은 원인 때문이다.

> 여러 운 가운데서 오직 "지(支)"운의 중성이 심하게 섞여 있는 것은 홍무정운에서
> "지(支)"운, "미(微)"운, "제(齊)"운, "회(灰)" 이 네 운을 하나로 혼합하였기 때문이니
> 보는 사람은 이점을 상고하라.(各韻中惟支韻中聲甚殽亂者, 蓋洪武韻中支、
> 微、齊、灰四韻混合爲一之致也。觀者詳之。)
>
> 『화동정음』 범례

즉 『홍무정운』에서 "支"운, "微"운, "齊"운, "灰"운을 하나로 통합하였기 때 문에 이들의 여러 중성이 "支"운에 섞여 나타나게 되었던 것이다.

"支"운에 사용된 다양한 중성 가운데서 『화동정음』은 특히 현실적으로 사용 된 "ᅲ"중성 한자음에 대하여 철저히 교정하였는데 "ᅲ"중성을 "ᆔ"중성으로 교정함에 관하여 두주(頭註)에 다음과 같이 밝히었다.

> 이들 운의 한자음에서 ᆔ 중성으로 나는 음을 세속에서는 ᅲ 중성으로 쓰는데 그릇
> 된 것이다. 번잡하여 일일이 속음을 밝혀 적지 않으니 상고하라.(此韻東音之從ᆔ聲
> 者, 俗從ᅲ, 非。凡ᆔ之俗音, 註煩不著, 觀者詳之。)(支, 紙, 寘운)

볼 수 있는바, 『화동정음』의 저자 박성원은 "支, 紙, 寘"운에서 중성 "ᅲ"가 사용됨을 허용하지 않고 세속에서 사용하던 음들에 관하여 일률로 "ᆔ"중성으로 교정하였다. 이와 같이 교정함으로 하여 『삼운성휘』와 『규장전운』에서 "窺규", "類류", "垂슈", "惟유", "推츄"로 보이는 음들이 『화동정음』에서는 "窺귀", "類 뤼", "垂쉬", "惟위", "推취"로 등장하게 된 것이다. "支, 紙, 寘"운들에서 "ᅲ" 중성의 한자음을 모두 "ᆔ"중성의 음으로 교정하였기 때문에 『화동정음』의 "支, 紙, 寘"운들에는 "ᅲ"중성으로 표기된 한자음이 한 글자도 등장하지 않았다. 『삼운성휘』와 『규장전운』에서는 "ᅲ"중성과 함께 "ᆔ"중성도 사용하였는데 가 령 "醉"는 『화동정음』뿐만 아니라 『삼운성휘』와 『규장전운』에 다 "취"로 표기 되어 있다. "支, 紙, 寘"운에서 각 운서가 사용한 중성을 보이면 다음과 같다.

운차	운목	운서	사용한 중성
4	支紙寘○	『화동정음』	·ㅣㅢㅚㅟㅒ
		『삼운성휘』	·ㅣㅠㅢㅟㅓㅒㅖ
		『규장전운』	·ㅣㅠㅢㅟㅓㅒㅖ

③ "ㅕ"중성 한자음을 "ㅖ"중성 한자음으로 교정

『화동정음』은 "8 齊, 薺, 霽"운의 경우 "ㅕ"중성 한자음을 하나도 보이지 않았다. "齊, 薺, 霽"운에서 현실적으로 "ㅕ"중성을 사용하던 "黎려", "妻쳐", "西셔"음들을 "黎례", "妻체", "西세" 등과 같이 "ㅖ"중성의 한자음으로 교정하였다. "ㅕ"중성을 "ㅖ"중성으로 교정함에 대하여 두주(頭註)의 기록을 보면 다음과 같다.

> 이들 운의 중성은 모두 ㅖ를 따른다. 세속에서는 ㅕ 중성을 많이 쓰지만 이는 그릇된 것이다. 번잡하여 일일이 속음을 밝혀 적지 않으니 상고하라.(此韻中聲皆從ㅖ, 而俗從ㅕ者多, 非。註煩不著俗音, 觀者詳之。)(齊,薺,霽운)

볼 수 있는바, 『화동정음』이 현실음을 부정하고 "ㅗ", "ㅠ"중성을 운에 맞추어 "ㅜ", "ㅟ"중성으로 교정하였던 것과 마찬가지로 "ㅕ"중성에 대해서도 현실에서 사용되는 음이 운의 체계에 맞지 않는다고 하여 "ㅖ"중성으로 교정하였음을 알 수 있다.

이외에 "齊, 薺, 霽"운에 나타나는 이음들을 보면 『화동정음』의 "ㅖ"중성이 『삼운성휘』와 『규장전운』의 "ㅣ"중성과 대응되는 음들도 적지 않게 보인다. 예하면, 『화동정음』은 『삼운성휘』와 『규장전운』에서 "迷미, 泥니, 鞞비"로 보이는 음들을 "迷몌, 泥녜, 鞞볘"등으로 기록하였다. 이에 관하여 『화동정음』에 특별한 설명은 없다. 그러나 다음과 같은 기록에 미루어 『화동정음』이 보수적으로 고음(古音)을 유지한 것으로 보인다.

> 이 운의 경우 조선음은 정음이 되나 중국음은 속음으로 변한 음이 된다.(此韻, 東則正, 而華則變俗者也。)(齊,薺,霽운)

윗 구절은 『화동정음』이 두주에서 현실의 " ㅕ"중성을 " ㅖ"중성으로 교정함을 밝히면서 함께 언급한 내용이다. 이 말의 뜻을 이해하기 위하여 "齊, 薺, 霽"운에서 " ㅖ"중성으로 기록된 음들에 한하여 각 운서에 기록한 중국음과 조선음을 함께 보이면 다음과 같다.

운	한자	화동정음		삼운성휘		규장전운	
		조선음	중국음	조선음	중국음	조선음	중국음
齊	迷	메	미	미	메	미	메
	泥	녜	니	니	녜	니	녜
	呢	녜	니	니	녜	니	녜
薺	禰	녜	니	니	녜	니	녜
	瀰	메	미	미	메	미	메
	渳	메	미	미	메	미	메
	苨	녜	니	니	녜	니	녜
霽	渳	볘	피	비	피	비	피
	謎	메	미	미	메	미	메

보다시피 " ㅖ"와 " ㅣ"중성은 세 운서에서 서로 바뀌어 사용되었다. 즉 『화동정음』은 조선한자음의 경우 " ㅖ"중성을, 중국음의 경우 " ㅣ" 중성을 보이는가 하면 『삼운성휘』와 『규장전운』은 조선한자음의 경우 " ㅣ"중성을, 중국음의 경우 " ㅖ"중성을 사용하고 있다. 『사성통해』의 "齊, 薺, 霽"운을 보면 협주(夾註)로 "중성 ㅖ는 시속음에서 모두 ㅣ로 발음된다(中聲ㅖ今俗皆呼爲 ㅣ)"고 특히 주석을 달았는데 중국음에서 "齊, 薺, 霽"운의 " ㅖ[iəi]"중성은 16세기 초에 이미 " ㅣ[i]"로 변하였다. " ㅖ"중성은 옛 운서의 음으로서 정음에 속하는 것이고 " ㅣ"중성은 현실의 음으로서 속음에 속하는 것인데, 조선한자음의 경우도 이와 마찬가지이다. 가령, "泥"는 『훈몽자회』에 "니"로 기록되었고 "迷"는 『훈몽자회』에서는 물론 그보다 앞선 15세기의 문헌인 『삼강행실도』에서 이미 "미"로 나타났다.

이와 같이 "齊, 薺, 霽"운의 " ㅕ, ㅣ"중성을 " ㅖ"중성으로 교정함으로 하여 『화동정음』의 "齊, 薺, 霽"운들에는 " ㅕ"중성과 " ㅣ"중성 한자음이 한 글자도 나타나지 않게 되었는데 참고로 각 운서들에서 사용한 중성을 운목별로 보이면 다음과 같다.

운차	운목	운서	사용한 중성
8	齊薺霽○	『화동정음』	ㅟㅖㅠㅖㅞ
		『삼운성휘』	ㅣㅕㅠㅢㅟㅖㅠㅖㅞ
		『규장전운』	ㅣㅕㅠㅢㅟㅖㅠㅖㅞ

이상으로 중성이 다른 이음들 가운데서 상대적 대응을 이루면서 수적으로 많이 나타나는 음들에 대하여 구체적으로 살펴보았다. 세 운서에서 보이는 이와 같은 중성들의 대응 외에 "ㅣ"와 "ㅡ", "ㅗ"와 "ㅛ" 등등 중성간에도 상대적으로 이음들이 많이 보인다. 이러한 이음은 "ㅜ : ㅗ", "ㅟ : ㅠ", "ㅖ : ㅕ, ㅣ"의 대응을 보이는 이음들에 비해 중성의 사용이 복잡하다. 예하면, "徑"운의 "瞪"자는 『화동정음』에 "증"으로 기록되고 『삼운성휘』와 『규장전운』에 "징"으로 기록되는가 하면 또 "蒸"운의 "凝"은 『화동정음』에 "잉", 『삼운성휘』와 『규장전운』에 "응"으로 기록되어 일정한 대응관계를 이루지 못하고 있다. "ㅗ", "ㅛ" 중성의 경우도 마찬가지이다.

중성자가 부동한 이음들은 주로 『화동정음』에서 운에 맞추어 한자음을 규범함으로 하여 생긴 음들인데 대부분의 경우 『삼운성휘』와 『규장전운』의 음이 현실음이고 『화동정음』의 음은 현실음을 교정한 음이 다. 『훈몽자회』의 음과 비교하여 보면 『화동정음』보다 『삼운성휘』와 『규장전운』이 일치음을 많이 보인다.

운	한자	훈몽	화동	삼운	규장	현대음
支	觿	휴	휘	휴	휴	휴
支	窺	규	귀	규	규	규
支	葵	규	귀	규	규	규
支	逵	규	귀	규	규	규
支	誰	슈	쉬	슈	슈	수
支	帷	유	위	유	유	유

紙	髓	슈	쉬	슈	슈	수
紙	跬	규	귀	규	규	규
紙	壘	류	뤼	류	류	루
紙	机	궤	기	궤	궤	궤
寘	睡	슈	쉬	슈	슈	수
寘	淚	루, 류	뤼	류	류	루
語	所	소	수	소	소	소
御	疏	소	수	소	소	소
虞	吾	오	우	오	오	오
虞	模	모	무	모	모	모
虞	酺	포	푸	포	포	포
虞	孤	고	구	고	고	고
虞	徒	도	두	도	도	도
虞	圖	도	도	도	도	도
虞	奴	노	누	노	노	노
虞	蘇	소	수	소	소	소
虞	烏	오	우	오	오	오
虞	枯	고	구	고	고	고
虞	都	도	두	도	도	도
麌	溥	보	부	보	보	보, 부, 박
麌	姥	모	무	모	모	모
麌	土	토	투	토	토	토
麌	覩	도	두	도	도	도
麌	古	고	구	고	고	고
麌	五	오	우	오	오	오
麌	虎	호	후	호	호	호
麌	苦	고	구	고	고	고
麌	戶	호	후	호	호	호
麌	姆	모	무	모	모	모
遇	暮	모	무	모	모	모
遇	路	로	루	로	로	로
遇	菟	토	투	토	토	토
遇	顧	고	구	고	고	고

遇	訴	소	수	소	소	소
遇	祚	조	주	조	조	조
遇	布	포	푸	포	포	포
遇	哺	포	푸	포	포	포
遇	步	보	부	보	보	보
遇	梧	오	우	오	오	오
遇	酺	포	푸	포	포	포
齊	妻	처	체	쳐	쳐	쳐
齊	西	셔	세	셔	셔	셔
齊	迷	미	메	미	미	미
齊	泥	니	녜	니	니	니
隊	喙	훼	휘	훼	훼	훼
巧	笊	조	죠	조	조	조

이상의 자례들은 『삼운성휘』와 『규장전운』의 음이 『훈몽자회』의 음과 일치를 보이고 『화동정음』의 음은 일치되지 않는 것들이다. 중성이 부동한 음에 한해, 이러한 음들은 상당수에 달하는데 『화동정음』의 음은 비현실적인 음이고 『삼운성휘』와 『규장전운』의 음은 전통적으로 사용되던 현실음을 계승한 음이다.

그러나 이 역시 상대적인 경향이고 중성이 다른 이음들의 경우 『삼운성휘』와 『규장전운』의 음이 모두 현실음이고 『화동정음』의 음은 모두 교정한 음이 되는 것을 의미하는 것은 아니다. 극히 제한적이지만 『화동정음』의 음이 『훈몽자회』와 일치한 현실음임을 알려주는 다음과 같은 자례들이 나타나기 때문이다.

운	한자	훈몽	화동	삼운	규장	현대음
質	蟀	솔	솔	슐	슐	솔
質	卒	졸	졸	줄	줄	졸
職	賊	적	적	즉	즉	적
庚	盟	밍	밍	명	명	맹
緝	十	십	십	습	습	십

이러한 음들은 『화동정음』의 음이 『훈몽자회』음을 계승한 것들인데, 이 경우 『화동정음』의 음이 현실한자음이고 『삼운성휘』와 『규장전운』의 음은 현실음을 교정한 한자음인 것이다. 이로부터 우리는 『삼운성휘』와 『규장전운』이 비록 『화동정음』처럼 크게는 아니지만 역시 일정한 정도에서 한자음의 중성에 대하여 교정하였음을 알 수 있다. 그러나 수적으로 볼 때 이와 같은 음들은 매우 적다.

전반으로 볼 때 중성이 다른 이음의 경우, 『삼운성휘』와 『규장전운』이 『화동정음』에 비하여 현실음을 더 많이 반영하였고 『화동정음』은 운에 맞추어 교정한 규범음을 많이 반영하였음을 알 수 있다. 이는 초성이 부동한 이음들에서 『화동정음』이 『삼운성휘』와 『규장전운』에 비하여 보다 많은 현실음을 반영하고 『삼운성휘』와 『규장전운』의 음들은 교정음이었던 경향과 선명한 대조를 이루는 현상이다.

(3) 음절 전체가 다른 음

조선한자음의 대비에서 종성이 부동하여 생긴 이음은 거의 나타나지 않는데 다음과 같은 두 글자가 특례를 보인다. "勘"운의 "慘"과 "賧" 두 자는 『화동정음』에 각기 "단"과 "탄"으로 보이고 『삼운성휘』와 『규장전운』에서는 "담", "탐"으로 나타난다. 즉 "ㅁ"종성이 "ㄴ"종성으로 사용된 자례들이다.

현대한어의 "ㄴ[n]"종성은 중고시기에 엄격히 구분되던 "ㅁ[m]"과 "ㄴ[n]"에서 변화하여 온 것인데 조선한자음은 이와 같은 한어음운의 변화와 무관하게 중고시기의 흔적을 여전히 보존하고 있음이 특징이다. "侵", "覃"운은 『광운』의 206에서는 물론이고 평수운의 106운에서도 "ㄴ[n]"을 운미로 하는 "眞"운과 "寒"운에 대응하여 "ㅁ[m]"을 운미로 하면서 엄격히 구별되어 사용되던 것이다. 현대한어에서는 모두 "ㄴ[n]" 운미로 변하여 서로 구분되지 않지만 조선한자음에서는 "임[im]"과 "인[in]", "암[am]"과 "안[an]"과 같이 [m]종성과 [n]종성이 분명하게 구별된다.

조선한자음의 이와 같은 특징은 18세기의 운서 편찬자들도 인식하고 있었던 바 『삼운성휘』의 저자 홍계희는 "중국음의 입성에 종성이 없는 것과 침(侵), 담(覃) 여러 운이 ㄴ으로 종성을 삼고 있는 것은 조선한자음이 아직도 옛 모습을 지니고 있는 것 만 같지 못하다."⁴⁷⁾고 하였다. 『화동정음』의 저자 박성원도 "제 운의 종성에서 ㄴ, ㅁ, ㅇ은 시초에는 서로 섞이지 않았으나 침(侵), 담(覃), 함(咸), 염(鹽) 등 합구종성을 중국의 속음에서 ㄴ으로 발음하였기에 진(眞)과 침(侵), 산(刪)과 담(覃), 션(先)과 염(鹽)운의 음들이 서로 섞이게 되었다."⁴⁸⁾고 하면서 한어음운사의 "ㅁ [m]"종성의 "ㄴ [n]"에로의 변화와 통합과정을 말하고 있다. 윗 구절은 "ㅁ [m]" 운미가 "ㄴ [n]" 운미로 됨으로써 중국한자음에서는 이들 음 간에 혼란이 생겼지만 조선한자음에서는 여전히 분명하게 구별된다는 의미를 내포하고 있는 것이다. 따라서 "勘"운의 "儋"과 "賧" 두 자에서 『화동정음』이 "단"과 "탄"으로 특례를 보였던 음은 저자가 의도적으로 기록한 음이 아니고 판각(板刻)의 오각(誤刻)이거나 탈각(脫刻)으로 봄이 마땅하다.

따라서 『화동정음』, 『삼운성휘』, 『규장전운』 세 운서에는 종성이 다르게 사용된 이음자는 나타나지 않았던 것으로 볼 수 있는데 음절 전체가 부동한 이음자라는 것은 결국 초성과 중성이 다르게 사용된 음이 된다. 즉 "崇", "剿"등과 같은 음의 경우인데 『화동정음』에는 "승", "치"로 기록되었고 『삼운성휘』와 『규장전운』에는 "종", "ᅎᅳ"로 기록되었다. 세 운서에서 나타나는 이음의 종류로 볼 때 초성자가 다른 이음과 중성자가 다른 이음이 절대 다수를 차지하고 음절 선체가 모두 부동한 이음들은 많지 않다. 다음과 같은 자례들에서 보일 뿐이다.

---

47) "汉音入声之无终声 侵覃諸韵之以 为终声 反不如方音之犹有古意", 『삼운성휘』 범례.

48) "諸韵終声ㄴㅁㅇ 之呼初不相混, 而直以侵 覃 咸 盐合口终声汉俗皆呼为ㄴ, 故真与侵 刪与覃 先与 盐之音相混矣.", 『화동정음』 "언문초중종삼성변".

운	한자	화동	삼운	규장	운	한자	화동	삼운	규장
東	崇	슝	숭	숭	效	踔	조	쵸	쵸
董	穩	종	총	총	歌	蛇	샤	타	타
	簦	공	흥	흥	漾	攩	황	당	당
寘	剚	치	ᄌ	ᄌ	庚	閍	붕	핑	핑
虞	痡	부	포	포		嶸	영	횡	횡
	逋	부	포	포	有	椒	츄	수	수
遇	措	추	조	조	琰	臉	렴	검	검
	捕	부	포	포	豓	僭	첨	겸	겸
	姻	후	고	고	屋	髑	톡	독	독
灰	敦	디	퇴	퇴	月	扢	흘	골	골
隊	晬	쉬	쵀	쵀	屑	吶	눌	셜	셜
軫	蜳	돈	윤	윤	藥	虐	학	약	약
問	馴	슌	훈	훈		瘧	학	약	약
阮	緷	군	혼	혼	職	堛	픽	벽	벽
願	泛	변	판	판		煏	픽	벽	벽
寒	獂	원	환	환	合	鰈	뎝	탑	탑
筱	漅	소	쵸	쵸					

음절전체가 달리 사용된 이음들은 다운다음자(多韻多音字)에 해당하는 글자들에서 많이 나타난다. 운에 따라 음이 다른 경우 『화동정음』이 운과 무관하게 음을 통합시킴으로써 『삼운성휘』, 『규장전운』의 음과 다르게 되었다. 예하면 "馴"자는 "眞"운과 "問"운에 속하는 글자인데 "眞"운에서는 "슌"이 되고 "問"운에서는 "훈"이 된다. 『삼운성휘』와 『규장전운』은 운에 따라 음이 다른 이러한 음들을 구별하여 "眞"운에서 "슌", "問"운에서 "훈"으로 각기 기록하였지만 『화동정음』은 "眞"운에서 "슌", "問"운에서도 "슌"음을 기록하고 "훈"음을 인정하지 않았다. 이 경우는 『화동정음』이 다운다음자를 다운일음자(多韻一音字)로 기록한 경우인데 "眞"운에서는 세 운서가 동일한 음을 보이게 되나 "問"운에서는 다른 음을 보이게 되는 것이다. 또한 "吶"자를 볼 때 이 글자는 "月"운에서는 "눌", "屑"운에서는 "셜"로 읽히는 음이다. 『삼운성휘』와 『규장전운』에서는 운에 따라 각기 "눌"과 "셜"음을 구분하여 기록하였지만 『화동정음』에 이 글자는 "月"운에는 속해있지 않고 "屑"운에만 있는데 "셜"음 대신 "눌"음을 기록하였다. 따라서 "屑"운에서 세 운서는 같지 않은 음을 기록하게 된 것이다.

이 경우는 『화동정음』이 다운다음자를 일운일음자(一韻一音字)로 만든 경우라
할 수 있다. 이처럼 운에 따라 음이 다른 음들의 경우『화동정음』이 운을 고려
치 않고 어느 하나의 음만을 기록함으로써 생긴 이음들은 음절 전체가 다른 이
음자들 가운데서 비교적 많이 보인다. 자례들을 예시하면 다음과 같다.

한자	운,음	『화동정음』	『삼운성휘』	『규장전운』	현대음
敦	灰디	디	디	디	대,퇴,돈
	隊퇴	디	퇴	퇴	
	元돈	—49)	—	돈	
蟌	元돈	돈	돈	돈	돈(윤)50)
	軫윤	돈	윤	윤	
馴	眞순	순	순	순	순,훈
	問훈	순	훈	훈	
獠	蕭료	료	료	료	료,로*51)
	巧조	료	조	조	
蛇	麻샤	샤	샤	샤	사,타,이
	歌타	샤	타	타	
	支이	—	—	—	
楸	尤츄	츄	—	츄	수,추,(취)
	有수	츄	수	수	
	泰취	—	취	취	
斮	藥쟉	쟉	쟉	쟉	착,(쟉)
	覺착	쟉	착	착	
呐	月눌	—	눌	눌	눌,(설)
	屑셜	눌	셜	셜	
鰈	葉뎝	—	뎝	뎝	탑,접
	合탑	뎝	탑	탑	

이처럼 일자다운다음자(一字多韻多音字)의 경우『화동정음』이 운과 무관하게

---

49) "-"는 해당운에 해당음이 없음을 뜻한다.
50) ( )안의 음은『한한대사전』에는 없고『새옥편』에서만 보이는 음이다.
51) *가 있는 음은『새옥편』에 없고,『한한대사전』에만 있는 음이다.

어느 하나의 음만을 기록함으로써 『삼운성휘』와 『규장전운』의 음과 다르게 된 음들은 초성이 다른 음과 중성이 다른 음들의 경우에도 보인다. 예시하면 다음과 같다.

한자	운,음	『화동정음』	『삼운성휘』	『규장전운』	현대음
虹	東홍	홍	홍	홍	홍,(공),강
	送공	홍	공	공	
笐	東홍	—	—	홍	(항),홍,롱
	東롱	—	—	—	
	江항	홍항	항		
騩	寘괴	귀	괴	괴	괴,(귀)
	微귀	귀	귀	귀	
緶	先편	—	편	편	편,변
	銑변	편	변	변	
唫	侵음	음	음	음	음,금
	寢금	음	금	금	
伈	寢심	침	심	심	심,침*
	沁침	심	침	침	
脗	吻문	—	문	문	문,(민)
	軫민	문	민	민	
蘢	東롱	—	롱	롱	롱,롱
	冬룡	롱	롱	룡	

운서음은 운을 중심으로 하는 한자음의 분류와 기록이라는 면에서 볼 때, 『화동정음』이 그 질서를 지키지 않고 다운다음인 음을 하나로 통합함으로써 조성된 이와 같은 유형의 이음들은 운서한자음의 혼란으로 인식할 수도 있으나 음운학에 밝았던 저자가 그것을 분별하지 못 했을 리 없다. 운서라지만 운과 무관하게 상용음을 고착시킨 산물로 봄이 타당하다. 즉 『화동정음』이 다운다음자(多韻多音)의 글자를 다운일음(多韻一音)이거나 일운일음(一韻一音)자로 기록함으로써 생긴 이음자들은 여러 개의 음으로 읽히던 한자가 운과 무관하게 상용하던 어느 한 음으로 귀결되는 현상을 설명하는 것으로 인식할 수 있는데

전통음을 반영하고 있는 문헌자료에 나타난 자례들이 많지 않아 확인되지는 않는다. "蛇", "虹"은 『훈몽자회』에 "샤"와 "홍"으로만 나타났는데 이는 우리의 가설을 조금은 입증해 준다. 이러한 원인으로 하여 두 운서에서 다르게 나타난 음들은 교정으로 인한 이음들이 아니고 음 선정의 부동함으로써 생긴 차이로 보아야 한다. 이 경우 『화동정음』과 『삼운성휘』에서 보이는 음들은 모두 정음이자 현실음이 된다.

4.3. 속음의 반영양상

1) 속음기록의 동기
『삼운성휘』와 『규장전운』은 속음을 따로 밝혀 적지 않았지만 『화동정음』은 두주(頭註)에 속음을 밝혀 기록하였다. 속음의 기록에 관하여 『화동정음』의 범례에 다음과 같은 내용이 보인다.

> 우리나라 한자음의 잘못된 음은 경서언해에까지 이르렀고 또한 잘못 해석된 것이 있으나 세상사람들은 모두 경서언해를 중히 여기고 있다. 잘못된 것을 그대로 두는 것은 옳지 못하므로 두주에 속음을 아울러 써서 참고하게 하였다.(我音訛誤, 至於經書諺解, 亦或有謬釋者, 而世人率以諺解歸重, 不可以訛誤而置之, 故竝書俗音於頭註, 以證參考。)

『화동정음』에서 지적한 소위 경서언해의 "와오음(訛誤音)"을 『삼운성휘』도 언급하였다.

> 경서언해는 곧 음독의 기본서인데 또한 그 오류를 답습하고 바로잡지 못하였으니 식자층은 안타까워마지 않았다. 내가 삼운통고를 취하여 운에 따라 성을 모으고 그릇됨을 바로잡고 모자람을 보충하였다.(經書諺解, 卽音讀之所本, 而亦襲其謬, 莫能是正, 識者恨之。不佞嘗取三韻通考, 逐韻彙聲, 正其譌, 而補其闕。)
>
> 『삼운성휘』跋

그렇다면 이들 제 운서에서 거듭 언급한 경서언해(經書諺解)란 어떤 책인가? 중국의 옛 고전에서 경서는 『대학』, 『중용』, 『논어』, 『맹자』 등 사서(四書)와

『시경』, 『서경』, 『예기』, 『주역』, 『춘추』 등 오경(五經)을 일컫는 것이다. 유학을 건국이념으로 한 조선왕조는 건국초기에서부터 성리학에 바탕을 둔 경전의 해석을 중요한 사업으로 삼아왔다. 실록에 의하면 세종조에 사서의 언해가 시도되었었던 것 같으나 보이지 않고 실제로 볼 수 있는 것은 1576년 선조(宣祖)가 율곡에게 명하여 언해한 『대학』, 『중용』, 『논어』, 『맹자』등이다. 그 후 1585년 선조가 율곡의 언해 등을 참조하여 새로이 『주역』, 『서경』, 『시경』등 삼경과 『대학』, 『중용』, 『논어』, 『맹자』 등 사서를 언해하였다.[52] 이것이 바로 경서언해로 일컬어지는 사서삼경의 언해이다. 1590년에 내사(內賜)한 기록이 있는 『대학언해』와 『중용언해』가 초간본들인데 일명 교정청(校正廳)본이라 한다.[53] 이 언해들은 임진란 때 소각되었고 1601년에 다시 교정, 간행되었으며 그 뒤 계속하여 많은 간본들이 나오게 되었다. 율곡이 번역하였던 언해들은 그의 가문과 문하 제자들에 의하여 사본으로 전해지던 것을 1749년 홍계희가 출간하였다.

경서언해는 여러 가지 의미로 해석될 수 있는 경서에 표준적인 해석을 한 것으로서 조선에서 후생들을 훈육하는 훈도들의 지침서로서 만들어진 것이다. 그런데 언해할 때 매 한자아래 조선문자로 음을 기록해 주었기에 한자음 연구의 중요한 자료로도 된 것이다.

성현의 어록을 정확히 이해하고자 경서들의 번역은 토를 다는 데서부터 뜻의 해석, 한자음의 주음에 이르기까지 『사서대전집주(四書大全集註)』에 따라 엄격하게 이루어진다. 경서의 음주(音注)는 경서원문에서 이해하기 어려운 한자에 대하여 운(韻), 음(音), 의(義)등을 주석한 것으로 경서의 내용을 올바로 이해하는 길잡이가 되는데 교정청본 『대학언해』와 『중용언해』에는 『사서대전』에서 주음한 음을 받아들인 음들이 있다.[54] "身"자를 예로 보면, "身有所忿懥"라는 구절에 대하여 『대학언해』는 "身심有유所소忿분懥티"[55](대학13a)로 음을 달았는데 "身"은 『신증유합』에 "몸 신"으로 음과 뜻이 해석되어 있다. 『대학언해』에서 "身심"으로 주음한 것은 『사서대전집주』 「대학집주(大學集註)」에서 "程子曰 身

---

52) 小倉進平, 『增訂朝鮮語学史』, p.176. 河野六郎 『朝鮮汉字音の研究』, p.332 재참조
53) 남풍현·이건식(1994), 『陶山书院所藏 校正厅本「大学谚解」·「中庸谚解」解題』, p.10.
54) 남풍현·이건식(1994), 陶山书院所藏 校正厅本「大学谚解」·「中庸谚解」解題 p.24 참조
55) 원문에는 성조표시가 있으나 여기서는 기록하지 않기로 한다. 이하 원문의 인용도 마찬가지이다.

有之身 當作心"이라 풀이한데에 따라 의미해석에서 몸 "身"자를 마음 "心"과 동일시하고 음도 "심"으로 주음한 것이다. 실제 해석도 이에 따라 "身有所忿懥"를 "ᄆᆞᄋᆞᆷ에 忿분懥티ᄒᆞᄂᆞᆫ 바룰 두면"으로 풀이하였다. 이와 같이 『대학언해』와 『중용언해』에서 『사서대전』의 풀이에 따라 한자의 음을 주석한 자례들을 더 들면 다음과 같은 것들이 있다.56)

경서언해 교정청본			『사서대전』 음의 주석	『신증유합』
한자	한자음	출처		
恂	쥰	大7	恂鄭氏讀作峻	―
於戲	오호	大7	於戲音烏乎	於(늘 어)
				戲(희롱 희)
謙	겹	大11	謙讀爲慊苦劫反	謙(겸ᄉ 겸)
厭	안	大16	厭鄭氏讀爲簡反	厭(슬믤 염)
命	만	大25	命,鄭氏云當作慢	命(시길 명)
畜	휵	大27	畜許六反	畜(칠 튝)
旣	희	中30	旣許氣反	旣(이미 긔)
射	역	中47	射音亦	射(활쏠 샤,
隊	튜	中51	隊音墜	마칠 셕)
				―

※大 : 『대학언해(大學諺解)』, 中 : 『중용언해(中庸諺解)』

이와 같이 경서언해는 선현들이 이해한 대로 경전의 의미를 이해하려는 취지 하에 한자음의 표기에서 실제한자음과 다른 음들을 기록하였다.

그러면 『화동정음』과 『삼운성휘』에서 지적한 경서언해의 와오음과 상기한 음들은 관계되는 것일가?

위에서 보인 자례들이 이 두 운서에 반영된 양상을 보면 와오음으로 인식하지 않았음을 볼 수 있는데, 반대로 경서언해의 음을 수록한 것으로 보인다. 예하면 "恂"자는 『화동정음』과 『삼운성휘』에 "슌"과 "쥰"으로 기록되어 있고,

56) 사서언해 한자음의 독음(读音)과 『四书大全』의 음주(音注)의 연관성에 관한 구체적 연구는 이충구(1989), 『경서언해연구』를 참조할 수 있다.

"於"도 "어"음 외에 "於戱"라 하여 『화동정음』은 "우", 『삼운성휘』는 "오" 음을 기록하였다. 구체적으로 예시하면 다음과 같다.

한자	운	『화동정음』	『삼운성휘』
恂	眞	슌	슌
	震	준	슌
於	魚	어	어
	虞	우	오
戱	支	—	휘
	虞	희	희
謙	鹽	겸	겸
厭	豔	염	염
	葉	엽	엽
命	敬	명	명
畜	宥	츄	츄,휴
	屋	흑	츅,흑
旣	未	긔	긔
射	禡	야,샤	야,샤
	陌	셕	역,셕
隊	隊	디	디

이처럼 『대학언해』, 『중용언해』에서 보인 음주(音注)자가 『화동정음』에서 속음으로 기록된 음은 보이지 않는다. 그러므로 『화동정음』과 『삼운성휘』에서 언급한 소위 경서언해의 와오음은 이러한 음들을 포함하지 않았던 것으로 볼 수 있다.

2) 속음의 양상

『화동정음』의 속음은 "일일대응"형식(예: 娀俗융), "동위(同位)"형식(예: 戇撞俗장), "하동(下同)"형식(예: 詭俗궤下同), "자X지Y(自X至Y)"형식(예: 自擒至影俗리), "하종X동(下從X同)"형식(예: 米俗미 下從米同) "비(非)속음"형식(예: 煮속쟈 非)"등 다섯 가지 형식으로 기록되어 있다.

필자의 집계에 의하면 두주에 기록된 『화동정음』의 속음은 519자이다.[57] 그 중에는 초간본(1747)에만 보이거나 중간본(1841)에만 보이는 속음자들이 일부 있다. 먼저 초간본에만 보이는 속음은 아래와 같은 3자다.

운	한자	초간본	중간본
灰	虺	휘俗훼	회
語	齟	주俗서	주
薺	禰	녜俗몌	녜

보다시피 이 세자는 중간본에는 속음이 기록되지 않았다. 『화동정음』에 기록된 속음과 밀접한 관계를 가지고 있는 『전운옥편』 속음에서의 반영양상을 볼 때 "虺"의 속음은 정음으로 직접 전승되고 "齟"는 『한한대사전』에만 전승되었다. "禰"의 속음은 전승되지 않았다. 이는 『화동정음』에 두주된 속음들 중 일부는 아직 현실한자음으로 완벽하게 고정되지 않고 유동되었던 음들이었음을 말해준다. 초간본에 없었던 음들이 중간본에 새로 기록되어 속음으로 등장하는 음들도 있다는 사실은 이를 뒷받침해준다. 중간본에만 나타나는 속음은 다음과 같은 11자이다.

운	한자	초간본	중간본
齊	齋	졔	졔俗지
嘯	竅	교	교俗규
嘯	叫	교	교俗규
庚	黌	횡	횡俗광
御	覰	쳐	쳐俗터
宥	窋	투	투俗유
尤	彪	퓨	퓨俗표
尤	繆	무	무俗규

---

57) "下同"형식과 "下从X同"형식이 포함하는 한자의 수는 분명한 것이 아니어서 연구자에 따라 수적 계산의 차이가 있게 된다. 참고로 박병채(1971)는 『화동정음』의 속음을 350여자로 집계하였고 이돈주(1977)는 456자, 정경일(1989)은 486자로 통계하였다. 『화동정음』의 두주에는 조선한자음의 속음 외에 약간수의 중국음에 관한 기록이 있다.

職	逼	픽	픽俗핍
職	偪	픽	픽俗핍
職	幅	픽	픽俗핍

따라서 초간본과 중간본에 공동히 나타나는 속음은 505자인데 그중 "屑"운의 "齧"자에 관하여 두 판본에 속음이 달리 기록되었다. 초간본에는 "열俗혈"로, 중간본에는 "열俗셜"로 되어 있다. 이는 "ㅎ~ㅅ"의 교체를 보인 것이라 할 수 있는데 "형님~성님(兄)", "힘줄~심줄(筋)"등과 동일한 성격의 변화를 반영한 것이라 할 수 있다.

본고는 중간본의 516자의 속음을 대상으로 그들이 『삼운성휘』, 『규장전운』에 반영된 양상과 현대음으로 전승된 모습을 고찰한다.

(1) 『삼운성휘』, 『규장전운』에서 정음으로 반영된 속음

『화동정음』의 속음을 『삼운성휘』, 『규장전운』의 한자음과 비교할 때, 68자의 음이 『삼운성휘』, 『규장전운』에서 정음으로 반영되었다. 예하면 "紙"운의 "毇"는 『화동정음』에 "훼俗훼"로 기록되었었는데 『삼운성휘』와 『규장전운』은 『화동정음』의 속음 "훼"를 직접 받아들였다. 또한 어떤 음들의 경우 『삼운성휘』와 『규장전운』은 『화동정음』의 정음과 속음을 2음으로 동시에 받아들였는데 예하면 "蕭"운의 "梟"와 같은 경우이다. 『화동정음』에 "교俗효"인데 『삼운성휘』와 『규장전운』은 "교", "효" 두 음을 모두 본음으로 받아들였다. 『삼운성휘』와 『규장전운』에 직접 반영된 68자의 속음을 예시하면 다음과 같다.

운	번호	한자	화동		삼운	규장	운	번호	한자	화동		삼운	규장
---	---	---	정	속	---	---	---	---	---	정	속	---	---
支	1	蠃	뤼	리	리	리	齊	35	豍	볘	비	비	비
	2	釃	시	쉬	쉬	쉬		36	貏	볘	비	비	비
	3	卮	지	치	치	치		37	箄	볘	비	비	비
	4	梔	지	치	치	치		38	批	볘	비	비	비
	5	嬀	귀	규	규	규		39	鈚	볘	비	비	비
	6	夔	귀	기	기	기		40	泥	녜	니	니	니

운	번호	한자	화동		삼운	규장	운	번호	한자	화동		삼운	규장
			정	속						정	속		
	7	蓄	치	칙	칙	칙		41	埿	녜	니	니	니
	8	淄	치	칙	칙	칙		42	怩	녜	니	니	니
	9	輜	치	칙	칙	칙		43	嘶	셰	싀	싀	싀
	10	錙	치	칙	칙	칙		44	撕	셰	싀	싀	싀
	11	緇	치	칙	칙	칙		45	鼙	볘	비	비	비
	12	噫	의	희	희	희		46	椑	볘	비	비	비
紙	13	毀	휘	훼	훼	훼		47	膍	볘	비	비	비
	14	燬	휘	훼	훼	훼		48	比	볘	비	비	비
	15	譭	휘	훼	훼	훼		49	郫	볘	비	비	비
	16	烜	휘	훼	훼	훼		50	箆	볘	비	비	비
	17	藥	쉬	예	예	예		51	鎞	볘	비	비	비
	18	跪	귀	궤	궤	궤	薺	52	米	몌	미	미	미
	19	詭	귀	궤	궤	궤		53	眯	몌	미	미	미
	20	垝	귀	궤	궤	궤		54	洣	몌	미	미	미
	21	几	긔	궤	궤	궤	霽	55	睥	볘	비	비	비
	22	軌	귀	궤	궤	궤		56	媲	볘	비	비	비
	23	宄	귀	궤	궤	궤	隊	57	賚	러	뢰	뢰	뢰
	24	甌	귀	궤	궤	궤		58	憒	귀	궤	궤	궤
	25	簋	귀	궤	궤	궤	歌	59	※菏	하	가	하가	하가
寘	26	寘	지	치	치	치	軫	60	蠢	츈	쥰	쥰	쥰
	27	匱	귀	궤	궤	궤	震	61	胤	인	윤	윤	윤
	28	黃	귀	궤	궤	궤	院	62	阪	반	판	판	판
	29	饙	귀	궤	궤	궤	先	63	獮	견	현	현	현
	30	餽	귀	궤	궤	궤	蕭	64	※梟	교	효	교효	교효
	31	歸	귀	궤	궤	궤	嘯	65	※召	죠	쇼	쇼죠	쇼죠
	32	櫃	귀	궤	궤	궤	效	66	踔	조	쵸	쵸	쵸
	33	簣	귀	궤	궤	궤	屑	67	炳	셜	셜	셜	셜
未	34	卉	휘	훼	훼	훼	合	68	※合	갑	합	갑합	갑합

※음은 『화동정음』의 속음이 정음과 함께 『삼운성휘』와 『규장전운』에서 2음으로
나타나는 자들이다.

볼 수 있는바 이러한 속음들은 "支, 紙, 寘"운과 "齊, 薺, 霽"운에서 " ㅣ"와 "ㅢ", "ㅟ"와 "ㅞ", "ㅖ"와 " ㅣ"중성의 대응을 이루며 많이 나타난다. 현실한자음에서 이와 같은 변화는 16세기 『훈몽자회』에서 이미 보인다. 즉 "輜", "毀", "跪", "泥", "米" 등은 『훈몽자회』에서 "츼", "훼", "궤", "늬", "믜" 등으로 사용되었다. "批"와 "鈚"는 『훈몽자회』에 "피"로 반영되었는데 『화동정음』에 속음 "비"로 기록되어 후기 운서들에 이어져 현실음으로 고착되었다. 이는 속음이 시간의 경과에 따라 다시 속음화하여 현실음으로 정착되는 모습을 보인 자례라 할 수 있다.

『삼운성휘』, 『규장전운』에서 정음으로 기록된 상술한 속음자들은 그대로 후기 운서들에 이어지며 현대음으로 고착된다. 이는 『화동정음』에서 기록한 이 68자의 속음들은 기반을 굳힌 현실음이었음을 말해준다. 속음이 정음을 대체한 이와 같은 현상은 운서한자음의 성격을 이해함에 중요한 현상으로 파악된다.

(2) 속음이 이어지지 않은 경우

상술한 68자를 제외한 나머지 448자의 음에 대하여 『삼운성휘』와 『규장전운』은 『화동정음』의 속음을 계승하지 않았다. 전승되지 않은 속음은 두 가지로 나누어볼 수 있다.

① 속음 대신 정음이 전승된 경우

『삼운성휘』와 『규장전운』에서 『화동정음』의 속음을 계승하지 않고 정음과 동일한 음을 반영한 자례들이 있다. 예하면 "講"운의 "港"은 『화동정음』에 "강 俗항"으로 되었는데 『삼운성휘』와 『규장전운』에 속음 "항" 대신 정음 "강"이 반영되었다. 이 유형에 속하는 음들은 상당수에 달하여 398자가 여기에 속한다. 이 자들을 예시하면 다음과 같다.

운	번호	한자	화동		삼운	규장	비고
			정	속			
東	1	融	융	륭	융	융	○
	2	彤	융	륭	융	융	
	3	肜	융	륭	융	융	
	4	瀜	융	륭	융	융	
	5	娀	슝	융	슝	슝	
冬	6	舂	슝	용	슝	슝	
	7	憃	슝	용	슝	슝	
	8	椿	슝	용	슝	슝	
	9	蹖	슝	용	슝	슝	
	10	騿	슝	슝	슝	슝	
	11	幢	츙	동	츙	츙	
	12	鱅	슝	쟝	슝	슝	
腫	13	尰	죵	흉	죵	죵	○
	14	茸	슝	용	슝	슝	
江	15	幢	장	당	장	장	
	16	舡	항	강	항	항	
	17	豇	강	상	강	강	
講	18	港	강	항	강	강	
絳	19	戇	장	당	장	장	
	20	撞	장	당	장	장	
支	21	姬	긔	희	긔	긔	
	22	摛	치	리	치	치	
	23	螭	치	리	치	치	
	24	魑	치	리	치	치	
	25	黐	치	리	치	치	
	26	坯	이	븨*	이	이	○
紙	27	訑	시	디	시	시	
	28	鍦	시	디	시	시	
	29	襦	치	쳬	치	치	○
	30	抵	비	븨	비	비	○
	31	弛	시	이	시	시	
寘	32	觶	지	치	지	지	
	33	伎	지	기	지	지	
	34	惴	취	췌	취	취	
	35	芰	기	지	기	기	○
	36	嗜	시	기	시	시	
	37	寐	미	민	미	미	
	38	魅	미	민	미	미	
微	39	巍	위	외	위	위	
	40	沂	의	긔	의	의	
尾	41	磈	위	외	위	위	
	42	磈	위	외	위	위	
	43	巋	위	외	위	위	
未	44	茀	비	패	비	비	○
	45	畏	위	외	위	위	
魚	46	攄	쳐	터	쳐	쳐	
	47	墟	거	허	거	거	
	48	噓	거	허	거	거	
語	49	煮	져	쟈*	져	져	
御	50	覻	쳐	터	쳐	쳐	○
虞	51	訏	후	우	후	후	
	52	毹	슈	유	슈	슈	
	53	盱	후	우	후	후	
	54	吁	후	우	후	후	
	55	欨	후	구	후	후	
	56	渝	유	두	유	유	
	57	謅	후	허	후	후	
	58	傴	우	구	우	우	직
	59	麌	구	우	구	구	
	60	踽	구	우	구	구	
遇	61	嫗	우	구	우	우	
	62	煦	후	구	후	후	○
	63	饇	우	구	우	우	○
	64	昫	후	구	후	후	
齊	65	賷	제	지	제	제	
	66	懠	폐	비	폐	폐	○
	67	狉	폐	비	폐	폐	○
	68	奚	혜	희	혜	혜	
	69	傒	혜	희	혜	혜	○
	70	嫨	혜	희	혜	혜	
	71	蹊	혜	계	혜	혜	
	72	齎	제	지	제	제	○
霽	73	系	혜	계	혜	혜	

운	번호	한자	화동		삼운	규장	비고
			정	속			
	74	蜕	세	예	세	세	○
	75	篲	세	혜	세	세	○
佳	76	堦	기	계	기	기	
	77	鞵	해	혜	히	히	
	78	偕	기	계	기	기	
	79	階	기	계	기	기	
	80	楷	기	히	기	기	
	81	儕	지	제	지	지	
	82	疥	개	히	기	기	
泰	83	繪	괴	회	괴	괴	
	84	鄶	괴	회	괴	괴	
	85	澮	괴	회	괴	괴	
	86	獪	괴	회	괴	괴	
	87	膾	괴	회	괴	괴	
灰	88	恢	괴	회	괴	괴	
	89	詼	괴	회	괴	괴	
	90	哈	해	터	히	히	○
	91	該	개	히	기	기	
	92	垓	개	히	기	기	
	93	絯	개	히	기	기	○
	94	晐	개	히	기	기	
	95	荄	개	히	기	기	
	96	陔	개	히	기	기	
	97	祴	개	히	기	기	
	98	峐	개	히	기	기	
	99	鰓	새	싀	싀	싀	○
	100	顋	새	싀	싀	싀	
	101	腮	새	싀	싀	싀	
	102	毸	새	싀	싀	싀	○
	103	愢	새	싀	싀	싀	○
	104	胲	개	히	기	기	
	105	佅	개	히	기	기	
	106	盔	괴	회	괴	괴	
卦	107	懈	개	히	기	기	
	108	憊	비	븨	비	비	
	109	解	개	히	기	기	
	110	繲	개	히	기	기	
	111	廨	개	히	기	기	직
	112	械	해	계	히	히	
	113	僃	비	븨	비	비	
	114	獪	쾌	회	쾌	쾌	
隊	115	潰	회	궤	회	회	
	116	繢	회	궤	회	회	
	117	闠	회	궤	회	회	
	118	闀	애	히	애	애	○
眞	119	巾	근	건	근	근	
	120	筠	윤	균	윤	윤	
	121	輴	츈	순	츈	츈	
	122	駪	신	션	신	신	○
	123	侁	신	션	신	신	○
	124	詵	신	션	신	신	
	125	侁	신	션	신	신	
元	126	鵷	원	완	원	원	○
	127	蜿	원	완	원	원	직
	128	宛	원	완	원	원	
阮	129	阮	원	완	원	원	○
	130	巘	언	헌	언	언	
	131	婉	원	완	원	원	
	132	菀	원	완	원	원	○
	133	苑	원	완	원	원	○
	134	畹	원	완	원	원	○
	135	琬	원	완	원	원	○
願	136	悶	문	민	문	문	
翰	137	骭	간	한	간	간	○
刪	138	彎	완	만	완	완	
	139	灣	완	만	완	완	
	140	瘝	관	환	관	관	
	141	矜	관	환	관	관	
	142	鰥	관	환	관	관	
	143	瘝	한	간	한	한	○

운	번호	한자	화동 정	화동 속	삼운	규장	비고
濟	144	縮	완	관	완	완	
諫	145	盼	반	변	반	반	○
先	146	涓	견	연	견	견	
	147	椽	전	연	전	전	
	148	羶	션	전	션	션	
	149	挺	션	연	션	션	
銑	150	殄	던	딘	던	던	
霰	151	倪	견	현	견	견	※
	152	擅	션	천	션	션	
蕭	153	驍	교	요	교	교	○
	154	轎	요	쵸	요	요	
	155	獢	효	교	효	효	○
	156	徼	교	요	교	교	
	157	澆	교	요	교	교	
	158	憿	교	요	교	교	
	159	綃	쇼	쵸	쇼	쇼	
	160	軺	요	쵸	요	요	
篠	161	杳	요	묘	요	요	
	162	沼	죠	슈	죠	죠	
	163	秒	묘	쵸	묘	묘	
嘯	164	竅	교	규	교	교	
	165	嘂	교	규	교	교	
	166	叫	교	규	교	교	
	167	肖	쇼	쵸	쇼	쇼	
	168	鞘	쇼	쵸	쇼	쇼	
	169	鞘	쇼	쵸	쇼	쇼	
巧	170	藃	요	교	요	요	
效	171	棹	조	도	조	조	
豪	172	條	도	죠*	도	도	○
	173	髞	소	조	소	소	
	174	翶	오	고	오	오	
皓	175	燥	소	조	소	소	
号	176	秏	호	모	호	호	
	177	槔	소	조	소	소	○

운	번호	한자	화동 정	화동 속	삼운	규장	비고
	178	噪	소	조	소	소	
	179	譟	소	조	소	소	
	180	犒	고	호	고	고	
	181	縞	고	호	고	고	
歌	182	苛	하	가	하	하	
	183	訶	하	가	하	하	
	184	呵	하	가	하	하	
哿	185	夥	화	과	화	화	
麻	186	奓	챠	져	챠	챠	
	187	媧	과	와	과	과	※
	188	茶	차	다	차	차	
	189	搽	차	다	차	차	
	190	撾	좌	과	좌	좌	
	191	檛	좌	과	좌	좌	
	192	簻	좌	과	좌	좌	
馬	193	姐	쟈	져	쟈	쟈	
	194	赭	가	하	가	가	
	195	姹	차	타	차	차	○
禡	196	詫	차	타	차	차	
	197	吒	차	타	차	차	
	198	咤	차	타	차	차	
	199	妊	차	타	차	차	
	200	暇	하	가	하	하	
	201	侘	차	타	차	차	○
陽	202	驤	샹	양	샹	샹	
	203	襄	샹	양	샹	샹	
	204	亢	강	항	강	강	
	205	伉	강	항	강	강	
	206	肮	강	항	강	강	
	207	纕	샹	양	샹	샹	
	208	瓨	강	항	강	강	○
漾	209	餉	샹	향	샹	샹	
	210	饟	샹	향	샹	샹	
	211	抗	강	항	강	강	
	212	閌	강	항	강	강	

운	번호	한자	화동		삼운	규장	비고	운	번호	한자	화동		삼운	규장	비고
			정	속							정	속			
	213	炕	강	항	강	강			248	鷗	우	구	우	우	
庚	214	荊	경	형	경	경			249	甌	우	구	우	우	
	215	撑	징	팅	징	징		宥	250	謬	무	류	무	무	
	216	泓	횡	홍	횡	횡		侵	251	欽	금	흠	금	금	
	217	轟	횡	굉	횡	횡			252	篸	침	즘	침	침	
	218	訇	횡	굉	횡	횡		沁	253	沁	침	심	침	침	
	219	鍧	횡	굉	횡	횡		覃	254	酣	함	감	함	함	
	220	喤	횡	황	횡	횡	○		255	憨	함	감	함	함	
	221	鐄	횡	광	횡	횡	○	感	256	撼	함	감	함	함	
	222	硜	형	경	형	형		勘	257	憾	함	감	함	함	
	223	莖	형	경	형	형		鹽	258	恬	텸	념	텸	텸	
	224	宏	횡	굉	횡	횡			259	簷	염	첨	염	염	
	225	紘	횡	굉	횡	횡			260	鎌	렴	겸*	렴	렴	
	226	閎	횡	굉	횡	횡		咸	261	漸	참	삼	참	참	○
	227	鈜	횡	굉	횡	횡	○	屋	262	縠	혹	곡	혹	혹	
梗	228	礦	굉	광	굉	굉	○		263	槲	혹	곡	혹	혹	
	229	鑛	굉	광	굉	굉	○		264	斛	혹	곡	혹	혹	
	230	獷	굉	광	굉	굉	○		265	縮	슉	축	슉	슉	
	231	北	굉	광	굉	굉	○		266	茜	슉	축	슉	슉	○
	232	遑	정	령	정	정			267	蹜	슉	축	슉	슉	
敬	233	硬	영	경	영	영			268	觳	혹	곡	혹	혹	
尤	234	彪	퓨	표	퓨	퓨		沃	269	酷	곡	혹	곡	곡	
	235	牟	무	모	무	무		覺	270	確	각	확	각	각	
	236	眸	무	모	무	무			271	逴	착	탁	착	착	
	237	矛	무	모	무	무			272	踔	착	탁	착	착	
	238	蛑	무	모	무	무			273	趠	착	탁	착	착	
	239	麰	무	모	무	무			274	濁	착	탁	착	착	
	240	謀	무	모	무	무			275	擢	착	탁	착	착	
	241	麳	무	모	무	무			276	濯	착	탁	착	착	
	242	侔	무	모	무	무			277	鐲	착	탁	착	착	
	243	鍪	무	모	무	무	○		278	涿	착	탁	착	착	
	244	漚	우	구	우	우			279	諑	착	탁	착	착	
	245	謳	우	구	우	우			280	捄	착	탁	착	착	
	246	歐	우	구	우	우	○		281	琢	착	탁	착	착	
	247	區	우	구	우구	우구	※		282	卓	착	탁	착	착	

운	번호	한자	화동		삼운	규장	비고	운	번호	한자	화동		삼운	규장	비고
			정	속							정	속			
	283	啄	착	탁	착	착			319	녈	녈	날	녈	녈	○
	284	倬	착	탁	착	착			320	捏	녈	날	녈	녈	
	285	鰒	박	복	박	박			321	纈	혈	힐	혈	혈	
質	286	詰	길	힐	길	길			322	擷	혈	힐	혈	혈	
	287	岬	슐	휼	슐	슐			323	頡	혈	힐	혈	혈	
	288	恤	슐	휼	슐	슐			324	娎	혈	힐	혈	혈	○
	289	賉	슐	휼	슐	슐			325	挈	결	셜	결	결	
	290	戌	슐	휼	슐	슐	○		326	鍥	결	휼	결	결	
	291	珬	슐	휼	슐	슐	○		327	譎	결	휼	결	결	
	292	訹	슐	휼	슐	슐	○		328	潏	결	휼	결	결	
	293	秫	슐	츌	슐	슐			329	昳	뎔	딜	뎔	뎔	
物	294	艴	불	뷸	불	불	○		330	垤	뎔	딜	뎔	뎔	
	295	綍	불	뷸	불	불			331	臷	뎔	딜	뎔	뎔	
	296	疙	을	흘	을	을			332	迭	뎔	딜	뎔	뎔	
	297	屹	을	흘	을	을			333	跌	뎔	딜	뎔	뎔	
	298	仡	을	흘	을	을			334	絰	뎔	딜	뎔	뎔	
	299	乞	글	걸	글	글			335	瓞	뎔	딜	뎔	뎔	
月	300	訐	갈	알	갈	갈			336	咥	뎔	딜	뎔질質	뎔질質	
	301	鶻	홀	골	홀	홀			337	垤	렬	날	렬	렬	
	302	暍	알	갈	알	알			338	拙	졀	솔	졀	졀	
曷	303	曷	할	갈	할	할			339	竭	걸	갈	걸	걸	○
	304	獡	혈	갈	할	할			340	渴	걸	갈	걸	걸	○
	305	褐	할	갈	할	할			341	碣	걸	갈	걸	걸	
	306	毼	할	갈	할	할			342	揭	걸	갈	걸	걸	○
	307	鶡	할	갈	할	할	○		343	揭	걸	갈	걸	걸	○
	308	喝	할	갈	할	할			344	偈	걸	갈	걸	걸	○
	309	愒	할	갈	할	할	○	藥	345	霍	확	곽	확	확	
	310	鞨	할	갈	할	할			346	藿	확	곽	확	확	
	311	闊	괄	활	괄	괄			347	癨	확	곽	확	확	
	312	割	갈	할	갈	갈			348	繳	쟉	격	쟉	쟉	
黠	313	戛	갈	알	갈	갈			349	擴	곽	확	곽	곽	
	314	嘎	갈	알	갈	갈		陌	350	坼	칙	탁	칙	칙	
	315	貙	알	셜	알	알			351	墌	칙	탁	칙	칙	
屑	316	涅	녈	날	녈	녈			352	宅	칙	틱	칙	칙	
	317	篞	녈	날	녈	녈	○		353	革	격	혁	격	격	
	318	茶	녈	날	녈	녈			354	骼	격	힉	격	격	○

운	번호	한자	화동		삼운	규장	비고	운	번호	한자	화동		삼운	규장	비고
			정	속							정	속			
	355	蜴	역	턱	역	역			377	钀	녑	셥	녑	녑	
	356	拆	칙	탁	칙	칙			378	讘	녑	셥	녑	녑	
錫	357	鬲	력	격	력	력	※		379	囁	녑	셥	녑	녑	※
	358	檄	혁	격	혁	혁			380	頰	겹	협	겹	겹	
	359	覡	혁	격	혁	혁			381	鋏	겹	협	겹	겹	
緝	360	泣	급	읍	급	급			382	筴	겹	협	겹	겹	
	361	湆	급	읍	급	급			383	梜	겹	협	겹	겹	
	362	熠	읍	습	읍	읍			384	莢	겹	협	겹	겹	
合	363	榼	갑	합	갑	갑			385	唊	겹	협	겹	겹	○
	364	磕	갑	합	갑	갑	○		386	悏	겹	협	겹	겹	
	365	溘	갑	합	갑	갑			387	恔	겹	협	겹	겹	
	366	屟	갑	합	갑	갑	○		388	憿	겹	협	겹	겹	
	367	詧	갑	합	갑	갑			389	匧	겹	협	겹	겹	
	368	闔	갑	합	갑	갑			390	篋	겹	협	겹	겹	
	369	鴿	갑	합	갑	갑		洽	391	洽	협	흡	협	협	
	370	蛤	갑	합	갑	갑			392	匣	합	갑	합	합	
	371	韐	갑	합	갑	갑			393	韐	겹	합	겹	겹	○
葉	372	聶	녑	셥	녑	녑			394	夾	겹	협	겹	겹	
	373	躡	녑	셥	녑	녑			395	郟	겹	협	겹	겹	○
	374	鑷	녑	셥	녑	녑			396	裌	겹	협	겹	겹	○
	375	驫	녑	셥	녑	녑			397	袷	겹	협	겹	겹	○
	376	籋	녑	셥	녑	녑			398	恰	겹	협	겹	겹	

비고란에 ※표가 있는 음들은 『화동정음』의 정음과 속음이 『전운옥편』에서 2음으로 정리된 음들이고 속음란에 *표가 있는 음들은 『화동정음』에서 비(非)속음이라 밝힌 음들이다. "○"의 음들은 『화동정음』에서만 속음으로 등장한 후 운서, 옥편, 자전류에 이어지지 못하고 또한 현대음으로도 정착하지 못한 음이다.

이러한 음들이 후기운서들에 반영되는 모습을 보면, 『삼운성휘』와 『규장전운』에는 반영되지 않았으나 『전운옥편』 등 후기옥편, 자전들에서 다시 속음으로 전승되거나 혹은 직접 정음으로 계승되어 현대음으로 고착된 자들이 대부분이다. 예하면 "江"운의 "幢"은 『전운옥편』에서 다시 "장俗당"으로 반영되고 『자전석요』에서 "당", 『신자전』에서 "장俗당"으로 반영되며 현대음에서 "당"으로 고착되었다. "麌"운의 "傴"는 『삼운성휘』와 『규장전운』에서 정음 "우"가 반영되었던 것인데『전운옥편』은 정음 "우"를 버리고 속음 "구"를 직접 계승하였으며 이 음은『자전석요』,『신자전』을 거쳐 현대음으로 고착되었다. 이러한 자들은 398자중 320자에 달한다. 이로써 우리는『삼운성휘』와『규장전운』에는 반영되지 않았지만『화동정음』의 이런 속음들은 현실에서 널리 쓰이던 음들이었는데『화동정음』과『삼운성휘』,『규장전운』에서 한자음을 기록할 때 교정하였던 음임을 알 수 있다. 이 부류의 정음들은 앞 절에서 보였던 바와 같이 세 운서에서 동일한 음을 보이지만 현실음으로 전승되지 않았던 유형에 속하는 음들이다. 즉 정음이 속음에 대체된 음들이다.

　나머지 78자는『화동정음』에서만 속음으로 등장한 후 운서, 옥편, 자전류에 이어지지 못하고 또한 현대음으로도 정착하지 못하였다. 예하면 "東"운의 "融"과 같은 경우이다.『화동정음』에서 속음으로 두주한 "륭"은『유합』에 쓰이던 음인데,『화동정음』이후『삼운성휘』,『규장전운』,『전운옥편』,『자전석요』,『신자전』등에는 물론 현대한자음에도 전승되지 않은 음이다. 상술한 도표에서 "○"표식을 단 글자들은 모두 이 유형에 속하는 자들이다. 16~17세기의 자서들에서 쓰이고 후기에 더는 쓰이지 않은 이와 같은 음들은 속음이 정음에 의하여 대체된 음이라 할 수 있다. 이 경우의 속음은 현실적 기반이 든든하지 못하였던 것으로 볼 수 있다.

　② 『화동정음』의 정음도 속음도 아닌 제3의 음을 반영한 경우
　『삼운성휘』와『규장전운』에서『화동정음』의 속음을 반영하지 않았을 뿐만 아니라 정음과도 다른 제3의 음을 반영한 자례들이 있는데 여기에 속하는 한자는 50자이다.

운	번호	한자	화동		삼운	규장	비고	운	번호	한자	화동		삼운	규장	비고
			정	속							정	속			
支	1	虧	귀	휴	규	규		旱	26	瀚	완	한	환	환	
紙	2	癸	귀	계	규	규		諫	27	綻	찬	탄	잔	잔	
	3	葸	시	싀	ㅅ	ㅅ	○		28	組	찬	탄	잔	잔	
	4	縰	시	쇄	ㅅ	ㅅ			29	綻	찬	탄	잔	잔	
寘	5	恚	휘	에	췌	췌		馬	30	挓	챠	져	쟈	쟈	
	6	彗	쉬	혜	슈	슈			31	飷	챠	져	쟈	쟈	○
	7	喟	퀴	위	귀	귀		庚	32	弸	붕	빙	핑	핑	○
	8	萃	취	췌	취	취		梗	33	聘	졍	빙	칭	칭	
	9	顇	취	췌	취	취		豔	34	驗	염	험	엄	엄	
	10	悴	취	췌	취	취			35	欠	겸	흠	검	검	
	11	瘁	취	췌	취	취			36	蔪	졈	참	첨	첨	
	12	膇	취	퇴	츄	츄	○	覺	37	椓	작	탁	착	착	
	13	瑞	쉬	셔	슈	슈		屑	38	孑	결	혈	걸	걸	
魚	14	鉏	주	서	조	조			39	齧	열	셜	얼	얼	
	15	鋤	주	서	조	조		藥	40	矍	각	확	곽	곽	
	16	齟	주	서	조	조	○		41	獲	각	확	곽	곽	
御	17	詛	주	져	조	조			42	攫	각	확	곽	곽	
虞	18	膴	후	무	호	호		陌	43	虩	획	괵	혁	혁	○
	19	憮	후	무	호	호		職	44	愎	픽	팍	벽	벽	
齊	20	眭	휘	규	휴	휴	○		45	逼	픽	팍	벽	벽	
佳	21	柴	새	싀	지	지			46	偪	픽	팍	벽	벽	
	22	豺	새	싀	지	지			47	幅	픽	팝	벽	벽	
灰	23	猜	새	싀	치	치		洽	48	姂	펍	핍	법	법	
	24	偲	새	싀	치	치			49	乏	펍	핍	법	법	
隊	25	轛	디	테	티	티			50	泛	펍	핍	법	법	

이상『삼운성휘』와『규장전운』에서 제3의 음이 반영되면서 계승되지 않았던 『화동정음』의 음 가운데, 후기 운서들에서 다시 속음으로 반영되어 현실음으로 고착되는 음들이 있다. 예하면 "紙"운의 "癸"는『화동정음』에 "귀俗계"로 반영 되고『삼운성휘』,『규장전운』에 "규"로 반영되었던 것이나『전운옥편』에서 "규俗계"라 하여 속음을 다시 받아들였고 이 음은 나아가 현대음으로 고착되 었다. 이와 같은 유형의 음들은 50자 가운데 42자에 달한다. 즉『삼운성휘』, 『규장전운』의 음과『화동정음』의 정음을 물리고 속음이 다시 전승된 음들이다.

이 경우의 속음들은 역시 현실적 기반을 가지고 있던 음들인데 『화동정음』,
『삼운성휘』,『규장전운』에서 교정한 음들이라 할 수 있다. 앞①에서 보였던 것
처럼 속음이 정음을 대체하여 현실음으로 고착된 경우인데 전자의 경우는 세
운서가 동일한 음으로 교정하였다면 이 경우는 세 운서가 각기 다른 기준으
로 속음을 교정하여 이음을 보인 자례들인 점이 다르다. 45 "逼", 46 "偪", 47
"幅"의 속음은 종성이 변한 현상을 보여주는 예로 주목된다.

　42자 외의 8자는 『삼운성휘』와 『규장전운』을 비롯하여 후기 운서에 계승되
지 않은 속음이다. 윗 표에서 "○"표식이 있는 음들이 여기에 속하는 자들이다.
3 "蒽", 12 "腉", 20 "畦", 31 "食且", 43 "虓"은 『삼운성휘』의 음이 그대로 현
실음으로 고착되었다. 후기 운서들에 반영되지 않았지만 17 "訑"는 속음 "져"
가 현대음으로 고착되었다. 16 "齟"와 32 "弸"은 각기 "저", "붕, 팽"으로 고착
되었다. 이상의 고찰을 통하여 볼 때 『삼운성휘』와 『규장전운』에 직접 반영된
속음의 수는 아주 적지만 『화동정음』에 기록되었던 속음 대부분이 후기운서들
에서 속음 혹은 정음으로 전승되어 현대음으로 정착되었음을 볼 수 있었다.
『화동정음』에 두주의 형식으로 기록된 속음들을 『훈몽자회』등 자서류와 『속삼
강행실도』등 언해서의 음과 대비할 때 상당수의 음이 일치됨을 볼 수 있다. 동
일 자례가 많지 않아 선반모습은 확인되시 않지만 "嘯"운의 "肖"는 『내학언
해』와 『중용언해』의 음에서 "쵸"로 사용됨을 보인다. 이러한 사실은 『화동정
음』이 두주에 기록한 속음들은 15~16세기부터 사용되던 현실음이었고 18세기
에도 현실적 기반을 가지고 널리 쓰이던 음이었음을 말해준다. 이점은 다음과
같은 자례들에서 더 잘 설명된다.

한자	『화동정음』	『삼운성휘』	현실한자음
械	해俗계	히	계(類合)
系	해俗계	혜	계(六朝, 孟解)
灣	완俗만	완	만(倭解)
割	갈俗할	갈	할(飜小, 類合)
確	각俗확	각	확(類合)58)

---

58) 문헌략호 : 六朝六朝法宝坛经諺解, 孟解孟子諺解, 倭解倭语类解, 翻小翻泽小学, 训蒙训蒙字会

현실음이었던 『화동정음』의 속음이 『삼운성휘』에 반영된 비율이 낮다고 하는 것은 『삼운성휘』가 그만큼 현실한자음을 적게 기록하였다는 의미가 된다. 이왕에 김재로가 서문에서 말한 "우리나라 한자음은 행용하는 속음을 취하였다"[59]고 하는 구절을 유력한 근거로 『삼운성휘』는 현실조선한자음을 바탕으로 기록한 운서라는 관점이 기반을 굳히고 있었던 것인데, 실제 한자음에 대한 고찰은 이와 다르다. 즉 초성에서의 교정이라든가 속음자의 반영양상을 통하여 볼 때 『삼운성휘』는 『화동정음』보다 강한 교정을 보인다. 사실상 "우리나라 한자음은 행용하는 속음을 취하였다"는 말에 대한 정확한 이해는 뒤의 구절과 결부시켜야 완전하게 인식할 수 있다. 즉 김재로 말의 원 뜻은 "우리나라 한자음은 널리 쓰이고 있는 음을 취"하였지만 "자모로써 규범하여 칠음의 소속에서 어긋나는 것은 교정하였다"는 것이다.[60] 실제 반영된 한자음을 『화동정음』과 비교하고, 후기 운서 내지 현대음에 전승된 양상을 볼 때 『삼운성휘』가 조선한자음의 초성에 대하여 교정한 음이 많고 또 그러한 음의 생명력이 약하였던 점도 이점을 충분히 설명한다. 오히려 중성에서의 교정작업이 이루어져 표면상 조선한자음과 괴리가 심해 보이는 『화동정음』의 음이 초성에 있어서는 현실적인 음을 더 많이 반영하였다.

4.4. 『삼운성휘』와 『규장전운』의 관계

앞에서 지금까지 볼 수 있었던 바와 같이 『규장전운』은 『삼운성휘』와 동일한 음을 기록하고 있다. 따라서 한자음 표기에 사용된 초성체계, 중성체계, 종성체계도 『삼운성휘』와 완전한 일치를 보이고 있다.[61]

함께 수록하고 있는 글자에 한하여 『규장전운』에 기록된 한자음은 조선한자음에서 『삼운성휘』와 일치를 보일 뿐만 아니라 중국음의 기록도 『삼운성휘』와 동일한 음계를 취하고 있음을 볼 수 있다.

---

59) "我音則就行用俗音" 삼운성휘 김재로 序,
60) "我音則就行用俗音而律之於字母 其有違於七音者正之" 「삼운성휘 序」
61) 이에 대한 구체적 내용은 본 장절의 첫째 목 "18세기 운서류의 초중종성 체계"를 참고하기 바란다.

자례	『화동정운』	『삼운성휘』	『규장전운』
渡	두	뚜	뚜
涸	후	훟	훟
祚	주	쭈	쭈
汙	우	후	후
捕	부	뿌	뿌
姻	후	구	구
泥	니	녜	녜
洣	미	메	메
伈	친	침	침
憺	단	땀	땀

　　내용상에 있어서 이렇게 일치를 보이는 운서임에도 표면상 『규장전운』과 『삼운성휘』는 전혀 다른 운서처럼 보인다. 왜냐하면 두 운서는 3단식과 4단식으로 체재가 다르고 또 한자음의 기록형식도 완전히 다르기 때문이다. 두 운서가 서로 이질적인 운서처럼 보였던 더욱 중요한 이유는 표면상 『규장전운』이 『화동정음』을 내세우고 『삼운성휘』를 배척하고 있었기 때문이기도 하다. 즉 『규장전운』은 우에서 본바와 같이 『삼운성휘』와 음계를 같이 하면서도 의례(義例)에서는 『화동정음』의 중국음을 따랐다고 밝혔던 것이다.[62] 또 『삼운성휘』에 대하여 다음과 같이 비판의 내용도 언급하고 있었다.

　　　　근세에 어떤 운서가 조선문자로 우리나라 한자음을 크게 쓰고 그 아래에 중국음을
　　　　작게 썼으므로 차례가 뒤바뀌고 명분에 흠이 있게 되었다.(近世一種韻書, 以諺字
　　　　大書東音, 其下小書華音, 位次例置, 有欠正名.)

　　여기서 말하는 "일종운서"는 바로 『삼운성휘』를 가리키는 것이다. 실제로 『규장전운』은 『삼운성휘』처럼 조선어자모순서에 따라 한자를 배열하면서도 한자음을 기록할 때 『삼운성휘』처럼 조선한자음을 크게 쓰고 그 아래에 중국음을 모아쓰는 방법을 취하지 않고 『화동정음』과 같은 형식을 택하여 먼저 중국

---

62) "華音則遵正音之字母加通解之諺翻" 「규장전운 义例」

음을 쓰고 다음 조선음을 기록하였다.

중국음의 기록방식에서도『규장전운』은『삼운성휘』처럼 중국음을 모아쓰지 않고『화동정음』처럼 매 한자마다 음을 기록해주는 일일대응의 방식을 취하였는데 이 점도『삼운성휘』와 다른 점이다.

상술한 점들로 하여 표면상『규장전운』과『삼운성휘』는 완전히 다른 운서로 보이지만 실제로 새로 증보한 자들의 경우를 제외하고『규장전운』은 공동히 수록되어 있는 한자들에 한하여 조선한자음과 중국한자음 모두에서『삼운성휘』의 음을 계승하였다. 이에 대한 자례들은 이미 우에서 여러 번 본 바다. 내용에서『삼운성휘』를 완전히 따르면서도 겉으로 부정하였던 것은 뒤에서 언급하겠지만 홍계희 가문이 정조조에 대역죄를 범하여 운서의 사용이 금지되었던 것과 당시 시대가 요구하였던 운서의 기능문제와 무관하지 않을 것이다.

4.5. 운서의 사용

『화동정음』은 영조 23년(1747)에 초간되어 정조 11년(1787)에는 정조의 서문까지 얹어서 다시 출판되었고 중앙에서 주자소장판(鑄字所藏板)과 사역원장판(司譯院藏板)으로 간행되었으며 헌종7년(1841)에는 내각에서 새로 간행되었다. 지방에서는 호남관찰영장판(湖南觀察營藏板)과 관서관찰영장판(關西觀察營藏板)으로 출간되었다.[63]『삼운성휘』는 영조 27년(1751) 초간된 이래 영조 45년(1769) 전라감영(全羅監營)과 대구감영(大邱監營)에서 개간[64]되었을 뿐이다.『규장전운』은 1796년에 초간 된 뒤 순조, 헌종, 철종, 고종조를 거치면서 무려 십여 차례나 간행되었다. 조선에서 가장 많이 이용된 운서로서 조선후기에는 거의 공용 운서의 역할을 하였으며 현재 전하는 판본도 다른 운서에 비하여 월등히 많고 또 민간에 가장 많이 남아있다.

저서들의 편찬정도는 그 저서의 효용성을 말해주는 것이라 할 수 있다. 상술한 상황으로부터 우리는『화동정음』과『규장전운』은 일종의 나라적인 운서로 널리 사용되고 중시 받았지만『삼운성휘』는 별로 중시되지 못하였고 사용이

---

63) 徐有渠 鏤板考 卷2, 小学类
64) 徐有渠 鏤板考

적었음을 확인할 수 있었다. 조선운서로서 뚜렷한 특징을 가지고 있는 『삼운성휘』가 조선조에 환영받지 못하였던 것은 다음과 같은 원인 때문이다.

먼저 정치적인 문제와 연관하여 해명할 수 있는데 『삼운성휘』가 널리 쓰이지 못한 것은 정조조의 정치적인 사건과 밀접한 관계가 있다.

"이 운서(삼운성휘)는 한때 널리 이용되었으나 1777년에 손자의 대역죄로 관직이 박탈된 후에 사용이 금지된 탓으로 널리 쓰이지 못하였다."[65]

"(삼운성휘가) 크게 이용되지 못한 것으로 보이는데 그 이유는 편자인 洪啓禧의 아들 洪述海와 손자 洪相簡이 大逆의 혐의를 받고 사형되고 이에 연루되어 홍계희도 사후에 모든 관직이 追奪됨으로써 죄인의 저술이라 하여 세인들이 기피한 때문이라고 생각된다."[66]

"삼운성휘의 간행이 화동정음통석운고만큼 많지 않은 것은 홍계희가 정조년간에 아들의 역모로 연좌된 죄인 신분이었기 때문이다. 따라서 정조가 일개 진사인 박성원의 저술에 친히 서문을 쓰면서까지 화동정음통석운고를 장려하게 된 것이다."[67]

소위 대역죄란 정조의 생부인 사도세자(思悼世子)의 죽음으로부터 시작되는 사건이다. 영조의 자리를 계승할 사람으로 대리청정까지 하던 사도세자는 노론(老論)의 일당전제에 비판적이었기 때문에 김한구, 홍계희 등 노론파의 눈밖에 나, 그들의 정치적 모략으로 서인으로 폐되고 뒤주 속에 갇혔다가 8일만에 죽게 된다. 생부의 죽음을 목격한 정조는 왕위에 오른 뒤 왕통을 정리하고 자신의 등극을 반대하던 홍인한, 정후겸 등을 치죄하게 되는데 이에 공포에 휩싸인 노론들은 최후의 수단으로 정조 살해의 모략을 꾸미게 된다. 노론은 정조 초년에 세 번이나 정조를 살해하려 하였는데 이름하여 "3대 모역사건"이라 한다. 정조를 암살하려 한 가문은 당연히 사도세자의 죽음과 관련된 홍인한, 홍계희 등 집안으로서 홍계희의 아들인 홍지해는 3대모역사건의 주모자 가운데의 한 사람이었고 이 사건에 홍계희의 손자 홍상범, 홍상간, 아들 홍술해 등이 모두

---

65) 김영황(1995), 조선어발전역사연구, 박이정, p.115.
66) 강호천(1991), 조선조한자음정리의 역사적 연구, 청주대 박사학위논문, p.173.
67) 하혜정(1997), 조선조운서의 독자성연구, 중앙대 박사학위논문, p.46.

가담하였다. 결국 정조를 죽이려던 사건은 실패하고 사건주동자들은 사형되거나 유배가게 된다.[68]

이와 같은 정치적인 사건에 연루되어 홍계희의 운서 역시 사용이 금지되었다는 관점은 『삼운성휘』가 널리 쓰이지 못한 원인을 해명함에 지금까지 남북이 인정해오던 가장 유일한 견해다.

다음 중국음의 기록방식과 관련하여 내적 원인을 찾아 볼 수 있다.

외국어인 중국어를 빌려쓰는 조선의 입장에서 운서는 작시용의 기능뿐만 아니라 중국어발음을 익히는 자전으로서의 기능도 하게 된다. 그런데『삼운성휘』에서 조선음 위주로 중국음을 좌우에 모아쓰기 함으로써 중국어발음을 익히는 학습용이라는 이 기능을 약화시킨 면이 있었다.

　　　　　궁
　ⓒ　　公園 蚣 工……空圞 崆 箜……
　　　　　쿵

상술한 보기에서 "公, 蚣, 工"과 "空, 崆, 箜"은 조선한자음으로는 동일한 "공"음이지만 중국음은 "궁"과 "쿵"으로 서로 다른데, 좌우로 병기하고 자모(字母)로써 성모를 밝히는 형식으로 구별하였다.[69]

그러나 성모가 같고 중성으로 구별되는 한자음이 나타날 때 문제가 제기된다.

　　銑운 :
　　　　현 현
　ⓗ　　顯圞 韅母 峴囲 睍 晛母……
　　　　횐

상술한 예에서 "顯, 韅"과 "峴, 睍, 晛"은 "曉"모와 "匣"모로 구분되지만, 동

---

68) 이상 "사도세자의 고백"에서 발췌 편집한 것으로서 http://cupid.hihome.com/history10.htm 참고
69) 『삼운성휘』 범례: "我音正音并翻彦字而先书我音(大圈ⓒⓗ之类◯ 次书正音(ⓒ下注궁쿵之类◯ 属见ㄱ 属奚洋字母圀) 乃书本音诸字(ⓒ下书公以下十五字之类) 字下注我义乃注字母(方圈囲 圞之类◯如公下注囲则即以上八字并属见母而为ⓒ注之궁 空下注圞则崆以上七字并属奚母而为ⓒ注之쿵 餘仿此"

일한 "匣"모에서 중성으로 구분되는 "현"과 "훤"의 중국음 인식은 또 다른 구
별표식을 요한다. 이런 경우『삼운성휘』는, "下同字蒙上空"하는 원칙에 따라
동일한 성모는 반복하여 표기하지 않던 방식을 타파하고 성모를 거듭 밝히는
방법을 사용하였다.

> 霽운 :
> 계 귀
> ㉑　　計🔲闑······薊紒······桂🔲鍥🔲契······
> 계

즉 기록된 음의 순위에 따라 한자음이 구별되는데 "계"는 "計闑 ······ 薊紒
······"의 음이고, "귀"는 "桂"의 음이 된다. 이와 같이 중국음의 각도에서 볼 때
『삼운성휘』는『화동정음』처럼 일대일의 주음방식을 사용하지 않고 모아쓰기를
함으로써 사용에 불편이 있었다.『규장전운』에서 음계는『삼운성휘』를 그대로
계승하면서도 형식은『화동정음』과 같이 한자에 대한 중국음도 일일대응으로
기록하는 형식으로 고쳐진다.

셋째, 운서의 기능문제에서 볼 때『삼운성휘』는 중국음을 기록함에 있어서
입말이 아닌 정음세의 규범음을 선택하였는데 이는『삼운성휘』의 사용을 제한
한 다른 한 내적 원인으로 작용하였다.

교제할 수 있는 현실음이 절실했던 당시 사회배경 하에서 옛 운서음을 따르고 현
실의 구두음을 무시한『삼운성휘』의 음계선택은 현실 중국어를 배우려는 사용자들
을 처음부터 배려하지 않은 결정이었는데 이점은 홍계희 자신도 알고 있었다.

> 이제 사성통해 안의 고정음을 위주로 삼았으니 현실 중국음을 알고자 한다면 별도
> 로 여러 역관들의 책을 참고할지어다.[70](今以四聲通解古正音爲主, 欲知俗用漢
> 音, 則當考譯家諸書。)

실용적이 아닌 고정음(古正音)계를 따른 중국음의 기록은『삼운성휘』가 널리
사용되지 못한 또 다른 내적인 요소로 작용하였다고 할 수 있다. 그러면『삼운

---

70)『삼운성휘』범례

성휘』와 동일한 음계를 따르고 있는 『규장전운』이 널리 사용된 비밀은 무엇인가? 『규장전운』의 범례에서 찾아볼 수 있다.

> 이제 운서를 편찬함은 사람(詞林-작시자)의 지침서로 삼기 위한 것이고 정음통석은 역관들의 지침서로 만든 것이니 둘을 함께 통용하여도 서로 어긋나지 않는다.(今編韻書爲詞林之鐸, 正音通釋作鞮象之指南, 與之並行, 固不相悖矣。)

이 구절은 『삼운성휘』의 음계를 따른 『규장전운』도 역시 현실음이 아닌 고정음을 반영하고 있어 중국어발음을 익히는 학습용으로는 사용되지 못하였지만 작시용의 압운운서로서는 작용이 컸음을 말해준다. 운서의 2대 기능상 중국어학습용의 기능은 『화동정음』이 담당하였고 과거용의 압운 운서로는 『규장전운』이 그 기능을 담당하면서 이 두 운서가 널리 사용되었던 것이라 할 수 있다.

5. 『전운옥편』

5.1. 『전운옥편』 한자음의 3종체계

『전운옥편』은 『규장전운』의 색인용으로 편찬된 옥편이다. 그러므로 『전운옥편』이 『규장전운』의 음계를 따랐을 것임은 당연하다.

운	자례	『전운옥편』	『규장전운』
齊	奎	규	규
尤	丘	구	구
隊	佩	패	패
漾	仰	앙	앙
蒸	丞	승	승
寒	丸	환	환
陌	亦	역	역
職	仄	측	측

黠 　　 刷 　　 쌀 　　 쌀
合 　　 哈 　　 합 　　 합

그러나 『전운옥편』은 『규장전운』의 음을 기계적으로 답습하지 않고 일부 경우에는 음을 교정하기도 하였는데 예하면 "董"운의 "蓯"과 같이 『규장전운』의 "종"음을 따르지 않고 그와 다른 "총"음을 기록하기도 하였고 "紙"운의 "宄"와 같이 『규장전운』의 "궤"음을 속음으로 올리고 『화동정음』의 "귀"음을 본음으로 올리기도 하였다. 이와 같이 『전운옥편』이 기본적으로 『규장전운』의 음계를 따르면서 개별적으로 교정한 자례들을 더 예시하면 다음과 같다. 교정음의 전승과정을 알아보기 위하여 전기운서들의 음들도 함께 보인다.

운	번호	한자	화동		삼운	규장	전운		운	번호	한자	화동		삼운	규장	전운	
			정	속			本	正/俗				정	속			本	正/俗
董	1	蓯	종		종	종	총		嘯	17	召	죠	쇼	쇼죠	쇼죠	죠	俗쇼
冬	2	蹱	숑	용	숑	숑	용			18	鉳	요		됴	됴	요됴	
紙	3	宄	귀	궤	궤	궤	귀	俗궤	號	19	耗	호		호모	호모	호	俗모
	4	蘤	위		위	위	뢰	正위	麻	20	搽	차	다	차	차	사	俗다
寘	5	悴	취	췌	취	취	취	俗췌	庚	21	弸	븡	빙	펑	펑	븡	
	6	第	즈		지	지	즈		蒸	22	曾	증		증층	증층	층	正증
	7	刜	치		즈	즈	스		鹽	23	拈	뎜		뎜	뎜	념	俗뎜
麌	8	傴	우	구	우	우	구			24	玷	졈		졈	졈	졈	
霽	9	繄	계		계혜	계혜	혜	俗계		25	鮎	뎜		념	념	뎜	
泰	10	檜	괴	회	괴	괴	회			26	黏	뎜		념	념	뎜	
賄	11	櫑	뢰		뢰	뢰	뤼	正뢰	沃	27	箹	약		악	악	약	
卦	12	廨	개	히	기	기	히		屑	28	揭	걸	갈	걸	걸	결	
	13	僃	비	븨	비	비	비	俗븨	緝	29	十	십		습	습	십	
	14	獪	쾌	회	쾌	쾌	괴	俗회	合	30	蛤	갑	합	갑	갑	합	
元	15	蜿	원	완	원	원	완		葉	31	囁	녑	셥	녑	녑	녑	셥녑
蕭	16	梟	교	효	교효	교효	교	俗효	洽	32	鍤	삽		잡	잡	삽	

표에서 볼 수 있다시피 『규장전운』의 음에 대한 『전운옥편』의 교정방식은 다음과 같은 여러 가지로 귀납할 수 있다.

첫째, 『규장전운』의 음을 속음으로 처리하고 『화동정음』의 음을 본음으로 취하였다. 3, 5의 자례들이 이에 속한다.

둘째, 『규장전운』의 음을 버리고 『화동정음』의 정음을 본음으로 취하였다. 6, 21, 24, 25, 26, 27, 29, 32의 자례들이 이에 속한다.

셋째, 『규장전운』의 음을 버리고 『화동정음』의 속음을 본음으로 취하였다. 2, 8, 10, 12, 15, 30의 자례들이 이에 속한다.

넷째, 『규장전운』에서 다음어로 기록된 음을 정음과 속음 혹은 본음과 정음71)으로 각기 구분하여 기록하였다. 9, 16, 17, 19, 22의 자례들이 이에 속한다. 이와 반대로 『규장전운』에서 단일음이었던 음을 『전운옥편』에서 다음어로 받아들인 것도 있다. 31의 자례가 이에 속한다.

다섯째, 『규장전운』의 음을 정음으로 처리하고 본음은 새로운 음을 기록하였다. 4, 11의 자례가 이에 속한다. 본음에 대응하여 정음으로 기록된 음은 실제상 『화동정음』과 일치하는 음들이다.

실제로 우의 자례표를 잘 관찰하면 하나의 현상을 발견할 수 있는데 표면상 『규장전운』의 음을 교정하고 새로운 음을 취한 것 같은 『전운옥편』의 음들은 『화동정음』의 음과 밀접한 관계를 가지고 있는 것이다. 즉 『전운옥편』이 『규장전운』의 음을 따르지 않은 경우 그 취음의 근거를 『화동정음』에서 찾을 수 있는데 상술한 자례에서 자례 4와 28이 특수한 외에 모두 『화동정음』의 음과 관계되는 음들임을 볼 수 있다. 다시 말하면 『화동정음』의 정음이거나 속음을 직접 이어받았던가 아니면 본음에 대응하는 정음과 속음으로 반영시켰던 것이다. 이러한 이음례에서 특히 주목되는 것은 2, 6, 8, 10, 12, 15, 30과 같이 『화동정음』의 속음이 『전운옥편』에서 본음으로 등장하는 것인데 이는 운서한자음의 성격을 파악함에 중요한 단서를 제공한다.

『전운옥편』은 『규장전운』의 음 외에 또 "甲正乙", "甲俗丙"식으로 『규장전운』

---

71) 『전운옥편』에는 속음외에 또 "正"이라 하여 하나의 음계를 기록하기도 하는데, 속음에 대응하는 정음과 구별하기 위하여 이 경우의 음은 본음과 정음이라는 대응어를 사용하여 지칭하기로 한다. 구체적 반영양상은 본 절의 둘째 목을 참고하라.

에서 보이지 않던 음들을 더 기록하고 있는데 자례들을 보이면 다음과 같다.

운	자례	『전운옥편』	『규장전운』
東	崇	종正슝	종
冬	樅	총正종	총
江	尨	망正방	망
支	榴	츄正치	츄
魚	蜍	져正여	져
虞	枯	고正구	고
齊	杝	셰正톄	셰
隊	薈	외正회	외
先	濺	젼正쳔	젼
陌	弈	역正혁	역

운	자례	『전운옥편』	『규장전운』
東	瀜	융俗륭	융
冬	憃	슝俗용	슝
江	舡	항俗강	항
支	姬	긔俗희	긔
微	沂	의俗긔	의
虞	欨	후俗구	후
霽	禊	혜俗계	혜
號	噪	소俗조	소
尤	牟	무俗모	무
葉	鑷	녑俗셥	녑

보다시피 "갑正을", "갑俗병"의 형식으로 기록한 음 가운데 "갑"음은 『규장전운』의 음이다. 『규장전운』의 음이 『삼운성휘』와 일치함으로 이 음은 또 『삼운성휘』의 음이기도 하다.

이처럼 『전운옥편』에는 "갑", "을", "병" 세 부류의 음이 기록되어 나타난다. 그중 "갑"음은 『삼운성휘』, 『규장전운』의 음이고 "을"과 "병"음은 『전운옥편』이 『규장전운』과 무관하게 새로 기입한 음들이다. 『전운옥편』에서 『규장전운』

의 음 뒤에 "正"이라고 보인 음은 "속음"에 대응되는 "정음"과 구별하기 위하여 "正"음으로 적기로 한다.

5.2. 『전운옥편』의 "正"음

『전운옥편』에는 총 222개의 "正"음이 기록되어 있다. 한자음의 표기에서 특별히 "정음(正音)" 표기를 달았던 것은 『훈몽자회』에서 이미 보인다. 예하면 "伉 굴올항 正音抗", "羶 노릴젼 正音션"등과 같이 "正音"표기를 달았다. 이러한 음들이 『전운옥편』에 반영되는 상황을 보면 『훈몽자회』의 "正音"이 『전운옥편』의 본음으로 등장하고 "正音"의 앞에 있던 음은 속음으로 나타난다. 즉 『전운옥편』에 "伉 강俗항", "羶 션俗젼"으로 기록되었다. 『훈몽자회』의 "正音"은 속음에 대응하는 정음의 개념임을 알 수 있다.

그러면 『자전석요』의 "正"음은 어떤 의미의 음일가?

이 음의 성격을 이해하기 위하여 먼저 『전운옥편』에서 "正"으로 기록되어있는 한자들이 전시기 운서들에서 어떻게 반영되었는지 그 양상을 보기로 한다.[72]

【 전운옥편 正音 222 자례 표 】

운	번호	한자	화동	삼운	규장	전운 本	전운 正	운	번호	한자	화동	삼운	규장	전운 本	전운 正
東	1	崇	슝	종	종	종	슝		9	懜	쌍	상	상	상	쌍
	2	漴	충	종	종	종	충		10	艭	쌍	상	상	상	쌍
冬	3	樅	종	충	충	충	종		11	駹	방	망	망	망	방
	4	瑽	종	충	충	충	종	支	12	榴	치	칙	칙	칙	치
江	5	厖	방	망	망	망	방	紙	13	兕	시	스	스	스	시
	6	嘥	방	망	망	망	방		14	㔾	귀	궤	궤	궤	귀
	7	尨	방	망	망	망	방		15	泚	즈	츠	츠	츠	즈
	8	雙	쌍	상	상	상	쌍		16	薳	위	위	위	뤼	위

---

72) 표에서 『전운옥편』의 "갑正을"음을 각기 "本"음과 "正"음으로 구분하였다.

운	번호	한자	화동	삼운	규장	전운 本	전운 正	운	번호	한자	화동	삼운	규장	전운 本	전운 正
寘	17	荔	례	리	리	리	례	泰	46	橇	취	최	최	최	취
	18	漬	지	ᄌ	ᄌ	ᄌ	지		47	薈	회	외	외	외	회
	19	淚	뤼	류	류	류	뤼		48	濊	홰	외	외	외	회
	20	劾	기	괴	괴	괴	기	灰	49	瘣	외	회	회	회	외
	21	洎	게	긔	긔	긔	게		50	絯	개	긔	긔	긔	히
	22	坩	게	긔	긔	긔	게	賄	51	櫑	뢰	뢰	뢰	뤼	뢰
	23	懥	치	지	지	지	치		52	磈	외	회	회	회	외
	24	懫	치	지	지	지	치	隊	53	倅	쉬	최	최	최	쉬
	25	諉	위	뇌	뇌	뇌	위		54	晬	쉬	최	최	최	쉬
未	26	彙	휘	위	위	위	휘		55	晬	쉬	최	최	최	쉬
語	27	齟	주	조	조	조	주		56	淬	쉬	최	최	최	쉬
	28	蜍	여	져	져	져	여		57	焠	쉬	최	최	최	쉬
虞	29	痡	부	포	포	포	부		58	磭	-	티	티	티	디
虞	30	枯	구	고	고	고	구		59	北	비	패	패	패	비
	31	橆	무	모	모	모	무	眞	60	窀	둔	쥰	쥰	쥰	둔
麌	32	溥	부	보	보	보	부		61	諄	슌	쥰	쥰	쥰	슌
	33	鯟	무	모	모	모	무		62	迍	둔	쥰	쥰	쥰	둔
	34	姆	무	모	모	모	무	軫	63	隼	쥰	슌	슌	슌	쥰
遇	35	涸	후	호	호	호	후	震	64	峻	쥰	슌	슌	슌	쥰
	36	褸	루	구	구	구	루		65	埈	-	슌	슌	슌	쥰
齊	37	娃	계	유	유	유	계		66	浚	쥰	슌	슌	슌	쥰
齊	38	移	테	세	세	세	테	元	67	塤	훈	훤	훤	훤	훈
薺	39	禰	녜	니	니	니	녜		68	壎	훈	훤	훤	훤	훈
霽	40	傺	제	체	체	체	제		69	崙	륜	론	론	론	륜
	41	猘	제	계	계	계	제		70	侖	륜	론	론	론	륜
	42	蕝	체	제	제	제	체	院	71	遁	돈	둔	둔	둔	돈
	43	蕝	체	제	제	제	체	願	72	涒	군	톤	톤	톤	군
佳	44	媧	왜	괘	괘	괘	왜	旱	73	皔	간	관	관	관	간
	45	騧	왜	괘	괘	괘	왜		74	浣	완	환	환	환	완

운	번호	한자	화동	삼운	규장	전운 本	전운 正	운	호	한자	화동	삼운	규장	전운 本	전운 正
旱	75	蜑	단	탄	탄	탄	단		104	洮	됴	도	도	도	됴
	76	睆	완	관	관	관	완	皓	105	皓	호	고	고	고	호
潸	77	莞	완	환	환	환	완		106	貂	도	토	토	토	도
	78	剗	잔	찬	찬	찬	잔	歌	107	痤	좌	차	차	차	좌
	79	鏟	산	찬	찬	찬	산	哿	108	輠	-	-	화	화	과
先	80	鋋	연	션	션	션	연		109	砢	가	라	라	라	가
	81	韉	천	전	전	전	천		110	䍈	과	화	화	화	과
	82	韂	-	전	전	전	천	麻	111	蝸	와	과	과	과	와
	83	濺	천	전	전	전	천		112	柤	사	차	차	차	사
	84	船	션	전	전	전	션		113	槎	사	차	차	차	사
	85	沇	연	션	션	션	연		114	樝	사	차	차	차	사
	86	涎	연	션	션	션	연		115	楂	사	차	차	차	사
銑	87	僎	션	전	전	전	션		116	渣	사	차	차	차	사
	88	惼	편	변	변	변	편	馬	117	䠊	과	화	화	화	과
	89	褊	편	변	변	변	편	禡	118	咋	사	자	자	자	사
	90	譔	션	전	전	전	션		119	蜡	사	자	자	자	사
	91	跈	-	년	년	년	뎐		120	詐	사	자	자	자	사
	92	趁	-	년	년	년	뎐	陽	121	彰	챵	쟝	쟝	쟝	챵
	93	蹍	뎐	년	년	년	뎐		122	鏜	당	탕	탕	탕	당
蕭	94	炤	-	죠	죠	죠	쇼		123	牂	상	쟝	쟝	쟝	상
	95	釗	쇼	죠	죠	죠	쇼		124	床	상	쟝	쟝	쟝	상
筱	96	掉	도	됴	됴	됴	도	庚	125	棚	븡	픵	픵	픵	븡
	97	澡	소	쵸	쵸	쵸	소		126	傖	칭	징	징	징	칭
肴	98	巢	소	쵸	쵸	쵸	소		127	橙	증	징	징	징	증
	99	敲	고	교	교	교	고		128	棖	졍	징	징	징	졍
巧	100	稍	쵸	쇼	쇼	쇼	쵸		129	牼	경	깅	깅	깅	경
	101	貘	료	조	조	조	료		130	鶊	청	졍	졍	졍	청
效	102	墝	요	교	교	교	요		131	蜻	청	졍	졍	졍	청
豪	103	醪	료	로	로	로	료		132	盟	밍	명	명	명	밍

운	번호	한자	화동	삼운	규장	전운		운	번호	한자	화동	삼운	규장	전운	
						本	正								本	正
	133	諲	경	깅	깅	깅	경		163	潛	줌	쳠	쳠	쳠	줌
	134	嶸	영	횡	횡	횡	영		164	㰠	겸	쳠	쳠	쳠	겸
梗	135	楹	영	잉	잉	잉	영	覺	165	殲	셤	졈	졈	졈	셤
敬	136	幀	정	징	징	징	정		166	苫	졈	셤	셤	셤	졈
蒸	137	塍	승	증	증	증	승		167	㦿	춈	졈	졈	졈	춈
	138	嶒	증	층	층	층	증		168	獫	혐	함	함	함	혐
	139	曾	증	증층	증층	층	증		169	矗	축	축	축	축	축
	140	鄫	증	층	층	층	증		170	髑	툑	독	독	독	툑
	141	螣	승	증	증	증	승		171	蜀	촉	속	속	속	촉
	142	僜	등	칭	칭	칭	등		172	蠋	촉	속	속	속	촉
	143	騬	승	층	층	층	승		173	韣	촉	속	속	속	촉
	144	軥	굉	횡	횡	횡	굉		174	稻	쟉	착	착	착	쟉
尤	145	愁	수	추	추	추	수		175	鷟	쟉	착	착	착	쟉
	146	藪	휴	슈	슈	슈	휴		176	搦	냑	낙	낙	낙	냑
	147	犨	쥬	츄	츄	츄	쥬	質	177	騭	즐	질	질	질	즐
有	148	娵	듀	두	두	두	듀		178	鷸	휼	율	율	율	휼
宥	149	蔲	구	후	후	후	구		179	率	솔	슐	슐	슐	솔
侵	150	忱	침	심	심	심	침		180	蟀	솔	슐	슐	슐	솔
寢	151	瀋	심	침	침	침	심		181	遹	휼	율	율	율	휼
沁	152	闖	츰	침	침	침	츰		182	霱	휼	율	율	율	휼
覃	153	酖	탐	담	담	담	탑*		183	怵	츌	슐	슐	슐	츌
	154	耽	탐	담	담	담	탐		184	茁	줄	굴	굴	굴	줄
	155	眈	탐	담	담	담	탐	物	185	鴥	율	울	울	울	율
	156	阽	뎜	염	염	염	뎜	月	186	日	왈	월	월	월	왈
	157	燂	좀	졈	졈	졈	좀		187	狘	월	헐	헐	헐	월
豔	158	粘	뎜	념	념	념	뎜		188	扢	흘	골	골	골	흘
鹽	159	讖	셤	쳠	쳠	쳠	셤		189	矻	굴	골	골	골	굴
屋	160	佔	뎜	쳠	쳠	쳠	뎜	點	190	劀	괄	갈	갈	갈	괄
	161	㮇	좀	쳠	쳠	쳠	좀	屑	191	凸	텰	뎔	뎔	뎔	텰
沃	162	譫	셤	쳠	쳠	쳠	셤		192	捩	텰	뎔	뎔	뎔	텰

운	번호	한자	화동	삼운	규장	전운 本	전운 正	운	번호	한자	화동	삼운	규장	전운 本	전운 正
藥	193	虐	학	약	약	약	학		208	堛	픽	벽	벽	벽	픽
	194	瘧	학	약	약	약	학		209	愊	픽	벽	벽	벽	픽
	195	矐	확	학	학	학	획		210	膈	픽	벽	벽	벽	픽
	196	躩	각	곽	곽	곽	凹		211	腷	픽	벽	벽	벽	픽
陌	197	鄘	즉	젹	젹	젹	즉		212	蟿	적	즉	즉	즉	적
	198	弈	혁	역	역	역	혁		213	賊	적	즉	즉	즉	적
	199	奕	혁	역	역	역	혁	合	214	頜	합	갑	갑	갑	합
	200	幗	귁	괵	괵	괵	귁	葉	215	慴	섭	졉	졉	졉	섭
	201	摑	귁	괵	괵	괵	귁		216	摺	섭	졉	졉	졉	섭
陌	202	蟈	귁	괵	괵	괵	귁		217	浹	협	졉	졉	졉	협
錫	203	惄	닉	녁	녁	녁	닉		218	讋	섭	졉	졉	졉	섭
	204	艗	익	역	역	역	익	洽	219	帢	갑	졉	졉	졉	갑
	205	鷁	익	역	역	역	익		220	扱	삽	잡	잡	잡	삽
職	206	煏	픽	벽	벽	벽	픽		221	狎	압	합	합	합	압
	207	偪	픽	벽	벽	벽	픽		222	猲	갑	겁	겁	겁	갑

『전운옥편』에서 보이는 "正"음의 성격에 관하여 초기의 연구는 『훈몽자회』의 경우와 마찬가지로 속음에 대응되는 음으로서의 정음개념으로 이해한 경우가 많았다. 그런데 반절음과 대조하여 보면 『전운옥편』의 "正"음이 꼭 그 반절음에 대응하는 음이 아님을 알 수 있다. 예하면 "鹽"운의 160 "佔"은 『전운옥편』에 "첨正뎜"이라 기록되어 있는데, "佔"자의 반절음은 "丁兼切"이다. 이 경우 "正"음 "뎜"이 반절에 맞는 음이어서 정음이 되지만, "陽"운의 121 "彰"의 경우는 다르다. "쟝正챵"이라 기록하였지만 반절음은 "諸良切"로서 "쟝"이 반절에 맞는 정음이다. 또 "震"운의 66 "浚"도 『전운옥편』에 "쥰正쥰"으로 반영하였지만, 반절음은 "私閏切"로서 진정한 정음은 "슌"음이다. 이와 같이 『전운옥편』에서 보이는 "正음"을 속음에 대응되는 정음의 개념으로 인식할 때 예외인 음이 허다하게 나타나게 된다. 이기동(1982)도 『광운』의 반절을 가지고 고찰한 결과 "注記 例의 '正'은 '俗'에 대립되는 개념은 아닌 듯하며 그것은 正音의

개념으로 본다면 正俗音이 본 자료에서 너무 많이 혼란"73)된다고 하였다.

　위의 표에서 우리는 기록된 음의 체계상『전운옥편』에서 "正"으로 밝힌 음은『화동정음』의 음과 일치한 음들임을 볼 수 있다. 즉『전운옥편』이『삼운성휘』의 음을 답습한『규장전운』의 음을 따르지 않고『화동정음』의 음을 따랐을 때 그 음을 "正"음으로 표기해 준 것이다. "正"음은『화동정음』과『삼운성휘』,『규장전운』이 보이던 이음들에서 나타나는 것이 특징인데, "正" 뒤의 음은『화동정음』의 음이고 그 앞에 기록된 본음은『규장전운』,『삼운성휘』의 음이다.

　그런데『전운옥편』이 이 세 운서들이 보이던 모든 이음자를 대상으로 각 운서들의 음을 일일이 밝혀 기록한 것은 아니다. 즉 어느 경우에서나 세 운서에서 나타난 모든 이음자들에 대하여 본음으로『삼운성휘』,『규장전운』의 음을 기록하고 그 뒤에 "正"음으로『화동정음』의 음을 밝힌 것은 아니라는 것이다.

　그렇다면『전운옥편』이『화동정음』에서 선별한 "正"음의 기준은 무엇일가? 이 점을 살피기 위하여 다음과 같이 반절음, 15~16세기 현실음, 현대음의 반영양상을 알아보기로 한다.

운	번호	한자	반절	화동	삼운	규장	전운	전통음	현대음
江	5	厖	莫江切	방	망	망	망正방	방	방
先	84	船	食川切	션	젼	젼	젼正션	션	선
先	85	涎	夕連切	연	션	션	션正연	연	연
麻	113	槎	鉏加切	사	차	차	차正사	사	사
馬	117	踝	胡瓦切	과	화	화	화正과	과	과
陽	123	牀	士莊切	상	장	장	장正상	상	상
庚	125	棚	步崩切	붕	펑	펑	펑正붕	붕	붕
庚	126	橙	宅耕切	증	징	징	징正증	등	등
庚	131	蜻	食經切	청	졍	졍	졍正청	청	청
鹽	163	潛	昨鹽切	줌	첨	첨	첨正줌	줌	잠
質	178	鷸	餘律切	훌	율	율	율正훌	훌	휼
質	180	蟀	所律切	솔	슐	슐	슐正솔	솔	솔
藥	194	瘧	魚約切	학	약	약	약正학	학	학

73) 리기동(1982),『全韻玉篇에 注記된 正俗音에 대하여-전청자의 성모를 중심으로-』, 고려대 語文論集 23, p.528.

이상에서 볼 수 있는바와 같이 『전운옥편』이 "正"음으로 밝힌 『화동정음』의 음은 반드시 운서음에 맞는 정음이 아니다. 즉 반절음으로 볼 때 『삼운성휘』와 『규장전운』의 음이 대부분 정음이 되고 『화동정음』의 음은 15~16세기부터 전통적으로 사용되던 현실음임을 알 수 있다. 그러나 『전운옥편』이 15~16세기의 전통음만을 주장하여 『화동정음』의 음을 계승한 것 같지는 않은데 다음과 같은 자례들이 이를 말해준다. 즉 "陌"운의 198 "奕"은 전통음도 "역"이고 『삼운성휘』와 『규장전운』에 기록한 음도 "역"인데 이 음은 반절에 맞는 정음이다. 『전운옥편』이 전통음[74]만을 고집하였다면 "역"음을 계승하였을 것이나 『화동정음』의 "혁"음을 "正"음으로 고착시켰는데 이는 "혁"음이 18세기 당시에 현실적 기반을 가지고 있었던 음임을 말한다. 이 음은 현대에도 "혁"이다. "江"운의 8 "雙"도 전통음은 "솽"으로 기록하였지만, 『화동정음』을 따라 "쌍" 음을 택하였다. "麻"운의 111 "蝸"도 전통음은 "과"였지만, 『화동정음』을 따라 "와" 음을 기록하였다. 이러한 자례들은 15~16세기의 통용음이 18세기에 들어오는 과정에서 생긴 변화음으로 볼 수 있는데 통용음의 변화발전을 파악할 수 있는 좋은 자례들이라 할 수 있다.

이로부터 우리는 『전운옥편』은 『화동정음』의 음 가운데서 현실에서 사용되는 음을 대상으로 선정하여 "正"음으로 받아들인 것으로 볼 수 있다. 이 음은 전통음을 기반으로 한 것이되 18세기 당시 현실에서 사용되던 음들이라 할 수 있다. 후기 운서들에 전승되는 양상을 보면 대부분 『전운옥편』의 본음(즉 『규장전운』 내지 『삼운성휘』의 음)보다는 이 "正"음이 많이 계승되었다.

이외에 예외인 경우도 보인다.

즉 "虞, 麌, 遇"운과 "齊"운에 속한 자들의 경우, "ㅗ"중성을 "ㅜ"중성으로 대응시키고 " ㅣ"중성을 " ㅖ"중성으로 대응시킨 『화동정음』의 음을 그대로 계승하였는데, 이러한 음들은 당시 현실에서 사용되던 음들이라 보기 어렵다.

이로부터 우리는 『화동정음』과 『삼운성휘』의 이음 중, 『화동정음』의 음이 현실적으로 쓰이던 음이고 『삼운성휘』의 음은 홍계희가 현실음을 교정한 음이었음을 확신할 수 있다. 『삼운성휘』의 음이 『규장전운』으로 이어지고 다시 『전운옥편』으로 이어졌는데 옥편 편찬자들이 중국음과 초중성체계에서 어긋나는

---

74) 전통음, 통용음 등은 모두 15~16세기의 현실음을 가리킨다.

것이 있더라도 현실음을 주목하여 『화동정음』의 음을 다시 인정한 것이라 할 수 있다.

이상의 고찰을 거쳐 『전운옥편』에 기록한 "正"음은 성격상 현실에서 사용되던 『화동정음』의 음임을 알 수 있었다. 그렇다면 음 표기에 있어 굳이 "正"을 사용하지 않고 "俗"으로 표기할 수도 있었을 텐데 『전운옥편』은 "俗"과 "正"이라 하여 용어를 따로 사용하였다. 이로써 "正"이라는 용어는 어떠한 음의 성격을 가리키는 용어가 아님을 알 수 있다. 『전운옥편』에 서, 범례, 발문 등이 없어서 확인할 수는 없지만 『전운옥편』의 "正"은 『화동정음』의 약칭으로 볼 수 있다.

이제 『전운옥편』의 "正"음이 『화동정음』의 음임은 확실한데, 주목되는 것은 『화동정음』에 없는 한자의 "正"음과 『화동정음』의 음과 다르게 기록된 음들이다. 다음과 같은 것들이 그러한데 『화동정음』과 전혀 무관한 음들이 아님을 알 수 있다.

『화동정음』에 없는 한자 :

"隊"운 58 태, "震"운 65 埈, "先"운 82 천, "銑"운 91 跊, 92 趁, "蕭"운의 94 焐, "哥"운 108 과 등 7자는 『화동징음』에 없고, 『진운옥편』에 증보된 자들인데 각기 동 성부자에 의한 유추음으로 기록한 것으로 보인다. 예하면 "埈"은 "峻, 浚"에 유추되어 "쥰"음으로 인식한 것이다.

『화동정음』의 음과 다른 음 :

"泰"운 48 濊: "濊"는 "呼會切"로서 "홰"가 정음이지만 현실에서는 "회"로 발음되었던 모양이다. 후기 자전들에도 "회"로 반영되었고 현실음은 "회"와 "예"다.

"灰"운 50 絯: "絯"는 『화동정음』에서 "개俗희"로 보인 음인데 반절은 "古哀切"과 "侯開切"이다. 『전운옥편』은 현실에서 널리 사용된 "희"음을 기록해 준 것이다.

"覃"운 153 酖 : 『전운옥편』의 "탑"은 "탐"의 오각이다.

"覺"운 174 稻 : "稻"(작)은 "작"에서 반모음 " ㅣ"가 탈락한 모습이다.

"藥"운 195 矅 : "曤"(획)은 "확"의 탈각이거나 오각으로 보이는데, 『자전석
요』, 『신자전』에서 그대로 답습하였다. 현대음은 "학"과 "확"이다.

5.3. 『전운옥편』의 속음

『전운옥편』은 총 414자의 속음을 기록하고 있는데 이 속음들을 예시하면 다음
과 같다. 반영양상을 살피기 위하여 전기 운서들에 기록된 음들을 함께 보인다.

【전운옥편 속음 414 자례 표】

운	번호	한자	화동 정	화동 속	삼운	규장	전운 정	전운 속	운	번호	한자	화동 정	화동 속	삼운	규장	전운 정	전운 속
東	1	彤	융	룽	융	융	융	룽		13	舡	항	강	항	항	항	강
	2	肜	융	룽	융	융	융	룽		14	澄	강	상	강	강	강	상
	3	瀜	융	룽	융	융	융	룽	講	15	港	강	항	강	강	강	항
	4	娀	슝	융	슝	슝	슝	융	絳	16	戇	장	당	장	장	장	당
冬	5	舂	숑	용	숑	숑	숑	용	支	17	荽+	-	-	슈	슈	슈	유
	6	鬆	숑	용	숑	숑	숑	용		18	齎	ᄌ	-	ᄌ	ᄌ	ᄌ	직
	7	椿	숑	용	숑	숑	숑	용		19	姬	긔	희	긔	긔	긔	희
驄	8	驄	숑	숑	숑	숑	숑	용		20	虧	귀	휴	규	규	규	휴
	9	憧	츙	동	츙	츙	츙	동		21	擒	치	리	치	치	치	리
	10	驦	숑	쟝	숑	숑	숑	쟝		22	螭	치	리	치	치	치	리
腫	11	聳	숑	용	숑	숑	숑	용		23	魑	치	리	치	치	치	리
江	12	幢	장	당	장	장	장	당		24	彲	치	리	치	치	치	리

운	번호	한자	화동		삼운	규장	전운		운	번호	한자	화동		삼운	규장	전운	
			정	속			정	속				정	속			정	속
毗	25	毗	시	디	시	시	시	디		57	墟	거	허	거	거	켜	허
鷊	26	鷊	시	디	시	시	시	디		58	壚	거	허	거	거	거	허
	27	宄	귀	궤	궤	궤	귀	궤	語	59	煮	져	쟈	져	져	져	쟈
	28	癸	귀	계	규	규	규	계		60	褚	-	-	-	-	조	져
	29	弛	시	이	시	시	시	이	虞	61	訏	후	우	후	후	후	우
	30	縰	시	쇄	ᄾ	ᄾ	ᄾ	쇄		62	娛	우	-	우	우	우	오
蜜	31	彲	미	-	미	미	미	민		63	毹	슈	유	슈	슈	슈	유
	32	觯	지	치	지	지	지	치		64	旴	후	우	후	후	후	우
	33	忮	지	기	지	지	지	기		65	吁	후	우	후	후	후	우
	34	惴	취	췌	취	취	취	췌		66	欨	후	구	후	후	후	구
	35	恚	휘	에	췌	췌	췌	에		67	羭	유	투	유	유	유	투
	36	彗	쉬	혜	슈	슈	슈	혜		68	膴	후	무	호	호	호	무
	37	喟	퀴	위	귀	귀	귀	위		69	憮	후	무	호	호	호	무
	38	嗜	시	기	시	시	시	기	麌	70	詡	후	허	후	후	후	허
	39	寐	미	미	미	미	미	민	麌	71	栩	후	-	후	후	후	허
	40	萃	취	췌	취	취	취	췌		72	楀+	-	-	구	구	구	우
	41	顇	취	췌	취	취	취	췌		73	麔	구	우	구	구	구	우
	42	悴	취	췌	취	취	취	췌		74	踽	구	우	구	구	구	우
	43	痒	취	췌	취	취	취	췌	遇	75	嫗	우	구	우	우	우	구
	44	魅	미	미	미	미	미	민		76	昫	후	구	후	후	후	구
	45	瑞	쉬	셔	슈	슈	슈	셔	齊	77	賷	졔	지	졔	졔	졔	지
微	46	巍	위	외	위	위	위	외		78	奚	혜	히	혜	혜	혜	히
	47	沂	의	긔	의	의	의	긔		79	禊	혜	-	혜	혜	혜	계
尾	48	磈	위	외	위	위	위	외		80	繫	계	-	계혜	계혜	혜	계
	49	隗	위	외	위	위	위	외		81	系	혜	계	혜	혜	혜	계
	50	巋	위	외	위	위	위	외	佳	82	柴	새	싀	지	지	지	싀
未	51	魏	위	-	위	위	위	외		83	鞋	해	-	히	히	히	혜
	52	畏	위	외	위	위	위	외		84	堦	기	계	기	기	기	계
魚	53	鋤	주	서	조	조	조	서		85	柴	새	-	지	지	지	싀
	54	耡+	-	-	조	조	조	서		86	緺	왜	-	괘	괘	괘	왜
	55	鉏	주	서	조	조	조	서		87	蝸	왜	-	괘	괘	괘	왜
	56	攄	쳐	터	쳐	쳐	쳐	터		88	鞵	해	혜	히	히	히	혜

운	번호	한자	화동		삼운	규장	전운		운	번호	한자	화동		삼운	규장	전운	
			정	속			정	속				정	속			정	속
	89	偕	기	히	기	기	기	히	卦	122	懈	개	히	기	기	기	히
	90	階	기	계	기	기	기	계		123	比	비	비	비	비	비	븨
	91	楷	기	히	기	기	기	히		124	繲	개	히	기	기	기	히
	92	豺	새	싀	지	지	지	싀		125	械	해	계	히	히	히	계
	93	儕	지	제	지	지	지	제		126	僁	비	븨	비	비	비	븨
	94	痎	개	히	기	기	기	히		127	獪	쾌	회	쾌	쾌	괴	회
泰	95	鱠	괴	회	괴	괴	괴	회	隊	128	潰	회	궤	회	회	회	궤
	96	鄶	괴	회	괴	괴	괴	회		129	歔	히	-	기	기	기	히
	97	澮	괴	회	괴	괴	괴	회		130	䯼	회	궤	회	회	회	궤
	98	獪	괴	회	괴	괴	괴	회		131	闠	회	궤	회	회	회	궤
	99	膾	괴	회	괴	괴	괴	회		132	蕑	디	톄	티	티	티	톄
灰	100	恢	괴	회	괴	괴	괴	회	眞	133	巾	근	건	근	근	근	건
	101	咳	히	-	기	기	기	히		134	肫	쥰	-	쥰	쥰	쥰	션
	102	悝	괴	-	괴	괴	괴	회		135	筠	윤	균	윤	윤	윤	균
	103	晐+	-	-	기	기	기	히		136	輴	츈	슌	츈	츈	츈	슌
	104	㷀+	-	-	싀	-	싀	싀		137	詵	신	션	신	신	신	션
	105	毸	싀	-	싀	싀	싀	싀	元	138	圙	륜	-	론	론	론	륜
	106	賅+	-	-	기	기	기	히		139	宛	원	완	원	원	원	완
	107	詃	괴	회	괴	괴	괴	회		140	浣	원	-	원	원	원	완
灰	108	該	개	히	기	기	기	히		141	㦲	언	헌	언	언	언	헌
	109	垓	개	히	기	기	기	히		142	婉	원	완	원	원	원	완
	110	晐	개	히	기	기	기	히		143	悶	문	민	문	문	문	민
	111	荄	개	히	기	기	기	히	元	144	孿	란	-	란	란	란	만
	112	陔	개	히	기	기	기	히		145	瀚	완	한	환	환	환	한
	113	祴	개	히	기	기	기	히		146	潬	단	-	탄	탄	탄	단
	114	峐	개	히	기	기	기	히		147	彎	완	만	완	완	완	만
	115	猜	새	싀	치	치	치	싀		148	灣	완	만	완	완	완	만
	116	偲	새	싀	치	치	치	싀		149	癏	관	환	관	관	관	환
	117	顋	새	싀	시	시	시	싀		150	矜	관	환	관	관	관	환
	118	腮	새	싀	시	시	시	싀		151	鰥	관	환	관	관	관	환
	119	胲	개	히	기	기	기	히	濟	152	綰	완	관	완	완	완	관
	120	佅	개	히	기	기	기	히	諫	153	碇	찬	탄	잔	잔	잔	탄
	121	盔	괴	회	괴	괴	괴	회		154	組	찬	탄	잔	잔	잔	탄

운	번호	한자	화동		삼운	규장	전운		운	번호	한자	화동		삼운	규장	전운	
			정	속			정	속				정	속			정	속
	155	綻	찬	탄	잔	잔	잔	탄	号	187	耗	호	모	호	호	호	모
先	156	涓	견	연	견	견	견	연		188	耗	호	-	호모	호모	호	모
	157	嗚	언	-	헌	헌	헌	언		189	鎬	고	-	고	고	고	호
	158	椽	전	연	전	전	전	연		190	噪	소	조	소	소	소	조
	159	羶	션	전	션	션	션	전		191	譟	소	조	소	소	소	조
	160	挻	션	연	션	션	션	연		192	犒	고	호	고	고	고	호
銑	161	殄	뎐	딘	뎐	뎐	뎐	딘		193	縞	고	호	고	고	고	호
霰	162	擅	션	쳔	션	션	션	쳔	歌	194	苛	하	가	하	하	하	가
蕭	163	僥	요	-	교	교	교	요		195	訶	하	가	하	하	하	가
	164	澆	교	-	교	교	교	요		196	呵	하	가	하	하	하	가
	165	轇	요	쵸	요	요	요	쵸	哿	197	埜	화	과	화	화	화	과
	166	徼	교	요	교	교	교	요	麻	198	罝	챠	져	챠	챠	챠	져
	167	梟	교	효	교효	교효	교	효		199	茶	차	다	차	차	차	다
	168	澆	교	요	교	교	교	요		200	搽	차	다	차	사	차	다
	169	憿	교	요	교	교	교	요		201	撾	좌	과	좌	좌	좌	과
	170	綃	쇼	쵸	쇼	쇼	쇼	쵸		202	檛	좌	과	좌	좌	좌	과
	171	軺	쇼	죠	요	요	요	쵸		203	濄	좌	과	좌	좌	좌	과
篠	172	杳	요	묘	요	요	요	묘	馬	204	姐	쟈	져	쟈	쟈	쟈	져
	173	沼	죠	쇼	죠	죠	죠	쇼		205	她+	-	-	쟈	쟈	쟈	져
	174	杪	묘	쵸	묘	묘	묘	쵸		206	抯	챠	져	쟈	쟈	쟈	져
嘯	175	竅	교	규	교	교	교	규		207	嘏	가	하	가	가	가	하
	176	噭	교	규	교	교	교	규	禡	208	詫	차	타	차	차	차	타
	177	叫	교	규	교	교	교	규		209	吒	차	타	차	차	차	타
	178	召	죠	쇼	쇼죠	쇼죠	죠	쇼		210	咤	차	타	차	차	차	타
	179	肖	쇼	쵸	쇼.	쇼	쇼	쵸		211	奼	차	타	차	차	차	타
嘯	180	鞘	쇼	쵸	쇼	쇼	쇼	쵸		212	暇	하	가	하	하	하	가
	181	鞘	쇼	쵸	쇼	쇼	쇼	쵸	陽	213	驤	샹	양	샹	샹	샹	양
巧	182	敽	요	교	요	요	요	교		214	瓖+	-	-	-	-	샹	양
效	183	棹	조	도	조	조	조	도		215	襄	샹	양	샹	샹	샹	양
豪	184	髞	소	조	소	소	소	조	陽	216	亢	강	항	강	강	강	항
	185	翱	오	고	오	오	오	고		217	伉	강	항	강	강	강	항
皓	186	燥	소	조	소	소	소	조		218	肮	강	항	강	강	강	항

운	번호	한자	화동		삼운	규장	전운	
			정	속			정	속
	219	纕	샹	양	샹	샹	샹	양
漾	220	餉	샹	향	샹	샹	샹	향
	221	饟	샹	향	샹	샹	샹	향
	222	抗	강	항	강	강	강	항
	223	閌	강	항	강	강	강	항
	224	炕	강	항	강	강	강	항
庚	225	荊	경	형	경	경	경	형
	226	樘+	-		징	징	징	텅
	227	樘+	-	-	징	징	징*	텅
	228	翃	횡	-	횡	횡	횡	굉
	229	鍠	횡	-	횡	횡	횡	굉
	230	撑	징	텅	징	징	징	텅
	231	泓	횡	홍	횡	횡	횡	홍
	232	轟	횡	굉	횡	횡	횡	굉
	233	訇	횡	굉	횡	횡	횡	굉
	234	鍧	횡	굉	횡	횡	횡	굉
	235	경	형	경	형	형	형	경
	236	莖	형	경	형	형	형	경
	237	宏	횡	굉	횡	횡	횡	굉
	238	紘	횡	굉	횡	횡	횡	굉
	239	閎	횡	굉	횡	횡	횡	굉
梗	240	逞	졍	령	졍	졍	졍	령
	241	騁	졍	빙	칭	칭	칭	빙
敬	242	硬	영	경	영	영	영	경
迥	243	脛+	-	-	형	형	형	경
	244	脛	형	-	형	형	형	경
蒸	245	蠅	응	-	응	응	응	승
尤	246	彪	퓨	표	퓨	퓨	퓨	표
	247	熰+	-	-	-	-	우	구
	248	牟	무	모	무	무	무	모
	249	眸	무	모	무	무	무	모
	250	矛	무	모	무	무	무	모
	251	蛑	무	모	무	무	무	모
	252	蝥	무	모	무	무	무	모
	253	謀	무	모	무	무	무	모
	254	麰	무	모	무	무	무	모
	255	漚	우	구	우	우	우	구
有	256	毆	우	-	우	우	우	구
	257	嘔	우	-	우	우	우	구
宥	258	謬	무	류	무	무	무	류
侵	259	鈙	금	흠	금	금	금	흠
	260	箴	침	줌	침	침	침	줌
沁	261	沁	침	심	침	침	침	심
覃	262	酣	함	감	함	함	함	감
	263	憨	함	감	함	함	함	감
感	264	撼	함	감	함	함	함	감
勘	265	憾	함	감	함	함	함	감
鹽	266	恬	텸	념	텸	텸	텸	념
	267	拈	뎜	-	뎜	뎜	녬	텸
	268	檐	염	-	염	염	염	첨
	269	簷	염	첨	염	염	염	첨
	270	鎌	렴	겸	렴	렴	렴	겸
豔	271	驗	염	험	엄	엄	엄	험
	272	欠	겸	흠	검	검	검	흠
	273	塹	졈	참	쳠	쳠	쳠	참
	274	嶄	-	-	쳠	쳠	쳠	참
屋	275	縠	혹	곡	혹	혹	혹	곡
	276	槲	혹	곡	혹	혹	혹	곡
	277	斛	혹	곡	혹	혹	혹	곡
	278	縮	슉	츅	슉	슉	슉	츅
	279	蹜	슉	츅	슉	슉	슉	츅
	280	觳	혹	곡	혹	혹	혹	곡
沃	281	酷	곡	혹	곡	곡	囷	혹
覺	282	確	각	확	각	각	각	확
	283	啅+	-	-	착	착	착	탁
	284	椓	작	탁	착	착	착	탁
	285	逴	착	탁	착	착	착	탁
	286	踔	착	탁	착	착	착	탁

운	번호	한자	화동 정	화동 속	삼운	규장	전운 정	전운 속	운	번호	한자	화동 정	화동 속	삼운	규장	전운 정	전운 속
	287	趠	착	탁	착	착	착	탁		319	鶡	할	갈	할	할	할	갈*
覺	288	濁	착	탁	착	착	착	탁		320	喝	할	갈	할	할	할	갈
	289	擢	착	탁	착	착	착	탁		321	鞨	할	갈	할	할	할	갈
	290	濯	착	탁	착	착	착	탁		322	掇	돨철	-	탈	탈	탈	쳘
	291	涿	착	탁	착	착	착	탁		323	剟	돨철	-	탈	탈	탈	쳘
	292	搽	착	탁	착	착	착	탁		324	闊	괄	활	괄	괄	괄	활
	293	琢	착	탁	착	착	착	탁		325	割	갈	할	갈	갈	갈	할
	294	卓	착	탁	착	착	착	탁	點	326	憂	갈	알	갈	갈	갈	알
	295	啄	착	탁	착	착	착	탁		327	嘎	갈	알	갈	갈	갈	알
	296	倬	착	탁	착	착	착	탁		328	貎	알	셜	알	알	알	셜
	297	鰒	박	복	박	박	박	복	屑	329	佚	덜	-	덜	덜	덜	딜
質	298	詰	길	힐	길	길	길	힐		330	堨+	-	-	걸	걸	걸	갈
	299	狤+	-	-	-	-	길	힐		331	詰	혈	-	혈	혈	혈	힐
	300	恤	슐	휼	슐	슐	슐	휼		332	裁+	-	-	덜	덜	덜	딜
	301	賉	슐	휼	슐	슐	슐	휼		333	涅	녈	날	녈	녈	녈	날
	302	秫	슐	츌	슐	슐	슐	츌		334	苶	녈	날	녈	녈	녈	날
物	303	吃	글	-	글	글	글	흘		335	捏	녈	날	녈	녈	녈	날
	304	綍	불	볼	불	불	불	볼		336	孑	결	혈	걸	걸	결	혈
	305	疙	을	흘	을	을	을	흘		337	齧	열	셜	얼	얼	얼	셜
	306	屹	을	흘	을	을	을	흘		338	纈	혈	힐	혈	혈	혈	힐
	307	仡	을	흘	을	을	을	흘		339	擷	혈	힐	혈	혈	혈	힐
	308	乞	글	걸	글	글	글	걸		340	頡	혈	힐	혈	혈	혈	힐
月	309	訐	갈	알	갈	갈	갈	알		341	挈	결	셜	결	결	결	셜
	310	瘑+	-	-	-	알	알	갈		342	鐷	결	흘	결	결	결	흘
	311	颭	월	-	헐	헐	헐	월		343	絜	결	흘	결	결	결	흘
	312	鶻	홀	골	홀	홀	홀	골		344	潔	결	흘	결	결	결	흘
	313	暍	알	갈	알	알	알	갈		345	昳	덜	딜	덜	덜	덜	밀*
曷	314	曷	할	갈	할	할	할	갈		346	垤	덜	딜	덜	덜	덜	딜
	315	敠+	-	-	탈	탈	탈	쳘		347	耋	덜	딜	덜	덜	덜	딜
	316	獦	혈	갈	할	할	할	갈		348	迭	덜	딜	덜	덜	덜	딜
	317	褐	할	갈	할	할	할	갈		349	跌	덜	딜	덜	덜	덜	딜
	318	毼	할	갈	할	할	할	갈		350	絰	덜	딜	덜	덜	덜	딜

운	번호	한자	화동 정	화동 속	삼운	규장	전운 정	전운 속	운	번호	한자	화동 정	화동 속	삼운	규장	전운 정	전운 속
	351	飉	덜	딜	덜	덜	덜	딜	合	383	榼	갑	합	갑	갑	갑	합
	352	埒	렬	날	렬	렬	렬	날		384	溘	갑	합	갑	갑	갑	합
	353	拙	졀	졸	졀	졀	졀	졸		385	盒	갑	합	갑	갑	갑	합
	354	碣	걸	갈	걸	걸	걸	갈	葉	386	聶	녑	녑	녑	녑	녑	섭
藥	355	礐	각	확	곽	곽	곽	확		387	胒	겹	-	겹	겹	겹	협
	356	㴚+	-	-	-	-	확	곽	葉	388	蹍+	-	-	녑	녑	녑	섭
	357	攫	각	확	곽	곽	곽	확		389	躡	녑	섭	녑	녑	녑	섭
	358	攪	각	확	곽	곽	곽	확		390	鑷	녑	섭	녑	녑	녑	섭
	359	霍	확	곽	확	확	확	곽		391	驖	녑	섭	녑	녑	녑	섭
藥	360	藿	확	곽	확	확	확	곽		392	籋	녑	섭	녑	녑	녑	섭
	361	癯	확	곽	확	확	확	곽		393	鉕	녑	섭	녑	녑	녑	섭
	362	皭	쟉	격	작	쟉	작	격		394	讘	녑	섭	녑	녑	녑	섭
	363	擴	곽	확	곽	곽	곽	확		395	頰	겹	협	겹	겹	겹	협
陌	364	坼	칙	탁	칙	칙	칙	탁		396	鋏	겹	협	겹	겹	겹	협
	365	垞	칙	-	칙	칙	칙	턱		397	筴	겹	협	겹	겹	겹	협
	366	墌	칙	탁	칙	칙	칙	탁		398	梜	겹	협	겹	겹	겹	협
	367	擇	칙	-	칙	칙	칙	턱		399	莢	겹	협	겹	겹	겹	협
	368	澤	칙	-	칙	칙	칙	턱		400	愜	겹	협	겹	겹	겹	협
	369	罜毛	칙	-	칙	칙	칙	턱		401	悏	겹	협	겹	겹	겹	협
	370	罜毛	칙	턱	칙	칙	칙	턱		402	慊	겹	협	겹	겹	겹	협
	371	革	격	혁	격	격	격	혁		403	匧	겹	협	겹	겹	겹	협
	372	蜴	역	텩	역	역	역	텩		404	篋	겹	협	겹	겹	겹	협
	373	拆	칙	탁	칙	칙	칙	탁	洽	405	洽	협	흡	협	협	협	흡
錫	374	橄	혁	격	혁	혁	혁	격		406	妗	폄	핌	법	법	법	핌
	375	覡	혁	격	혁	혁	혁	격		407	帖+	-	-	겹	겹	겹	흡
職	376	愎	픽	퐉	벽	벽	벽	퐉		408	挾+	-	-	겹	겹	겹	협*
	377	逼	픽	핍	벽	벽	벽	핍		409	箚	잡	-	잡	잡	잡	차
	378	偪	픽	핍	벽	벽	벽	핍		410	匣	합	갑	합	합	합	갑
	379	幅	픽	핍	벽	벽	벽	핍		411	乏	폄	핌	법	법	법	핌
緝	380	泣	급	읍	급	급	급	읍		412	泛	폄	핌	법	법	법	핌
	381	湆	급	읍	급	급	급	읍*		413	夾	겹	협	겹	겹	겹	협
	382	熠	읍	습	읍	읍	읍	습		414	恰	갑	흡	겹	겹	겹	흡

※ 『전운옥편』의 자례들에서 "*"표가 있는 음들은 오각이거나 탈각인 자들이다. □안의 음은 복원한 음이다.75) 한자에 "+"가 있는 것은 『전운옥편』이 새로 증보한 글자들이다.

위에 예시한 속음을 『화동정음』 속음과의 대조 하에 다음과 같이 분류하여
볼 수 있다.

1) 『화동정음』의 속음과 일치한 음

『전운옥편』에 기록된 414자의 속음을 『화동정음』의 속음과 대조하면 대부
분의 음들이 일치한다. 『전운옥편』은 『화동정음』과 일치한 속음을 기록하였을
뿐만 아니라 정음도 같은 음을 기록한 것이 특징이다. 예하면 "支"운의 19
"姬"는 『화동정음』에 "긔俗희"로 기록되었고 『전운옥편』에도 "긔俗희"로 기록
되어 있다. 『삼운성휘』와 『규장전운』에 기록된 음은 "긔"다. 이와 같이 두 책
에서 일치하게 나타나는 속음은 347자에 달한다.

『화동정음』의 속음과 일치한 음의 경우 보이는 또 하나의 특징은 정음으로
기록된 음들은 『화동정음』, 『삼운성휘』, 『규장전운』, 『전운옥편』이 공동히 보
이는 음이라는 점이다. 즉 『화동정음』과 『전운옥편』의 속음에 대응하는 정음
은 이 네 책에서 정음으로 공동히 기록하고 있는 음이다. 예하면 "東"운의 4
"娀"은 정음은 "슝"이고 속음은 "융"인데 정음 "슝"은 『화동정음』, 『삼운성휘』,
『규장전운』, 『전운옥편』에 공동히 기록되었다.

일치를 보이는 속음자 가운데서 『전운옥편』이 『화동정음』의 정음과 불일치
한 음을 보이는 자는 20, 28, 30, 35, 36, 37, 40, 41, … 등과 같은 자들이다.

『전운옥편』과 『화동정음』에서 동일음을 보이는 속음자들을 나타나는 자례
에 한하여 전통음과 대비하면 이들은 15~16세기부터 전통적으로 써오던 현실
음임을 알 수 있다. 몇 자례를 보이면 다음과 같다.

운	번호	한자	화동	삼운	규장	전운	전통음	현대음
講	15	港	강俗항	강	강	강俗항	항	항
支	19	麾	귀俗휴	규	규	규俗휴	휴	휴

---

75) 227 "橕"의 "징"은 "징"의 탈각, 408 "挾"의 "협"은 "협"의 탈각, 345 "昳"의 "밀"은 "달"의 오각, 381
"溜"의 "옵"은 "읍"의 오각이다. 그리고 281 "酷"의 정음은 『전운옥편』에 파손된 글자인데, 전후시기
운서 옥편들에 기록된 음으로 미루어 "곡"으로 복원한 음이다. 319 "鶡"에 대하여 『전운옥편』은 "曷"
운에서 "할"음만 보이고 "文"운에서 "분俗갈"이라 하여 속음 "갈"을 기록하였다.

운	번호	한자	화동	삼운	규장	전운	전통음	현대음
紙	29	弛	시俗이	시	시	시俗이	이	이
寘	38	嗜	시俗기	시	시	시俗기	기	기
	39	寐	미俗미	미	미	미俗미	미	매
遇	75	嫗	우俗구	우	우	우俗구	구	구
齊	81	系	혜俗계	혜	혜	혜俗계	계	계
佳	89	偕	기俗히	기	기	기俗히	히	해
	90	階	기俗계	기	기	기俗계	계	계
	93	儕	지俗제	지	지	재俗제	제	제
泰	95	繪	괴俗회	괴	괴	괴俗회	회	회
灰	111	荄	개俗히	기	기	기俗히	히	해
卦	125	械	해俗계	희	희	희俗계	계	계
隊	128	憒	회俗궤	회	회	회俗궤	회	궤
眞	133	巾	근俗건	근	근	근俗건	건	건
	135	筠	윤俗균	윤	윤	윤俗균	균	균

......

이러한 속음들은 현실적 기반을 가지고 있던 음이라 할 수 있다. 조선한자음의 정착과정에서 정음이 속음에 대체되는 양상을 보여주는 자례들이다. 속음의 정음대체현상은 조선한자음 변화발전의 중요한 특징가운데의 하나이다.

전통음과 비교할 때 속음 가운데는 전통한자음과 동일한 음이였던 정음을 대체하고 현대음으로 고착된 것들도 있는데 예하면 다음과 같은 것들이다.

운	번호	한자	화동	삼운	규장	전운	전통음	현대음
嘯	181	鞘	쇼俗쵸	쇼	쇼	쇼俗쵸	쇼	초
歌	194	苛	하俗가	하	하	하俗가	하	가
麻	202	檛	좌俗과	좌	좌	좌俗과	좌	과
覃	263	憨	함俗감	함	함	함俗감	함	감
藥	361	瘙	확俗곽	확	확	확俗곽	확	곽
	362	緻	작俗격	작	작	작俗격	작	격
葉	391	鑷	녑俗셥	녑	녑	녑俗셥	녑	섭

이와 같은 자례들은 반절에 맞는 정음이 전통음으로 사용되어 오던 것들인

데(예하면 "茍"의 반절음은 "胡歌切"로서 중고음은 "햐〔ɣɑ〕다.) 전통음이었던 정음이 속음화한 새로운 음에 의하여 대체된 것들이다. 특히 "陌"운의 364 "坼"은『훈몽자회』에 "턱",『유합』에 "탁"으로 나타나는데, 하나는 정음이 되고 다른 하나는 속음화하여 현대음으로 고착되었다. "冬"운의 5 "舂"은『훈몽자회』초간본에 "숑", 중간본에 "숑",『유합』에 "용"인데 이는 "ㅅ >ㅿ >ㅇ"의 변화과정을 반영하는 자례이다.

10 "鳥舂", 59 "煮", 270 "鎌"은『화동정음』에서 비(非)속음으로 밝혔던 음들인데『전운옥편』이 속음으로 계승하였다.

2)『화동정음』에 없거나『화동정음』과 다른 속음

『전운옥편』의 속음 중『화동정음』에 없거나 혹은『화동정음』과 다른 속음으로 반영된 자례는 67자이다. 그 가운데『화동정음』의 정음이 속음으로 이어진 자가 11자,『화동정음』,『삼운성휘』,『규장전운』에서 일치를 보이던 "본음(本音)" 대신『전운옥편』에서 새롭게 기록된 속음이 32자,『전운옥편』에서 증보한 자로서『화동정음』에 수록되지 않은 글자가 24자이다.

(1)『화동정음』의 정음을 속음으로 계승한 11자

"灰"운의 101 "咳"는 "呼來切"로서 중고음은 〔ɣɑi〕이다.『화동정음』의 "희"음은 반절에 맞는 정음인데『전운옥편』에서 이 음을 속음으로 받아들였다. 이는 조선한자음의 정착과정에서 정음이 속음화하는 현상을 반영한 것이다. 이에 속하는 자례들은 86, 87, 101, 129, 138, 146, 157, 163, 311, 322, 323[76) 등이다.

(2)『전운옥편』이 새로 기록한 속음 32자

"眞"운의 31 "彪"는 "明祕切"로서『화동정음』,『삼운성휘』,『규장전운』에 정음으로 이 "미"음을 기록하였었는데『전운옥편』은 "미"를 기록한 외에 새로 속음 "민"를 기록하였다. 이와 같은 자례는 18[77), 31, 51, 62, 71, 79, 83, 85,

---

76) 322 "撥"과 323 "剟"은 중국음 "도"에 대응하여 조선음은 "딸"이다.『화동정음』은 두주에서 중국음이 "쥖"인 경우 조선음은 "철"임을 밝혔다.『전운옥편』은 이 "철"음을 속음으로 기록한것이다.

77) "支"운의 18 "觜"는 "齊"운에서는『화동정음』과『전운옥편』이 "계(俗)지"로 동일한 음을 보인다.

102, 105, 134, 140, 144, 164, 189, 228, 229, 244, 245, 256, 257, 267, 268, 303, 329, 331, 365, 367, 368, 369, 387, 409 등이다. 『전운옥편』에 새롭게 반영된 속음은 당시 유동상태에 있었던 음이거나 새로 유추되어 속음으로 된 음들을 반영한 것이라 할 수 있다.

(3) 『전운옥편』에 증보된 글자의 속음 24자

"支"운의 17 "蔆", "魚"운의 54 "耡"와 같은 자들은 『화동정음』에 수록되지 않았던 자들이다. 이들 속음은 『전운옥편』에서 처음 기록한 속음들이다. 이와 같은 음들은 그와 동일한 성부를 가지거나 자형이 비슷한 한자들의 속음에 유추되어 새롭게 속음으로 등장한 음들이라 할 수 있다. 예하면 "耡"는 "鋤"와 동일한 성부를 가지는데 "鋤"는 『화동정음』과 『전운옥편』에서 "서"를 속음으로 가지는 글자다. "鋤"에 유추되어 "耡"도 "서"를 속음으로 가지게 된 것이라 할 수 있다. 이처럼 『화동정음』에는 수록되지 않았지만 『전운옥편』에서 속음이 기록된 자례들은 도표에서 한자의 우측에 "+" 기호를 붙인 글자들이다.

5.4. 『교정전운옥편』의 속음

『전운옥편』의 교정본(校訂本)으로 『교정전운옥편』이 있다. 19세기말에 편찬되었다. 서울대본에는 판심제(版心題)는 『교정옥편』으로 되어있고 책명은 『전운옥편』으로 되어있는데 실제상 『전운옥편』의 교정본이다. 장서각의 판본은 판심제는 『교정옥편』으로 되어 있지만 서명은 『교정전운옥편』으로 되어있다.

장서각본에는 『교정전운옥편 총목(總目)』이 끝나는 자리에 저자의 간단한 글이 있는데 『전운옥편』을 교정하게 된 과정과 이유, 교정의 형식 등을 설명하고 있다.

> 옛날 우리나라 자학은 운서에 의하여 이루어졌는데 예컨대 정음통석, 삼운성휘, 운
> 고, 규장전운은 모두 과거시험에 편리하게(운 중심으로) 만들어진 것이다. 획을 헤아려
> 글자를 찾는 책(즉 옥편, 자전류)이 없다가 건릉성(健陵晟)때에 와서야 비로소 있게 되었
> 다. 신정옥편은 목차는 자전을 모방하고 다소 규장전운을 따르기도 하였는데 그로써

한자학습을 전수하여 이로움이 컸다. 세간에 전해진지 오래여 판본이 끊기고 글자들이 지워졌다. 간혹 번각된 책은 뜻이 어그러지고 음에 괴리가 생겼고 오히려 그릇됨이 더하였다. 무술78) 겨울에 방인(坊人)이 새로운 판본을 찍으려고 나를 청하여 교정을 보게 하였다. 일찍 그를 규장전운에 맞추어 바로잡을 마음이 있었던 차라 기쁨을 참지 못하고 한 글자 한 글자 찾아서 바로 고쳐 다시 그 진모를 보게 되었다. 간두의 속음은 또한 눈에 뜨이도록 하였다. 신촌자가 서하다.(我東字學古以韻書，若正音通釋、三韻聲彙、韻考、奎章全韻皆爲取便於科試，計畫檢字初無，其書至健陵晠際始有。新定玉篇，目次倣字典，多少依奎韻。以授初學，馴致極功，大有神益。行世旣久，板刊字缺，間或飜刻，義舛音乖，反多滋誤。戊戊冬，坊人謀鋟新本，請余校訂。以其嘗有正於奎韻，故也，見獵之想，不能自已，逐字查正，復見眞面。間頭俗音，且以醒目。云，愼村子書。)

교정 『전운옥편』은 『전운옥편』의 판식을 고치지 않고 란외의 두주에 교정한 내용을 기록하는 형식으로 이루어졌는데 총 백여항79)에 달하는 교정내용을 보인다. 그런데 이 백여항이 모두 속음 관련 기록이 아니고 "儳本十五畫，誤作儵，入十八畫"등과 같이 『전운옥편』에서 획을 잘못 보았던 자례들에 대한 교정도 있고 "椿 度祖諱"등과 같이 역대왕들의 "휘(諱)"로 사용되었던 한자들에 대한 주석도 있다.

『교정전운옥편』에서 교정한 음들이 현대에 계승되는 과정을 보면 남과 북이 서로 다른 경향을 보이고 있어 주목된다. 서울대본을 대상으로 『교정전운옥편』에 기록된 속음을 정리하여 예시하면 다음과 같다. 차례는 문헌에 등장하는 순서에 따른다. 『전운옥편』은 "원본"으로 약칭하고 『교정전운옥편』은 "교정본"으로 약칭한다.

> (1) 丁 : 졍正정. 원본에는 "靑"운에서 "뎡", "庚"운에서 "쟝"이다. 교정본의 "졍 正졍"은 庚운에서의 "쟝"음에 대한 교정이다. 교정본에도 원본에서 보였던 대로 "X正Y"형식의 교정음이 보이는데, 원본의 경우와 마 찬가지로 "Y"음은 『화동정음』의 음이다. 『화동정음』에 "庚"운에서 "丁"의 음은 "졍"이다.

---

78) 본문에는 "술무(戌戈)로 기록되어 있는데, "무술"을 잘못 쓴 것으로 보인다.
79) 두주에 기록한 내용 중 지워진 곳들이 있어 확실한 수자를 통계하기 어렵다.

(2) 下 : 下之俗햐. 원본에서 "下"는 "馬:"운과 "禡"운에서 모두 "햐"음을 보인다. "馬"운일 때 "上之對底也 賤也"의 의미이고 "禡"운일 때 "降也 落也"의 의미이다. 교정본은 "下之俗햐"라 하여 "馬"운에서 "아래"의 의미로 쓰일 때 세속에서 "햐"음으로 발음됨을 말한 것이다. 현대음은 "하"다.

(3) 丑 : 俗츅. "丑"은 운서에서 "有"운에 속하는 글자이다. 원본에는 "튜"다. 속음에서 "츅"으로 변한 것은 운과 무관한 변화이다.

(4) 丹 : 契丹俗란. 원본에 "단"이다. "契丹(글단)"에서 "丹"음이 "란"으로 변한 것은 "牡丹(모단)"이 우리 음에서 "모란"으로 읽히면서 "丹(단)"이 "란"으로 되던 것과 동일한 현상으로 해석된다. 즉 "글단>그단>거란"의 변화 과정을 감안한 변화로 보인다. "단>란"의 변화는 "단모가래모로 변한" 현상으로 『동국정운』에서도 지적하였던 바이다.80)

(5) 什 : 什物俗즙."緝"운의 자인데 원본에 "습"이다. 『새옥편』에는 "십, 집"이고 『한한대사전』에는 "십"이다.

(6) 倭 : 俗왜. "支"운과 "歌"운에 속하는 글자이다. 원본에 "支"운일 때 "위", "歌"운일 때 "와"다. 교정본의 "왜"음은 "歌"운에서의 "와"음에 대한 교정인데 현대에 계승되었다.

(7) 倅 : 俗슈. 원본에 "쵀正쉬"다. 교정본의 "슈"는 "쉬"의 속음이다. 『새옥편』에는 "수"로 교정음이 계승되었고 『한한대사전』에는 "쉬"로 원본의 음이 계승되었다.

(8) 儌 : 俗취. 원본에 "튜"다. 『새옥편』은 "취"로 교정음을 계승하였고 『한한대사전』은 원본의 "추"음을 계승하였다. 교정본에서 "튜"음이 "취"로 변한 이 자례는 (7) "쉬>슈"와 상반되는 변화이다.

(9) 儓 : 俗시. "實"운에 속하는 자인데 원본에 "ㅅ"다. 『새옥편』에는 교정음 "새"가 계승되었고 『한한대사전』은 "實"운에서 "사"로 원본의 음이 계승되었는데 "隊"운의 "새"음을 추가하였다. 교정본의 음은 성부 "塞"에 유추된 음으로 보인다.

(10) 儈 : 俗쾌. "泰"운에 속하는 자인데 원본에 "괴"다. 현대음은 "쾌"다. 조선한자음에서 "ㅋ"초성 한자음은 극히 제한된 자례에 한하여 보이는데, "儈"는 『자전석요』, 『신자전』에서도 유기음화되지 않았다. 따라서 "儈쾌"는 현대에 들어 와 생긴 음으로 보인다.

(11) 兜 : 俗도. 원본에 "두"다. 현대음은 "도"다. 『새옥편』에는 "도"로 교정음을

---

80) "端之为来不唯终声 如次第之第 牡丹之丹之类" 「동국정운 서」

계승하였고『대한한사전』은 원본의 "두"음을 계승하였다. 단, "兜率"의 경우에만 "도"로 읽는다고 하였다.

(12) 刷 : 俗쇄. 원본에 "솰"이다.『훈몽자회』에 "솨"다. 현대음의 "쇄"는 교정본의 "쇄"음을 계승하였다.

(13) 則 : 傚也以下俗측. 원본에는 의미에 관계없이 "즉"음 하나이다. 교정본은 (2)와 같은 유형으로 특정한 의미에 따라 다르게 음을 기록하였다. 현대음은 "즉"과 "칙" 2음이다.

(14) 北 : 븍俗복 敗走俗븨. 원본에 "職"운에서 "북", "隊"운에서 "패正비"다. 교정본에서 기록한 속음 "복"은 현대음 "복"과 다르다. "敗走"의 의미를 가질때 현대음은 "배"인데, 교정본에서 "븨"라고 한 것은 중국음의 발음을 인식한 음이라 할 수 있다.

(15) 匾 : 俗편. 원본에 "변"이다. 교정음 "편"이 현대음으로 계승되었다.

(16) 卸 : 俗아. 원본에 "샤"다. 현대음은 "사"로서 원본의 음이 계승되었다.

(17) 叩 : 俗고 "有, 宥"운에 속하는 글자인데 원본에 "구"다. 교정음 "고"가 현대음으로 계승되었다.

(18) 呷 : 俗압. 원본에 "합"이다.『새옥편』은 "압"음을 받아들였고『한한대사전』은 "합"음을 받아들였다.

(19) 咽 : 咽喉俗인. "先"운에 속하는 자로서 원본에 "연"이다. 현대음은 "先"운의 "인", "霰"운의 "연", 屑운의 "열"로 세 개의 음을 보이다.

(20) 喎 : 俗쇄. "佳"운의 자로서 원본에 "괘"다. 현대음은 "와"다.

(21) 喙 : 俗회. 원본에 "훼"다.『새옥편』은 "회"와 "훼"음을 모두 받아들였다. 『한한대사전』은 "훼"음만을 기록하였다. 일상적으로는 "부리 훼"로 사용되고 있다.

(22) 喫 : 俗긱. 원본에도 "각"이다. 교정본의 "각"은 "끽"의 오각인 듯하다.『새옥편』은 "각"음을 기록하였고『한한대사전』은 "끽"음을 기록하였다.

(23) 嗄 : 사俗하. 원본에 "사"다.『새옥편』에는 교정음 "하"가 계승되었고『한한대사전』에는 원본의 "사"음이 계승되었다.

(24) 嘿 : 俗묵. 원본에 "믁"이다. 중성 "ㅡ"가 순음아래에서 "ㅜ"로 원순화하는 변화를 보여준 자례이다. 이와 같은 변화는 규칙적인 변화이다.

(25) 囫 : 俗물. 원본에 "홀"이다. 원본의 "홀"이 현대음으로 계승되었다. 교정본의 "물"음은 성부 "勿"에 유추된 음으로 보인다.

(26) 堋 : 俗붕. 원본에 "븡"이다. (24)와 같은 유형의 변화음이다.

(27) 墨 : 俗묵. 원본에 "믁"이다. (24)와 같은 유형의 변화음이다.

(28) 璽 : 俗시. 원본에 "솨"다. 교정음 "새"가 현대음으로 계승되었다.

(29) 壘 : 俗루. 원본에 "紙"운에서 "류", "賄"운에서 "뢰"다. "紙"운에서 교정음 "루"가 현대음으로 계승되었다.

(30) 套 : 俗투. 원본에 "토"다. 교정음 "투"가 현대음으로 계승되었다.

(31) 媧 : 俗괴. "蛩"운의 자인데 원본에 "와"다.81) 『새옥편』에는 "과"로 기록되었고 『한한대사전』에는 "와"로 기록되었다.

(32) 娟 : 俗와. 원본에 "麻"운에서 "과", "佳"운에서 "쾌正왜"다. 『새옥편』은 "와"로 교정음을 계승하였고 『한한대사전』은 "麻"운에서 "과", "佳"운에서 "왜"음을 기록하였다.

(33) 娵 : 俗슈. 원본에 "소"다. 현대음은 "수"인데 교정음이 계승되었다.

(34) 嫂 : 俗슈. 원본에 "소"다. 현대음은 "수"인데 교정음이 계승되었다.

(35) 崩 : 俗붕. 원본에 "붕"이다. (24)와 같은 유형의 변화음이다.

(36) 秠 : 俗혜. 원본에 "齊"운에서 "혜"다. 『새옥편』은 "해"로 교정음을 계승하였고 『한한대사전』은 "혜"로 원본의 음을 계승하였다.

(37) 平 : 편俗변. 원본에 "庚"운에서 "평", "先"운에서 "편"이다. "평"음을 계승한 외에 『새옥편』은 "先"운에서 "변"으로 교정음을 계승하였고 『한한대사전』은 원본의 "편"음을 계승하였다.

(38) 怕 : 俗패. 원본에 "파"다. 원본의 음이 현대음으로 계승되었다.

(39) 懺 : 俗체. 원본에 "지正치"다. 교정본의 "체"음은 성부 "霍"에 유추된 음으로 보인다. 『새옥편』은 교정음 "체"를 계승하였고 『한한대사전』은 원본의 "치"음을 계승하였다.

(40) 扣 : 俗고. 원본에 "구"다. 『새옥편』은 교정음 "고"를 계승하였고 『한한대사전』은 원본의 "구"음을 계승하였다.

(41) 拇 : 俗모. 원본에 "무"다. 교정음의 "모"는 성부 "母"의 유추음으로 보인다. 『새옥편』은 교정음 "모"를 계승하였고 『한한대사전』은 원본의 "무"음을 계승하였다.

(42) 槐 : 俗괴. 원본에 "회"다. 교정음 "괴"가 현대음으로 계승되었다.

(43) 杁夏 : 俗화. "馬"운에 속하는 글자이다. 원본에 "가"다. 『새옥편』은 교정음 "화"를 계승하였고 『한한대사전』은 원본의 "가"음을 계승하였다.

(44) 拇 : 俗모. 원본에 "무"다. "母"는 언해류에서는 16세기에 이미 "모"음을 보

---

81) 『교정전운옥편』의 본문에는 "와"로 기록되어 있다. 이와 같은 것들이 저자가 언급한바의 "行世既久, 板刓字缺, 间或翻刻, 义舛音乖, 反多滋误"한 음들이라 할 수 있다. 두주에 기록한 교정음 "과"도 "과"의 오각이거나 탈각으로 볼 수 있다.

였다. 운서음은 줄곧 "무"로 나타났던 음이다.

(45) 派 : 俗파. 원본에 "패"다. 교정음 "파"가 현대음으로 계승되었다.

(46) 淚 : 俗루. 원본에 "류正뤼"다. 15, 16세기 언해본에서 "류, 뤼"음이 보인다. 현대음은 "루"다.

(47) 涸 : 후俗고, 화俗화. 원본에 "遇"운에서 "호正후", "藥"운에서 "학"이다. 교정본의 "화俗화"는 "학俗화"의 오각으로 보인다. 『새옥편』은 "遇"운에서 "고", "藥"운에서 "확"음을 기록하였고『한한대사전』은 "遇"운에서 "호", "藥"운에서 "학"음을 기록하였다.

(48) 淬 : 俗쇄. 원본에 "채正쉬"다. 『새옥편』은 교정음 "쇄"를 계승하였고『한한대사전』은 "쉬"로 원본의 음을 계승하였다.

(49) 滓 : 俗지. 원본에 "ㅈ"다. 현대음은 "재"인데 교정음이 계승되었다.

(50) 潎 : 俗제. "魚"운에 속하는 글자이다. 원본에 "져"다. 교정본의 "제"음은 성부 "除"에 유추된 음으로 보인다.『새옥편』은 "제"로 교정음을 계승하였고『한한대사전』은 "저"로 원본의 음을 계승하였다.

(51) 漬 : 俗치. 원본에 "지正지"이다.『새옥편』은 교정음 "치"를 계승하였고『한한대사전』은 원본의 "지"음을 계승하였다.

(52) 濬 : 俗준. 원본에 "슌"이다. 교정음 "준"이 현대음으로 계승되었다.

(53) 牢 : 俗뢰. 원본에 "로"다. "豪"운에서 현대음은 교정음 "뢰"를 계승하였다.

(54) 牡 · 俗무. 원본에 "무"다. 교정음 "모"가 현대음으로 계승되었다.

(55) 獷 : 俗굉. 원본에 "광"이다. 원본의 "광"음이 현대음으로 계승되었다.

(56) 璽 : 俗시. 원본에 "ㅅ"다. 현대음은 "새"다.

(57) 畬 : 俗번. 원본에 "분"이다.『새옥편』은 교정음 "번"을 계승하였고『한한대사전』은 원본의 "분"음을 계승하였다.

(58) 畝 : 俗묘. 원본에 "무"다. 교정음 "묘"가 현대음으로 계승되었다.

(59) 畦 : 俗규. 원본에 "휴"다.『새옥편』은 교정음 "규"를 계승하였고『한한대사전』은 원본의 "휴"음을 계승하였다.

(60) 癇 : 흡간. 원본에 "한"이다. 교정음 "간"이 현대음으로 계승되었다.

(61) 碭 : 俗당. 원본에 "탕"이다.『새옥편』은 교정음 "당"을 계승하였고『한한대사전』은 원본의 "탕"음을 계승하였다.

(62) 磊 : 俗뢰. 원본에 "뤼"다. 교정음 "뢰"가 현대음으로 계승되었다.

(63) 磔 : 俗걸. 운서에서 "陌"운에 속하는 글자다. 원본에 "칙"이다. 운과 무관하게 변한 음인데 교정본의 "걸"음은 성부 "桀"에 유추된 음이다.『새옥편』은 교정음 "걸"을 계승하였고『한한대사전』은 "책"으로 원본의 음을

계승하였다.

(64) 禰 : 俗메. 원본에 "니正녜"다.『새옥편』은 원본의 "니"음을 계승하였고『한한대사전』은 "녜"음을 계승하였다.

(65) 秸 : 俗알. 원본에 "갈"이다. 원본의 음이 현대음으로 계승되었다.

(66) 窖 : 俗고 원본에 "교"다. 현대음도 "교"다. 교정본의 "고"음은 성부 "告"에 유추된 음이다.

(67) 竑 : 俗굉. 원본에 "횡"이다.『새옥편』은 "황",『한한대사전』은 "횡"음을 기록하였다.

(68) 箈 : 俗태. 원본에 "치"다.『삼운성휘』에서 원음은 "蚩(치)"인데 세속에서 "苔(태)"음으로 읽힘을 밝히면서 원음대로 교정하였던 음이다.[82] 따라서 속음 "태"는 교정에 앞서 이미 전에 쓰였던 음이라 할 수 있다.

(69) 筥 : 俗게. 원본에 "거"다.『새옥편』은 교정음 "게"를 계승하였고『한한대사전』은 원본의 "거"음을 계승하였다.

(70) 筲 : 俗쵸 원본에 "쇼"다. 성부 "宵"는 "肖"에 유추한 음이라 할 수 있다.『새옥편』은 "초"로 교정음을 계승하였고『한한대사전』은 "소"로 원본의 음을 계승하였다.

(71) 箠 : 俗쵀. 원본에 "츄"다. 교정본의 "최"음은 조선한자음에 사용되지 않았던 음이다. 현대음은 "추"로 원본의 음을 계승하였다.

(72) 篲 : 俗혜. 원본에 寘운에서 "슈", 霽운에서 "셰"다. 현대음은 "수"와 "세"로 원본의 음을 계승하였다.

(73) 累 : 俗루. 원본에 "류"다. 교정음 "루"가 현대음으로 계승되었다.

(74) 紱 : 俗볼. 원본에 "불"이다.『새옥편』은 "발"로 교정음을 계승하였고『한한대사전』은 원본의 "불"음을 계승하였다.

(75) 緱 : 俗후. 원본에 "구"다. 교정본의 "후"음은 성부 "侯"에 유추한 음이다.『새옥편』은 교정음을 계승하였고『한한대사전』은 원본의 음을 계승하였다.

(76) 緘 : 俗함. 원본에 "감"이다. "함"은 성부 "咸"의 유추음이다. 교정음 "함"이 현대음으로 계승되었다.

(77) 縊 : 俗익. 寘운에 속하는 자다. 원본에 "의"다. 운과 무관하게 변한 속음인데, 성부 "益"의 영향이다.『새옥편』에는 "애"음이고『한한대사전』은 "액, 의"로 교정음과 원본의 음을 모두 계승하였다.

(78) 繻 : 俗유. 원본에 "슈"다.『새옥편』은 교정음 "유"를 계승하였고『한한대사

---

[82] "中声之讹如筈之与蚩同音而俗音苔···) 虽与子母之讹虽有别而不得不各以类从."「삼운성휘 범례」

전』은 "수, 유"로 교정음과 원본의 음을 모두 계승하였다.

(79) 纍 : 俗루. 원본에 "류"다. 현대음은 "루"다.

(80) 臭 : 俗취. 원본에 "츄"다. 현대음은 "취"로 교정음을 계승하였다.

(81) 芰 : 俗지. 원본에 "기"다. 교정본의 "지"음은 성부 "支"에 유추 된 음이다. 『새옥편』은 교정음 "지"를 계승하였고『한한대사전』은 원본의 "기"음을 계승하였다.

(82) 蒠 : 俗싀. 원본에 "스"다. 『새옥편』은 "사"로 원본의 음을 계승하였고『한한대사전』은 "새, 시"음을 기록하였다.

(83) 蚱 : 俗작. 원본에 "칰"이다. 『새옥편』은 교정음 "작"을 계승하였고『한한대사전』은 "책"으로 원본의 음을 계승하였다.

(84) 蛻 : 俗예. 원본에 "霽"운에서 "세", "泰"운에서 "태"다. 현대음은 "泰"운에서 "태"음을 계승하고 "霽"운에서『새옥편』은 교정음 "예",『한한대사전』은 "세"로 원본의 음을 계승하였다.

(85) 卹 : 俗휼. 원본에 "質"운에서 "슐", "月"운에서 "솔"이다. 교정음 "휼"이 현대음으로 계승되었다.

(86) 褫 : 俗체. 원본에 "치"다. 원본의 음이 현대음으로 계승되었다.

(87) 詿 : 俗와. 원본에 "괘"다. 『새옥편』은 교정음 "와"를 계승하였고『한한대사전』은 원본의 음 "괘"를 계승하였다.

(88) 譽 : 俗예. 원본에 "여"다. 교정음이 현대음으로 계승되었다.

(89) 豫 : 俗예. 원본에 "여"다. 교정음이 현대음으로 계승되었다.

(90) 賂 : 俗뢰. 원본에 "로"다. 교정음이 현대음으로 계승되었다.

(91) 赶 : 俗한. 원본에 "간"이다. 『새옥편』은 교정음 "한"을 계승하였고『한한대사전』은 원본의 "간"음을 계승하였다.

(92) 趕 : 俗한. 원본에 "간"이다. 『새옥편』은 교정음 "한"을 계승하였고『한한대사전』은 원본의 "간"음을 계승하였다.

(93) 迂 : 俗오. 원본에 "虞"운에서 "우"다. 『새옥편』은 교정음 "오"를 계승하였고『한한대사전』은 "虞"운에서 "우", "麌"운에서 "오"음을 기록하였다.

(94) 迫 : 俗박. 원본에 "빅"이다. 교정음이 현대음으로 계승되었다.

(95) 這 : 俗져. 원본에 "쟈"다. "저"로 교정음이 현대음으로 계승되었다.

(96) 適 : 俗격. 원본에 "錫"운에서 "뎍", "陌"운에서 "셕"이다. 교정음이 현대음으로 계승되었다.

(97) 郜 : 俗곡. 원본에 "고"다. 『새옥편』은 교정음을 계승하였고 한한대사전』은 원본의 음과 교정음을 모두 계승하였다.

(98) 郝 : 俗혁. 원본에 藥운에서 "학"이다. 藥운에서『새옥편』은 교정음과 원본
　　　의 음을 모두 계승하였고『한한대사전』은 원본의 "학"음을 계승하였다.

(99) 酵 : 俗효. 원본에 "교"다. 교정음이 현대음으로 계승되었다.

(100) 醜 : 俗취. 원본에 "츄"다. 현대음은 "추"로 원본의 음을 계승하였다.

(101) 金 : 姓김. 원본에 "금"이다. 교정음 "김"은 조선에서만 사용되는 음이다.

(102) 鍮 : 正듀俗유. 원본에 "투"다. "正듀"라고 한 것은 오각인 듯하다. 교정음
　　　 "유"가 현대음으로 계승되었다.

(103) 覇 : 俗패. 원본에 "파"다. 교정음 "패"가 현대음으로 계승되었다.

(104) 預 : 俗예. 원본에 "여"다. 교정음이 현대음으로 계승되었다.

(105) 馱 : 俗作馱音태. 원본에 "타"다. 교정음이 현대음으로 계승되었다.

(106) 鷁 : 俗일. "錫"운에 속하는 글자다. 원본에 "역正악"이다. 운 소속과 무관
　　　 하게 변화된 음이다.『새옥편』은 교정음을 계승하였고『한한대사전』은
　　　 원본의 "악"음을 계승하였다.

(107) 左 : 俗좌. 원본에 "쟈"다. "左"자는 운서뿐 아니라『중용언해』에도 "쟈"음
　　　 으로 기록되어 있던 음이다.

　　이상『교정전운옥편』에서 교정한 음에 대하여 살펴보았다. 볼 수 있는바 교
정옥편에 "刷(쇄)", "豫, 預(예)", "母(모)" 등과 같이 현대음으로 고착된 음들이
기록되어 주목되는 바가 있다. 그러나『교정전운옥편』의 속음에는 또한 이와
반대로 현실에 고착되지 않은 음들도 많다. 현대음에 반영된 양상은 남과 북이
다른데,『새옥편』은『교정전운옥편』의 교정음을 대부분 계승하였다면『한한대
사전』은 많은 경우『교정전운옥편』의 음을 계승하지 않고 원본의 음을 따랐다.
　　20세기 초의 자전인『자전석요』와『신자전』도『교정전운옥편』의 란외에 기
록한 속음 가운데 다음과 같은 7자만을 계승하고 그 외는 원본의 음을 따랐다.

한자	전운옥편	교정옥편	신자전
濬	슌	俗쥰	쥰
適	셕	俗젹	젹
則	즉	俗측	측
獷	굉	俗광	광
丁	뎡,징	俗졍	뎡
左	쟈	俗좌	쟈俗좌

䃰   뤼   俗뢰   뢰

이상의 고찰로 볼 때『교정전운옥편』에서 정리된 속음은 현실기반이 별로 든든하지 못하였던 음들임을 알 수 있고 또 현대 한자음을 정리함에 있어 남과 북에서 그 중시도가 달랐음을 알 수 있다.[83]

『교정전운옥편』이 주목되는 점은 그를 통해 선인들이 한자음을 정리한 태도와 방법을 인식할 수 있다는 점이다. "丹契丹俗란, 金姓김"과 같은 예들은 현실생활의 구두어거나 한자어단어의 구성요소로 되었을 때의 음이 한자음 정리의 한 기준이 되었음을 말해준다. "丑 츄俗축", "縊 의俗익", "磔 칙俗걸", "鷾 익俗일"등과 같은 자례들은 운의 소속과 무관하게 형성자의 성부에 따라 속음이 생성되는 모습을 보여주어, 한자음에서 운의 제약이 점차 약화되는 면을 인식할 수 있다.

6. 『자전석요』와 『신자전』

6.1. 취음의 기준

『자전석요』는 조선조를 마무리하는 시점에서 20세기 초에 편찬된 자전으로서 가장 현대적인 요소에 가깝다.『전운옥편』이후 20세기 초까지 새로운 옥편이거나 자전이 편찬되지 않다가 1909년에 지석영의『자전석요』가 편찬 된 것이다. 1915년에 조선 광문회에서 편찬한『신자전』의 음계는 조선조에 편찬된 운서, 옥편, 자전의 음과 밀접한 관련이 있기에 시간적으로는 조선조에 속하지 않지만 함께 고찰하기로 한다.

『자전석요』와『신자전』은 획과 부수를 기준으로 한자를 배열한 획인자전이다. 이점은『전운옥편』과 마찬가지인데 다르다면 이 두 자전에서는 한자음뿐아니라 한자의 뜻 해석도 조선어로 풀이해준 점이다.

---

83) 참고로 안병호『조선한자음체계의 연구』는 현시기 한자음을 정리한다고 할 때 가장 중요한 참고로되는 것은『교정전운옥편』의 음이라고 하였다.

먼저 이 두 자전의 범례를 통하여 이들 취음의 기준에 대하여 알아보기로 한다. 분석해보면 『전운옥편』을 모범으로 하고 있음을 볼 수 있다.

『자전석요』는 "조선의 자학(字學)은 「규장전운」을 기준한다."[84]고 하여 『규장전운』의 자의(字義)를 따라 뜻을 취하였는데 한자학습의 기본서로 만든 것이기에 한자의 기본 뜻만을 수록하였다. 한자음의 기록에 관하여 범례에 다음과 같이 서술하였다.

> 자음은 전운옥편을 따랐는데 속음이 있는 것은 속음을 따르고 … 정음이 있는 것은 정음을 따랐다.(字音從全韻玉篇, 而有俗音者從俗音, ……有正音者從正音。)
>
> 『자전석요』 범례

즉 『자전석요』는 한자음을 기록할 때 『전운옥편』의 음을 기준으로 속음이 있는 것은 속음을 따르고 "正"음이 있는 것은 "正"음을 따랐다고 하였다. 『신자전』은 례(例)에서 책이름을 달게 된 이유를 다음과 같이 밝히었다.

> 이 책은 강희자전을 대본으로 그 번잡함을 버리고 그 모자람을 기웠으며 아울러 새로 만든 글자와 새로 생겨난 뜻을 수록하여 새시대의 쓰임에 맞게 하였으므로 신자전이라 명하였다.(此書用康熙字典爲臺本, 剪其繁衍, 補其闕漏, 兼收新製之字、新增之義, 以應新時代之用, 故名曰新字典。)

또한 계속하여 『전운옥편』이 조선자학의 기준이기는 하나 혹 글자의 획이 틀린 것이 있어서 고문을 널리 참조하여 바로잡았음을 밝히었다.

> 조선자학은 전운옥편을 기준으로 하지만 자획에 혹 그릇됨이 있음으로 옛 문헌을 널리 참고하여 바로잡았다.(朝鮮字學, 以全韻玉篇爲準, 而字劃或有差爽, 故博考古文釐正。)
>
> 『신자전』 例

---

84) "朝鮮字学以奎章全韵为准" 「자전석요 범례」

이와 같이 『신자전』은 『강희자전』을 대본으로 새로 생긴 문자와 새로 불어
난 뜻을 보태여 새 시대에 실용성 있는 자전으로 편찬된 것이다.

> 글자의 순서는 전운옥편을 따르고 체제는 태서의 자서를 따랐다.(此書, 字次一
> 遵全韻玉篇, 而體例從泰西字書。)
>
> 『신자전』 例

라고 하여 글자의 순서는 『전운옥편』을 따르고 체제는 서양자전을 따랐음도
지적하였다.

이상에서 살펴 본바와 같이 『신자전』은 한자의 자형(字型), 자음(字音), 자의
(字意) 3요소 중 자형과 자의에 대하여 그 기준을 구체적으로 논하였으며 자전
편찬의 체재에 대하여도 명확히 밝혀주었다. 그러나 한자음에 관하여는 한마디
설명도 없다.

6.2. 한자음

『신지전』은 취음의 대본을 밝히지 않았지만 실제 한자음표기를 보면 『자전
석요』와 마찬가지로 『전운옥편』을 저본으로 하였음을 알 수 있다. 다음과 같이
예시하여 보인다.

운	한자	전운옥편		자전석요	신자전	
		本	正		本	正
寅	洎	긔	계	계	긔	계
	慣	지	치	치	지	치
	諉	뇌	위	위	뇌	위
未	彙	위	휘	휘	위	휘
魚	初	초		초	초	
	蝑	셔		셔	셔	
語	所	소		소	소	
	楚	초		초	초	

운	한자	전운옥편		자전석요	신자전	
		本	正		本	正
	阻	조		조	조	
	齟	조	주	주	조	주
	蜍	져	여	여	져	여
御	疏	소		소	소	
	助	조		조	조	
虞	痡	포	부	부	포	부
	呼	호		호	호	
	吾	오		오	오	
	姝	쥬		쥬	쥬	
	模	모		모	모	
寘	嗜	시	기	기	시	기
	寐	미	민	민	미	민
	萃	취	췌	취[취]	취	췌
	膪	츄		츄	츄	
	瑞	슈	셔	셔	슈	셔
微	巍	위	외	외	위	외
	沂	의	긔	긔	의	긔
未	卉	훼		훼	훼	
魚	鉏	조	서	서	조	서
	攄	쳐	터	텨	쳐	터
	墟	커	허	허	커	허
語	煮	져	쟈	쟈	져	쟈
御	覰	쳐		쳐	쳐	
	詛	조		조	조	
虞	訏	후	우	우	후	우
	娛	우	오	오	우	오
	毹	슈	유	유	슈	유
	盱	후	우	우	후	우

보다시피 『자전석요』와 『신자전』은 한자음을 기록할 때 모두 『전운옥편』을 저본으로 하였다. 이상의 자례들에서 볼 수 있는 것처럼 일반적으로 『자전석

요』는『전운옥편』의 3종체계의 음을 단일화하여 수용하는 방식을 채택하였다면『신자전』은『전운옥편』처럼 세 갈래의 음을 각각 모두 기록하였다.

그러나『자전석요』와『신자전』에 기록된 음을 보면 어떤 경우에는 같지 않은 음을 기록하고 있음도 볼 수 있다.

첫째,『전운옥편』의 음을 기준하되『자전석요』가 속음이거나 "正"음을 택한 반면에『신자전』이 속음이거나 "正"음을 버리고 본음을 취함으로써 생긴 이음.

『자전석요』와『신자전』은『전운옥편』의 음의 체계에 따라 한자음을 정리하였기 때문에 거의 차이를 보이지 않는다.『전운옥편』에 음이 하나만 기록된 경우 두 자전은 거의 예외를 보이지 않고 일치한 음을 기록하였다. 그렇지만 속음이거나 "正"음을 보인 자례들의 경우에는 음 선정에서 차이가 보인다. 예하면 "元"운의 "侖"자의 경우,『전운옥편』에 기록된 음은 "론正륜"이다.『자전석요』는 "정음이 있는 것은 정음을 택"하는 원칙에 따라 본음 "론"을 버리고 "륜"음을 기록하였고『신자전』도 "正"음 "륜"을 기록하였는데 이 경우『자전석요』와『신자전』은 결과적으로 동일 음을 기록하게 된다. 그러나 다음의 경우는 다르다. "紙"운의 "宄"는『전운옥편』에 "귀俗궤"인데『자전석요』는 "속음이 있는 것은 속음을 택"하는 원칙에 따라 속음을 택하여 "궤"음을 기록하였다.『신자전』은 속음 "궤"를 버리고 정음 "귀"만을 기록하였다. 이 경우 표면상『자전석요』와『신자전』은 각기 다른 계통의 음을 기록한 것처럼 보인다.

둘째,『신자전』이 일부 경우『전운옥편』의 본음과 "정" 혹은 "속"음을 구분하지 않고 2음으로 받아들여『자전석요』와 달라진 음이 있다.

예하면 "元"운의 "宛"은『전운옥편』의 음은 "원俗완"이여서『자전석요』는 속음 "완"만을 취하였는데,『신자전』은 정음과 속음의 구분이 없이 "원"과 "완"을 모두 택하였다. 이 경우『신자전』의 음은 다음자(多音字)를 반영하게 된다.

이상 첫 경우와 둘째 경우의 자례들을 더 들어 보이면 다음과 같다.

운	한자	전운옥편		자전석요	신자전
		本	正/俗		
紙	宄	귀	俗궤	궤	귀
元	宛	원	俗완	완	완,원
	侖	론	正륜	륜	륜
梗	獷	굉	俗광	광	광
曷	喝	할	俗갈	갈	갈
	剟	탈	俗철	철	탈, 철屑
洽	匣	합	俗갑	갑	갑
	乏	법	俗핍	핍	핍

셋째, 이 외에 또한 『신자전』이 『전운옥편』의 본음을 속음 혹은 "正"으로 기록하였거나 아예 제3의 음을 기록함으로써 생긴 이음도 있다.

예하면 "陽"운의 "嫦"은 『전운옥편』에 "샹"으로 기록되어 있어 『자전석요』는 이 음을 그대로 이어받았지만 『신자전』은 "항俗샹"이라 하여 『전운옥편』의 음을 속음으로 고착시키고 『전운옥편』에 없던 "항"을 본음으로 기록하였다. "嫦"자는 『광운』에 보이지 않고 『정자통(正字通)』에 나오는데 『강희자전』에 "'姮(항)' 과 같다. 세속에서는 '常(샹)'과 같이 읽는다(與姮同, 俗讀若常)"고 기록되어 있다. 『신자전』이 새로운 음으로 "항"을 기록하고 『전운옥편』의 음인 "샹"을 속음으로 기록하였던 것은 바로 『강희자전』의 해석에 따랐기 때문이다. 또 "屑"운의 "襭"자는 『전운옥편』에 "혈"이고 『자전석요』는 이 음을 그대로 기록하였다. 『신자전』은 "힐"로 다른 음을 기록하였다. "힐"은 현실음이었던 것으로 보인다.

이와 같이 『전운옥편』에 기록된 음은 하나인데 『자전석요』와 『신자전』에서 달리 보이는 음들의 자례를 더 들어보면 다음과 같다.

운	한 자	전운옥편	자전석요	신자전	
				本	正/俗
霽	劇	궤	궤	귀	
阮	琬	원	원	완	
哿	倮	과	과	라	俗과
陽	嫦	샹	샹	항	俗샹
梗	礦	굉	굉	광	
質	矞	휼	휼	율	正휼
屑	襭	혈	혈	힐	

『자전석요』와 『신자전』에 달리 기록된 음을 상술한 유형으로 갈라보았다. 이와 같은 차이가 생기게 된 것은 『자전석요』는 "속음이 있는 것은 속음을 따르고 정음이 있는 것은 정음을 따르"면서 큰 차이를 보이지 않고 거의 그대로 『전운옥편』의 음을 답습하였지만 『신자전』은 고정된 원칙을 세우지 않고 그 어떤 기준에 의하여 『전운옥편』의 3종의 음을 분석하여 택했기 때문인 것으로 보인다. 즉 "應急의 備와 通俗의 用"[85]으로 이루어진 『신자전』이 『강희지전』의 반절에 따라 『전운옥편』의 음을 교정하거나 당시의 현실음을 기준하여 한자음을 기록하였기 때문에 일부 이음들이 나타난 것이다. 그러나 전반 한자음의 기록으로 볼 때 이와 같은 음들은 극소수이고 대부분의 경우 모두 일치를 보인다.

상술한 고찰을 통하여 우리는 『전운옥편』의 한자음이 거의 그대로 『자전석요』와 『신자전』으로 이어지고 있음을 알 수 있었다. 『전운옥편』의 음은 또 『규장전운』과 『삼운성휘』, 『화동정음』에 근거를 둔 음이므로 결국 18세기 운서의 한자음이 대부분 그대로 20세기 초의 한자음으로 전승, 고착된 것으로 볼 수 있다.

---

85) 『신자전』 최남선 敍

제4강
한자음의 정리규범

1. 조선한자음의 인식

1.1. 용어사용

운서 편찬자들은 항상 중국음의 존재와 중국음과의 관계 속에서 조선한자음을 인식하였는데 이 점은 조선한자음을 지칭하는 용어사용에서도 여실히 보인다. 조선한자음 운서들을 대상으로 각 운서에서 사용한 용어를 살펴보기로 한다.

『동국정운』은 중국음을 "화음(華音)"이라 하고 고유어, 고유어발음은 "어음(語音)", 한자음은 "문자의 음(文字之音)" 혹은 "자음(字音)"으로 구별하여 사용하였다.

> 문자의 음에 이르러는 마땅히 화음과 서로 합함즉하건만…저절로 어음에 끌리게 되니 이는 곧 자음이 또한 따라서 변한 바이다.(至於文字之音，則宜若與華音相合矣，然……自牽於語音者，此其字音之所以亦隨而變也。)
>
> 「序」

어음에는 사성이 아주 똑똑하건만 자음에는 상성과 거성이 구별이 없고… (語音
則四聲皆明, 字音則上去無別……)

「序」

우리말에는 계모를 많이 쓰는데도 자음에는 다만 쾌(夬)의 한 종류뿐이니…(國語
多用溪母, 而字音則獨夬之一音而已……)

「序」

『동국정운』에서 한자음을 "자음(字音)"이라고 지칭한 것은 한자만을 문자로
인정하여 한자, 한문을 숭상하고 새로 창제된 문자 훈민정음은 한자음을 기록
하기 위한 표기기호로써 아직 나라의 제1문자로 인정받지 못하였던 사정과 무
관하지 않다.

옛사람이 글을 짓고 도표를 만들어 음화(音和)니 유격(類隔)이니 정절(正切)이니 회
절(回切)이니 그 법이 참으로 소상하건만 얼버무림과 우물쭈물함을 면치 못하여 조협
(調協)에 어둡더니, 정음이 나면서부터 만고의 한소리가 조금도 틀림이 없게 되었다.
(古人著書作圖, 音和類隔, 正切回切, 其法甚詳, 而尙不免含糊囁嚅, 昧
於調協, 自正音作, 而萬古一聲, 豪釐不差。)

또한 후기문헌들에서 많이 사용하던 "동음(東音)", "아음(我音)"등으로 조선한
자음을 지칭하지 못하고 "字音"이라고만 불렀던 것은 조선에서만의 독특한 음
으로 조선한자음을 인식하지 않고 중국음의 음운체계에 따라 현실한자음을 전
면 교정하여 인위적으로 가상적인 한자음을 만들게 된 기본인식과도 무관하지
않다.
『화동정음』은 중국음 "화음(華音)"에 대응하는 용어로 "아음(我音)", "동음(東
音)"등 용어를 사용하였다.

글자 아래에 우리 글로 주해한 것은 바른쪽이 화음이고 왼쪽이 아음이다.(字下諺
註, 右華音, 左我音。)

「범례」

삼운통고를 취하여 글자아래 화음을 달고… 화음의 초성에 따라 아음을 정하였다.
(取三韻通考, 懸華音於字下…依華音初聲, 而定我音。)

「序」

"아음"의 사용은 범례에서 아주 많이 보인다. "화음(華音)"에 대응하여 조선 한자음을 지칭하던 전형적인 용어인 "동음(東音)"은 범례, 서문에서 직접 사용한 예는 없다. 운서의 책명을 『華東正音通釋韻考』라 하여 중국음에 대응한 조선한자음을 "동음(東音)"이라 불렀다.

삼운통고를 가지고 글자 아래에 화음을 달되 오로지 본국의 최세진이 편찬한 사성통해의 음을 따르고, 널리 자서를 모아서 바로잡는데 참고로 하였다. 화음의 초성으로 아음을 정하니 우리나라의 5음청탁이 거의 바로 잡히어 이로 인하여 화동정음통석운고라고 이름을 붙였다.(取三韻通考, 懸華音於字下, 一依本國崔世珍所撰四聲通解之音, 而廣集字書, 以定參考；依華音初聲, 以定我音, 我音之五音淸濁, 庶有歸正, 因命名華東正音通釋韻考。)

「序」

"언문초중종삼성변(諺文初中終三聲辨)"의 "각운중성(各韻中聲)"에서도 중국 "華"와 조선 "東"이 대응된다. 『화동정음』에서부터 중국음에 대응되는 조선한자음 지칭으로 "동음(東音)"이라는 용어가 많이 사용되었다. "동음"은 지리적인 위치를 인식한 용어로써 "동쪽나라(조선)"의 한자음이라는 뜻이다. 조선을 "동쪽나라"로 인식한 선례는 『홍무정운』의 영향 하에 조선의 규범적인 한자음운서로 편찬된 『동국정운(東國正韻)』에서 이미 보인다.[1]

『화동정음』에서 조선한자음을 "아음", "동음"으로 부를 수 있었던 것은 『화동정음』이 중국음과 조선음의 체계를 각기 세우고 조선한자음을 중국한자음과 나란히 병기하였던 사정과 무관하지 않다.

『삼운성휘』에서 중국한자음과 조선한자음의 용어는 아주 다양하게 사용된다.

---

1) 주지하는 바, 실제로 『동국정운』은 그와 같은 초기의 기대에 만족주지 못하였다.

매 글자의 음은 아음을 반드시 먼저 크게 쓰고 화음을 나누어 썼다.(每音必先大書我音, 而分書華音。)

「序」

세상에서는 모두 한음(중국음)을 귀하게 여기고 방음(方音)을 천대하는데 한음의 입성에 종성이 없는 것과 침(侵), 담(覃) 여러 운이 ㄴ으로 종성을 삼고 있는 것 등은 방음이 아직도 옛 모습을 지니고 있는 것만 같지 못하다.(世皆貴漢音, 而賤方音, 然漢音入聲之無終聲, 侵覃諸韻之以ㄴ爲終聲, 反不如方音之猶有古意。)

「범례」

아음(我音)과 정음(正音)을 모두 조선문자로 적되 먼저 아음을 크게 적고 정음을 다음에 적었다.(我音、正音幷翻諺字, 而先書我音, 次書正音。)

「범례」

최세진의 사성통해는 정음에 밝은데 이 책은 다만 정음만을 기록하고 방음은 언급하지 못하였다.(崔世珍之四聲通解, 正音雖明, 然是書只詳於正音, 而不及乎方音。)

「跋」

이처럼 『삼운성휘』에서는 중국음 지칭어로 "화음", "한음(漢音)", "정음(正音)"이 쓰이고 조선한자음 지칭어로 "아음", "방음(方音)"이 쓰이고 있다. "방음(方音)"은 중국한자음을 표준음으로 삼고 조선한자음은 방언음으로 본, "정음(正音)"에 대응하는 용어이다.

『규장전운』은 중국한자음을 "화음"으로 지칭한데 대응하여 조선한자음을 "동음"이라 불렀다.

같은 글자로서 음과 뜻이 각기 다른 것과 화음과 동음이 글자에 따라 달리 읽히는 것은 네모꼴을 더하여 나타내었다.(同字而音義各殊者, 華音東音之逐字異讀者, 標以方識之。)

「義例」

이상과 같이 제 운서에서는 중국음 지칭어로 "화음", "한음", "정음"을 사용하고 그에 대응하여 조선한자음은 "자음(字音)", "동음", "아음", "방음"으로 지칭하였다. "자음(字音)"은 한자만을 문자로 인정하던 데서 비롯된 용어라고 하면 "동음"은 지리적인 위치를 인식한 용어이고 "방음"은 동일한 한자문화권내에서 조선을 중국어의 한 방언구역으로 인정하고 조선에서의 한자발음을 방언음으로 본 개념이다. 이상 사용된 제 용어들에서 "아음"과 "동음"은 중국한자음과 대등하게 조선한자음의 상대적 독자성을 인정한 개념들이라 할 수 있다.

1.2. 조선한자음의 인식

조선조 운서의 편찬목적은 증자(增字), 증훈(增訓)이 하나의 목적이고 규범음을 정리하는 것이 또 하나의 목적이었다. 따라서 새로운 운서가 편찬될 때마다 전시기 운서의 글자수가 적고 주석이 소략함을 지적하고 있으며 당시 조선한자음의 혼란과 비규범성을 지적하였다. 한자음의 규범문제를 둘러싸고 나타난, 조선한자음에 대한 운서 편찬자들의 관점을 서문, 범례, 발문에서 설명한 내용들로써 살펴보도록 한다.

운서는 필요한 기능에 따라 각각 다른 편찬목적과 원칙을 갖게 되고 이런 편찬목적과 원칙의 차이에 따라 전혀 다른 체재와 내용을 수록한 운서가 편찬된다. 즉『삼운통고』와 같은 무음유석의 운서들은 한시를 지을 때 압운용으로 간편하게 보기 위한 휴대용 목적으로 편찬된 운서이고,『사성통해』와 같은 유의 운서들은 중국어 학습과 발음을 위한 목적에서 편찬된 중국음운서이며『화동정음』과 같은 병기류 운서들은 중국음과 조선음의 규범과 정리에 목적을 두고 편찬된 운서이고『동국정운』은 조선한자음의 규범과 정리에 목적을 두고 편찬된 국정운서이다.

이처럼 부동한 목적과 취지로 편찬된 조선조의 운서들은 음계의 각도에서 중국음계와 조선음계 운서로 대분되는데『동국정운』을 제외하고 조선음을 기록하고 있는 운서들은 중국음도 함께 기록하고 있음이 특징이다. 이 점은 운서 편저자들의 조선음에 대한 인식과 무관하지 않다. 즉 한자음의 조선식 발전과 변화, 존재를 인정하지 않던 데로부터 피동적으로 접수하고 다시 능동적으로 인정하는 제 과정이 나타나게 된 것이다. 조선 최초의 운서인『삼운통고』는 아예 음을 기록하지 않았고,『사성통해』는 중국음만을 기록하였으며 조선문자로 한자음을 최초로 기록한 『동국정운』은 현실조선한자음을 인정하지 않고 실제와 거리가 먼 가상적인 음을 만들어냈다. 18세기에 이르러 『화동정음』, 『삼운성휘』, 『규장전운』등 운서들에서 조선한자음이 독자적인 체계로 중국음과 대응을 이루며 기록되었다. 이처럼, 조선한자음은 항상 중국음과의 관계 하에 그 존재가 인식되었다. 이는 조선한자음의 특수한 사정상 불가피한 인식이었다 할 수 있다. 중세, 근대뿐 아니라 현대에도 옥편이나 사전을 편찬할 때 중국의 반절음의 변화와 발전을 연구하여 참작하게 되는 사정은 여전하다.

중국한자음의 큰 틀 안에서 당시 편저자들이 인식하고 있던 조선한자음에 대한 제 관점들은 각 시기 운서들의 서, 범례, 발에서 여실히 나타난다.

> 문자의 음(한자음: 필자 注)에 이르러서는 마땅히 화음과 서로 어긋남이 없으나 그 호흡이 선전하는 사이에 경중과 흡벽의 기틀이 저절로 어음에 끌리게 되니 이에 곧 자음이 따라서 변하게 된 것이다. 그 음은 비록 변했다고 하나 청탁과 사성은 예와 다름이 없어야 한다.(至於文字之音, 則宜若與華音相合矣, 然其呼吸旋轉之間, 輕重翕闢之機, 亦必有自牽於語音者, 此其字音之所以亦隨而變也。其音隨變, 淸濁、四聲則猶古也。)
>
> 『동국정운』

> 우리 나라 한자음의 초성은 본디 화음과 같고 같지 않은 것은 중성뿐이다.(我音初聲, 本與華同, 不同者中聲。)
>
> 『화동정음』 범례

> 천하의 자음은 여러 가지로 다르나 화음을 기준으로 삼는다. 우리나라 한자음은 화음에 가장 가까운데 혹 같지 않은 음이 있더라도 추정하여 보면 모두(오음청탁의) 범위를 벗어나지 않는다.(天下之字音, 有萬不同, 而當以中華爲正, 我國字音, 最近中華, 雖或有不相同者, 以例推之, 皆不出於範圍之內。)
>
> 『삼운성휘』 서

조선한자음의 초성은 중국과 다름없고 발음되어 나오는 소리는 다를지라도 오음청탁의 원리에는 어긋남이 없다는 상술한 관점은 조선조 운서 편찬자들의 공동한 인식이었다. 따라서 중국한자음과의 관계상, 중국한자음의 오음청탁의 원리에서 벗어나 독자적으로 존재하고 변화한 조선한자음은 그들의 시각으로 볼 때 혼란과 오류 그 자체였다. 이러한 관점 하에 운서의 편찬자들은 저마다 당시 조선한자음의 문란한 질서를 지적하고 그러한 현실을 탄식하였는데 극명한 예로는 『동국정운』을 들 수 있다.

> 용렬한 스승이나 속된 선비들은 반절의 법도 모르고 뉴섭의 이치에도 어두워서 … 이리하여 자모, 칠음, 청탁, 사성에 모두 변함이 있게 되었다. 예하면 아음의 계모자가 태반이 견모로 읽히는데 이것은 자모가 변한 것이고 계모자가 혹 효모로 소속된 것이 있는데 이것은 칠음이 변한 것이다. 우리나라 발음에서 청탁의 변함은 중국과 다름이 없는데 한자음에서만 유독 탁성이 없으니 이 어찌 된 도리인가. 이는 청탁이 변한 것이다. 어음에서는 사성이 잘 구분되는데 자음에서는 상거무별하고 질물의 제운은 마땅히 단모로써 종성을 삼아야 하는 것인데 세속에서는 래모로써 쓰고있으니 그것은 소리가 느려 입성이 되지 못한다. 이는 사성이 변한 것이다.(庸師俗儒不知切字之法, 昧於紐躡之要, ……而字母、七音、淸濁、四聲皆有變焉。若以牙音言之, 溪母之字太半入於見母, 此字母之變也；溪母之字或入於曉母, 此七音之變也；我國語音其淸濁之辨與中國無異, 而於字音獨無濁聲, 豈有此理, 此淸濁之變。語音則四聲甚明, 字音則上去無別, 質物諸韻, 宜以端母爲終聲, 而俗用來母, 其聲徐緩, 不宜入聲, 此四聲之變也。)
>
> 『동국정운』 서

조선한자음의 실상에 대한 이러한 인식은 후기 운서들에서도 여실히 보인다.

> 우리 나라 한자음은 오음과 청탁의 구별을 알지 못해서 자서의 반절을 읽을 때 혼동하여 상궁인 ㅈㅊ 음을 치궁인 ㄷㅌ 음으로 잘못 읽고 있다.(我音不知五音、淸濁之別, 故字書半切之讀混淆, 商宮之ㅈㅊ誤作徵宮之ㄷㅌ。)
>
> 『화동정음』 범례

> (정음 즉 중국음이) 우리 나라에 이르러서는 애당초 아·설·순·치·후 등 성모의 조음위치와 합벽 등 운모의 성격 같은 발음의 진수에 밝지 못하여 오음의 조음위치가 서로 섞이었다. 그래서 궁음이 혹 우음이 되고 상음이 혹 치음이 되어 아직도 일정한 음운이 없으니 이는 실로 우리나라에서 말과 글을 둘로 보고 뜻에는 힘쓰나 음을 소홀히 한데서 나온 결과다.(至於我東, 則初不明其牙、舌、齒、脣、喉合闢出聲

之妙，故五音相混，宮或爲羽，商或爲徵，尙無一定之音韻，此實我東言文爲二，務於義，而忽於音之致也。）

『화동정음』 서

우리 나라 사람들은 자학을 소홀히 하여 한자의 획이나 변에 사로잡히고 혹은 세습에 따라 그르게 읽어서(협주 략) 화음과 판이하게 달라진 것이 많게 되었으니 한탄스러운 일이다.(我國人於字學甚鹵莽，或泥於偏傍，或因於習俗，而謬讀(협주 략)，遂與華音判異者多，可勝歎哉。）

『삼운성휘』 서

조선에서 한자음은 중국의 음운체계와 조선어 음운체계라는 두 요소의 제한을 받으면서 변화 발전해왔다.[2] 현시점에서 멀리 거슬러 올라갈수록 두 요소의 역할 중 중국음운체계의 영향과 제한이 상대적으로 컸다고 할 수 있다. 특히 이는 초성의 체계에서 더욱 그러하였다.

2. 한자음정리의 규범원칙

2.1. 규범의 큰 틀

3장에서 살펴보았듯이 『화동정음』과 『삼운성휘』를 줄기로 하는 한자음이 조선조 운서, 옥편, 자전류 한자음의 바탕을 이루었고 그것은 또 현대조선한자음으로 이어졌다. 거듭하면 『화동정음』과 『삼운성휘』에서 정리된 한자음에 그때그때의 현실음들이 조금씩 더 가미되면서 오늘의 한자음을 이루었던 것이다. 따라서 이 두 운서에서 한자음을 정리할 때 삼았던 규범원칙을 파악하는 것은

---

2) 이와 같은 원인으로 하여 한자와 한문은 그 특수성을 가지게 되는데, 중국의 것과도 다르고 또 조선적인 것으로 완전 독립하지도 못하였던 지위에 관하여 최남선의 다음과 같은 지적은 당시 상황을 잘 설명하였다. "汉字와 汉文이 그러틋 長久한 既往이 有하되 이미 邦語에 同化하지 못하고 쏘한 汉文으로도 独立하지 못하야 그 成绩이 確实하지 못함은 实로 非我非人의 模糊한 境界에 在하얏슴이로다." 「신자전 敍」

곧 조선조의 조선한자음정리의 규범원칙을 인식하는 것이라 할 수 있다.

중국음의 변화와 무관하게 일정하게 변화 발전한 조선한자음을 한자음의 와전과 오류, 혼란으로 인식하고 있던 편저자들은 그와 같은 혼란과 와전을 정지(正之)하지 않으면 그 우환이 더욱더 심해져 돌이킬 수 없는 폐단을 일으킬 것을 염려하였는데[3] 그 결과로 한자음의 규범과 정리를 목적한 새로운 운서들을 편찬하게 된 것이다.

운서 편찬자들의 사상이 "그 음이 변하더라도 청탁과 사성의 원리는 중국과 다름이 없"어야 하는 것임으로[4] 조선한자음을 정리할 때 "천지자연의 소리"[5]인 중국음이 기준이 되고 오음청탁의 원리가 규범원칙으로 작용하게 될 것은 당연하다.

> 우리 나라 한자음 또한 많이 변해서 초성과 함께 중국음과 달라진 것이 간혹 있으나, 자서 등의 반절을 가지고 살피면 부합되지 않는 것이 없으므로 오로지 중국음과 같은 초성으로 자음을 정했다.(而我音又多變訛，並與初聲而不同者間亦有之。今以字書等反切釋之，則無不脗合，故一從初聲之同華者定音。)
>
> 『화동정음』 범례

> 화음의 초성으로 우리나라 한자음을 정하니 우리나라의 오음청탁도 거의 바로잡히게 되었다.(依華音初聲，而定我音，我音之五音、淸濁，庶有歸正。)
>
> 『화동정음』 서

> 우리 나라 음은 ⋯ 칠음에서 어긋나는 음은 바로잡고 ⋯중성이 어긋난 것 역시 화음을 표준으로 추정하여 바로잡았다.(我音則⋯⋯其有違於七音者正之⋯⋯中聲之舛者，亦皆準的於華音推類，以釐之。)
>
> 『삼운성휘』 서

중국음을 기준으로 중국음운학 이론체계로 한자음을 규범해야 한다는 정리규범은 정조(正祖)대에 그대로 이어진다.

---

3) "若不一大正之則愈久愈甚 將有不可救之弊矣" 「동국정운 서」
4) "其音隨變淸濁四聲則猶古也" 「동국정운 서」
5) "苟且顧以素称文明之邦而邦未乎天地自然之音豈非可羞者乎" 「화동정음 서」

대개 화음은 고음을 가지고 바로잡고 우리나라 한자음은 화음을 기준으로 함이 마
땅하다.(蓋華音當以古爲正，我音當以華爲宗。)

『화동정음』 어제서

이상은 당시 운서편찬자들이 지니고 있던 조선한자음의 총적인 규범태도이다.
주지하는바 조선한자음은 중국음운체계에 완전히 복종되지 않고 독자적인
체계로 발전하여 조선만의 독특한 한자음으로 고착되었다. 이 현상을 정확히
이해하려면 상술한 바의 총체적인 규범과 지도 방침 하에서 편저자들이 능동
적으로 적용한 가변의 규범원칙을 인식하여야 한다. 즉 구체적으로 한자음을
정리하고 규범할 때 편저자들은 조선한자음의 일부 특징들을 인정하면서 가변
성 원칙을 적용하였던 것이다. 예하면 오음청탁의 소속에서 변화를 일으켜 중
국음과 달라지는 것이 있더라도 음계내부의 변화에 속하는 것은 고치지 않고
그대로 둔다던가, 조선어의 어음체계에 비추어보았을 때 조선어에서 발음되지
않는 자모는 비슷한 음으로 소속시키는 등이다.

설두, 설상, 순중, 순경, 치두, 정치의 류와 같은 것은 우리나라 한자음에서는 분별할
수 없는 것이니 순리에 따를 것이로되 36자모에 구애될 필요가 없다.(如舌頭、舌上、
脣重、脣輕、齒頭、正齒之類，于我國字音未可分辨，亦當因其自然，何
必泥於三十六字乎。)

『동국정운』 서

ㅂㅍㅁ는 순음이며 다 우에 속하고 ㅈㅊㅅ은 치음이며 다 상음에 속하고 ㄱㅋ은
아음이며 다 각음에 속하고 ㄷㅌ은 설음이며 다 궁음에 속하니 이들 초성이 비록 중국
음과 우리나라 한자음 사이에서 맞지 않는 것이 있으나 같은 음 안에서 조금 변한 것
에 지나지 않고 소속되어 있는 궁을 잃지 않았으므로 예전의 음대로 두었으니 책을
보는 사람은 이점을 주의하라.(ㅂㅍㅁ脣音，而同屬於羽 ；ㅈㅊㅅ齒音，而同屬於
商 ；ㄱㅋ牙音，而同屬於角 ；ㄷㅌ舌音，而同屬於徵 ；ㅎㅇ喉音，而同屬於
宮 ；此等初聲雖有華我之不合，不過同音中少變，而不失所屬之宮，故因
舊存俗，觀者詳之。)

『화동정음』 범례

여러 자모가 한음에 있으나 조선한자음에서 서로 가까운 것은 일일이 바로잡지 않았

다. 비록 한음에 있더라도 뒤섞이면 안될 것은 이를 바로잡았다. 비록 한음은 아니더
라도 조선한자음에서 비슷한 것과 우리나라에서 음을 이루기 어려운 것은 모두 속음
대로 두었다.(諸母之在一音(협주략), 而我音相近者, 不能一一釐正(협주략)。 雖
在一音, 而有不可混者, 則正之(협주략)。 雖非一音, 而我音相似者(협주략),
及我國之難於成音者, 竝從俗(如日母難作△音, 故從俗或ㅅ或ㅇ。)。)

『삼운성휘』 범례

이와 같은 가변의 규범원칙은 후기 운서들에서 크게 작용하는데, 바로 이러한
인소로 하여 중국음의 그늘 밑에서 중국음운학 이론이라는 큰 틀의 제한을 받아
야 하였던 조선한자음이지만 나름대로 독자적인 체계를 이루면서 조선한자음의
특징을 이루어왔고 나아가 현대 조선한자음으로 정착되었다고 할 수 있다.

2.2. 구체양상

조선조에 편찬된 조선음 기록의 운서들은 중국한자음의 체계라는 큰 틀 안
에서 중국음운체계에 맞게 규범되는 공통적인 특징을 가지게 된다. 그러나 조
선한자음의 독자성을 어떻게 인식하느냐에 따라 그 규범의 정도가 달리 나타
나며 현실한자음을 반영함에 차이가 생기게 된다.

『동국정운』은 중국음이 조선에 들어와 오랜 시간을 거쳐 이미 조선어어음체
계에 맞게 변화 발전한 현실을 인정하지 않고 중국의 자모체계에 맞추어 조선
한자음을 규범하였는데 인위적으로 현실에서 쓰지 않는 가상한자음을 만들어
냈다. 조선한자음표기 체계에 없는 전탁자를 사용하고 종성에 새로운 받침을
만들어내는 등으로 중국어음운체계에 영합하였다. 규범의 요소가 너무 강하여
독자성을 말살하기에 이르렀다고 할 수 있다.

후기 운서인 『화동정음』, 『삼운성휘』, 『규장전운』에서도 중국어의 음운체계
에 맞추어 조선음을 규범하게 된다.

『화동정음』과 『삼운성휘』, 『규장전운』에서 다르게 나타나는 음은 어느 한
운서가 현실음을 교정함으로써 생성되었거나 혹은 고음과 금음, 다운다음 가운
데서 각기 다른 음을 선정한데서 생성된 것이다. 부동한 음의 선정으로 생긴
음들을 제외한 이음들은 운서편저자들이 중국음에 기준하여 현실한자음을 교

정한 음들인데 『화동정음』은 상대적으로 중성에서 강한 규범을 보였고 『삼운
성휘』와 『규장전운』은 초성에 대하여 교정을 하였다. 구체적으로 어떻게 교정
하였는가를 살펴보기로 한다.

중국한자음과의 관계에서 볼 때 운서들에서 보이는 이음은 다음과 같은 두
가지 유형으로 갈라볼 수 있다.

    ① 중국음이 다름에 따라 조선음도 달라진 경우
    ② 중국음은 같은데 조선음이 다른 경우

아래에 이 두 가지 경우로 나누어 각기 어떤 방법으로 규범하였는가를 살펴
본다.

1) 선정된 중국음의 초성이 다름에 따라 조선한자음의 초성도 달라진 경우
『화동정음』과 『삼운성휘』가 기록한 중국음의 음계는 운서들의 범례와 서문
에서 밝히었다.

> 삼운통고를 가져다 글자아래에 중국음을 기록하였는데 우리나라 최세진이 지은 사
> 성통해의 음을 따랐다.(取三韻通考, 懸華音於字下, 一依本國崔世珍所撰四聲
> 通解之音。)
>
>   『화동정음』 범례

> 중국음은 홍무정운 자모를 위주로 하되 오로지 사성통해에서 조선글로 주음한 음
> 을 따랐다.(華音, 則以洪武正韻字母爲主, 而一從四聲通解諺飜之音。)
>
>   『삼운성휘』 서

이처럼 두 운서는 모두 『사성통해』의 음을 기준으로 중국음을 정리하였다.
그런데 중국한자음의 표준운서로 작용한 『사성통해』에는 옛 운서의 음(홍무
정운 음)과 현실의 속음 두 계통의 음이 기록되어 있다. 현실음은 15세기의 북
방음과 최세진이 생활하던 당시의 16세기 음으로 나누어진다. 그러므로 다같이
『사성통해』의 음을 기준하였다고 하나 두 운서에서 기록한 중국음은 꼭 같다
고 할 수 없는 것이다. 음계를 선택함에 있어서 『삼운성휘』는 운서의 옛 음을

선택하였는데 범례에서 다음과 같이 밝히었다.

이제 사성통해 고정음을 위주로 기록하니 세속에서 사용하는 중국음을 알려면 역관들의 책을 참고하라(今以四聲通解古正音爲主，欲知俗用漢音，則當考譯家諸書。)

『삼운성휘』범례

실제로 기록된 음을 보면 『화동정음』은 『사성통해』의 속음을 채택하였고 『삼운성휘』는 고정음(古正音)을 채택하였음이 확인된다. 가령, "支"운의 "兒"자를 볼 때 『사성통해』에 기록된 정음은 "싀"고 속음은 "슣"이다. 16세기의 현실음은 "슐"이다. 이 3종의 음 가운데서 『화동정음』은 금속음인 "슐"을 취하였고 『삼운성휘』는 옛 음인 "싀"를 취하였다. 『화동정음』은 『사성통해』의 음을 기준하되 현실의 구두어를 많이 참고하였는데 이 경우 두주(頭註)에 "華本X", "華或Y" 등의 형식으로 옛 음이거나 다르게 읽히는 음을 밝혀주었다.

운	한자	사성통해	화동정음	삼운성휘	화동정음 頭註
支	兒	싀俗슣	슐	싀	華本 싀, 슐 今俗音
庚	兇	휭今俗흉	흉	휭	
錫	喫	키今俗音치	치	키	華本 키
尤	牛	이ᇢ今俗音니ᇢ	뉴	위	華本 위
屋	六	루今俗音리ᇢ, 中原音韻류리ᇢ	뤼	류	華本 루
徑	剩	씽韻會音잉	싱	잉	華或 잉
逈	肯	킁俗큰蒙韻킁	큰	킁	華本 긍
篠	鳥	녀ᇢ蒙韻韻會뎌ᇢ	냐ᄂ	뎌ᄂ	華或 됴
卦	話	화蒙韻韻會쇄	화	쇄	韻會 홰

이렇게 두 운서는 『사성통해』에 기록된 음을 기준하면서도 구체적인 선정에

서 같지 않은 음을 택하였는데 이 경우 조선한자음도 서로 다른 음을 기록하였다. 일례로 "虹"자의 음이 기록된 정황을 보면, 중국음으로『화동정음』은 "훙", 『삼운성휘』는 "궁"음을 기록하였고 이렇게 선정된 중국음에 따라 조선음도 상응한 음으로 기록되었는데『화동정음』은 중국음과 동일한 초성으로 효모(曉母)의 "훙"음을 보였고『삼운성휘』는 견모(見母)의 "공"음을 보였다. 이와 같은 대응관계를 보이는 자례들을 더 보이면 다음과 같다.

운	한자	화 동 정 음		삼 운 성 휘	
		조선음	중국음	조선음	중국음
送	虹	훙	훙	공	궁
冬	蚣	종	즁	숑	슝
腫	嵷	종	즁	숑	슝
魚	蝑	져	쥬	셔	슈
遇	艛	루	류	구	규
佳	蝸	왜	왜	괘	괘
	騧	왜	괘	괘	괘
卦	劾	히	해	기	캐
	罫	괘	괘	홰	횃
旱	梡	완	원	관	퀀
	睆	완	완	관	권
刪	關	관	권	완	환
	覸	간	견	한	햔
	馯	한	한	간	캰
霰	悁	연	원	견	권
肴	撓	효	홨	뇨	놔
麻	蝸	와	와	과	과
馬	踝	과	고	화	홰

표면상 두 운서에서 각기 다른 음을 기록하고 있어 이러한 음들을 일자다음으로 볼 수도 있지만, 반절에 맞추어 보면 결코 꼭 그런 것이 아님을 알 수 있

다. 예하면 실례로 들었던 "虹"은 견모와 효모로 2음을 가지고 있던 음이고 현대한어에서도 "hóng"과 "jiàng"으로 2음을 유지한다. 그러므로 『화동정음』과 『삼운성휘』가 각기 "홍"과 "공"으로 조선한자음을 기록한 것은 교정한 음이 아니고 둘 다 현실의 음이었다고 볼 수 있다. 『훈몽자회』에 "홍"음으로 기록되어 있어 "홍"음은 전통음이었음을 확인할 수 있다. 그러나 이와 같은 경우의 음은 상대적으로 아주 적고 일자일음의 한자이지만, 두 운서가 선정한 음의 계통이 다름으로 하여 중국음이 달라지고 나아가 그 중국음의 5음청탁에 따라 조선한자음을 기록함으로써 생긴 이음들의 경우가 대부분이다. 예하면 "關"은 현대한어음에서도 그러하지만 상고한어음이거나 중고한어음에서도 견모에 속하는 음인데, 『화동정음』은 견모로 중국음을 반영하고 조선한자음도 그에 맞는 견모음으로 "관"음을 기록하였으나 『삼운성휘』는 영모(影母)로 중국음을 반영하고 그에 맞는 음으로 조선한자음을 유모의 "완"음을 기록하였다. 이 경우 "완"음은 중국음의 초성에 맞추어 교정한 음이 된다.

운서에서 조선한자음은 이렇게 서로 달리 기록된 중국음의 초성체계에 맞는 음으로 선정되거나 혹은 5음체계에 맞게 교정되어 기록되었다.

2) 중국음은 같은데, 조선한자음이 서로 달리된 경우

기준으로 삼은 중국음이 다름에 따라 조선한자음이 다르게 나타나는 것은 중국음의 칠음의 체계 내에서 조선한자음의 초성을 규범한 운서음으로 볼 때 아주 당연한 일이다. 그런데 문제되는 것은 중국음이 동일한데 조선한자음이 같지 않게 나타난 음들이다. 예하면 "厖"자의 중국음은 『사성통해』에 "망"이고 『화동정음』과 『삼운성휘』에도 모두 "망"으로 기록되었지만 조선한자음은 『화동정음』에서 "방", 『삼운성휘』에서 "망"으로 기록하였다. 중국음의 초성체계에 맞게 조선한자음을 정리하는 규범원칙으로 볼 때 『화동정음』에서도 중국음의 초성과 동일한 "망"음을 기록함이 정상일 것이다. 다음과 같은 자례들을 더 예시한다.

운	한자	화 동 정 음		삼 운 성 휘	
		조선음	중국음	조선음	중국음
江	厖	방	망	망	망
	駹	방	망	망	망
未	彙	휘	위	위	위
虞	姝	슈	츄	쥬	츄
麌	撫	무	부	부	부
	拊	무	부	부	부
霽	儕	제	치	체	치
佳	媧	왜	괘	괘	괘
	緺	왜	괘	괘	괘
灰	瘣	외	휘	회	휘
軫	矊	친	친	진	친
震	峻	쥰	슌	슌	슌
阮	坂	반	반	판	반
刪	眅	반	판	판	판
潸	剗	잔	찬	찬	찬
	鏟	산	찬	찬	찬
銑	蹍	뎐	년	년	년

자례에서 볼 수 있다시피 운서들은 동일한 중국음을 기록하면서 서로 다른 조선한자음을 기록하였다. 그 원인은 현실의 조선한자음에 대한 저자들의 인식과 처리방법에 있다.

먼저, 『삼운성휘』는 『사성통해』의 고정음의 초성에 맞추어 그것과 다른 조선한자음의 초성에 대하여 일일이 교정하였지만 『화동정음』은 『사성통해』의 음에 제한 받지 않고 중국 고금의 운서들을 널리 참고하여 조선한자음을 기록하였다.

중국음에는 옛 음과 속음이 있는데 우리 한자음이 옛 음을 따르면 현실음과 어긋나게 되고 속음을 따르면 옛 음과 어긋나게 되므로 옛 음과 현실음 가운데서 우리 음의 초성과 부합되는 음이 있는 것을 두주에 기록하여 참고로 삼게 하였으니 바로 광운, 집운이라 한 것들이다.(華音有古有俗, 我音從古則違於俗, 從俗則違於古, 故古俗中合於我音初聲者, 書於頭註, 以備參考, 曰廣韻、集韻等者是也。)

『화동정음』 범례

이와 같이 『화동정음』은 조선한자음을 기록할 때 『사성통해』음의 초성체계
에 어긋나더라도 중국 고금의 운서가운데 초성이 일치한 음이 있을 때는 취음
의 근거를 두주에 밝히고 한자음을 교정하지 않았다. 예하면 "諉"의 중국음은
『화동정음』과 『삼운성휘』에 모두 "뉘"로 기록되었다. 『삼운성휘』는 중국음과
동일한 초성으로 조선한자음을 "뉘"로 기록하였으나 『화동정음』은 『집운(集
韻)』에 중국음이 "위"로 기록되어 있음에 주목하고 "뉘"에 따라 조선한자음의
초성을 교정하지 않고 "위"음을 그대로 기록하였다. 이 경우 조선한자음의
"위"음은 『홍무정운』이전에 『집운(集韻)』과 같은 중국음에 바탕을 두고 일찍부
터 형성되어 쓰이고 있던 조선한자음이라 할 수 있다. 『화동정음』이 『사성통
해』의 음이거나 현실 중국음에 구애되지 않고 전부터 쓰여오던 조선한자음을
그대로 기입한 음들을 더 보이면 다음과 같다.

운	자례	화동정음		삼운성휘		화동정음 頭註
		조선음	중국음	조선음	중국음	
寅	諉	위	뉘	뇌	뉘	集韻 위
支	褵	리	ᄉ	시	ᄉ	集韻 리
佳	媧	왜	괘	괘	괘	古韻 왜
	緺	왜	괘	괘	괘	古韻 왜
眞	窀	둔	쥰	쥰	쥰	集韻 툰
眞	迍	둔	쥰	쥰	쥰	集韻 툰
眞	匀	균	윤	윤	윤	集韻 균
合	鰈	뎝	타	탑	타	華或 뎌
葉	浹	협	져	접	져	集韻 혁
職	稙	식	지	직	지	華又 시
物	訖	흘	기	글	기	華或 히

이처럼 『화동정음』은 『사성통해』음을 기초로 하되 기타 여러 자서들도 널리
참고하면서 능동적으로 조선한자음을 처리하였으나 『삼운성휘』는 『사성통해』
의 고정음 즉 『홍무정운역훈음』을 준거로 그에 맞추어 한자음의 초성을 일일

이 교정하였다.

다음, 『삼운성휘』는 동일한 음계 내에서 음들의 대립체계를 정립하고 그에 따라 조선한자음의 초성을 바로잡았다. 예하면 순음(脣音)의 명모(明母)와 "ㅂ (幇母)", "ㅍ(旁母)" 등은 혼입될 수 없다고 하여 명모에 속하는 "厖"자의 경우 조선한자음의 "방"음을 허용하지 않고 "망"으로 교정하였다. "방"음은 『훈몽자회』에서도 보이던 음이다.

음계 내에서 『삼운성휘』가 정립한 대립체계는 다음과 같다.

첫째, 각음(角音)의 "ㆁ(疑母)"와 "ㄱ(見母)", "ㅋ(溪母)", "ㄲ(群母)"는 혼입할 수 없다.

둘째, 치음(徵音)의 "ㄴ(泥母)"와 "ㄷ(端母)", "ㅌ(透母)", "ㄸ(定母)"는 혼입할 수 없다.

셋째, 우음(羽音)의 "ㅁ(明母)", "ㅱ(微母)"와 "ㅂ(幇母)", "ㅸ(非母)", "ㅍ(旁母)", "ㅃ(並母)", "ㅹ(奉母)"는 혼입할 수 없다.

넷째, 상음(商音)의 "ㅅ(心母)", "ㅆ(邪母) ", "ᄼ(審母)", "ᄽ(禪母)"와 "ㅈ(精母)", "ㅊ(淸母)", "ㅉ(從母)", "ᅐ(照母)", "ᅕ(穿母)", "ᅑ(牀母)"는 혼입할 수 없다.6)

다섯째, 그러나 궁음(宮音)의 "ㅇ(喩母)"가 "ㅎ(曉母)", "ㆅ(匣母)"와 섞이는 것은 허용한다. 조선음에서 유모와 영모(ㆆ)가 구별되지 않기에 그에 따라 효모와 갑모도 섞이게 된 것으로서 각, 치, 우, 상음의 경우와 다르므로 바로잡지 않는다.7)

이와 같은 원칙에 의하여 『삼운성휘』는 중국음의 의모(疑母)는 조선한자음에서 "ㅇ"로, 니모(泥母)는 "ㄴ"로, 명모(明母)와 미모(微母)는 "ㅁ"로, 심모(心母), 사모(邪母), 심모(審母), 선모(禪母)는 일률로 "ㅅ"초성으로 반영시켰다. 『화동정음』은 『삼운성휘』가 정립한 이와 같은 대립체계를 세우지 않고 현실음을 그대로 두었다. 그리하여 불청불탁의 음들과 전청, 차청자들이 음계 내에서 섞여 사용된 자례들이 교정되지 않고 기록되었다. 예시(例示)하면 다음과 같다.

---

6) "虽在一音而有不可混者则正之(角之疑不可混於见溪羣是也 徵之泥 羽之明微 商之心邪审禅亦同)"「삼운성휘 범례」

7) "惟宫之喻影我音无別曉匣亦随而靦则亦不得一例正之"「삼운성휘 범례」

운	한자	화동정음		삼운성휘	
		조선음	중국음	조선음	중국음
江	厖	방	망	망	망
虞	姝	슈	츄	쥬	츄
麌	撫	무	복	부	복
佳	媧	왜	괘	괘	괘
震	峻	준	슌	슌	슌(心)
潸	鏟	산	찬	찬	찬
先	涎	연	션	션	쎤(邪)
銑	蹨	던	년	년	년
勘	坫	겸	션	셤	셤(審)
沃	蜀	쵹	슈	쇽	쑉(禪)

따라서 이와 같은 경우에도 운서에서 중국음은 동일하나 조선한자음은 서로 다르게 정리되는 현상이 나타나게 되었다.

이상은 『화동정음』에서 현실의 조선한자음을 능동적으로 처리한 경우이다. 즉 『화동정음』은 전기에 형성된 현실한자음을 많이 존중하였고 『삼운성휘』는 『사성통해』에 기록된 고정음의 오음체계에 맞추어 전기에 형성된 조선한자음을 철저하게 교정하였다. 따라서 초성자에 대한 교정은 『삼운성휘』에서 더 많이 이루어지게 되었고 『화동정음』은 현실음을 많이 기록하였다. 실제로 『전운옥편』등 후기 옥편, 사전들이 『화동정음』의 음을 많이 계승하였던 것도 이와 같은 점을 증명해준다.

조선한자음의 고음과 금음에 대한 인식에서 『화동정음』이 고음을 존중함으로써 초성에서는 『화동정음』이 현실음을 많이 반영하였었다면 반대로 이러한 인식은 중성자에 한하여는 비현실적인 요소로 작용하였다.

앞장에서 살펴보았듯이 『화동정음』은 일부 운들에서 중성자에 대하여 철저한 교정을 진행하여 현실조선한자음을 정음으로 회귀시켰다.

원래 조선한자음의 중성은 초성의 그것과 달리 중국음에 대하여 비교적 자유로웠다. 『삼운성휘』는 중국음의 오음청탁에 맞추어 초성에 대하여는 많은 교정을 진행하면서도 중성에 관하여는 비교적 관용적이었다.[8] 그런데 『화동정음』에서 중성자에 대하여 중국음운학 이론의 음운체계에 맞추어 많이 교정함으로써 이음이 나타나게 되었다.

다음의 자례들에서 볼 수 있다시피 중성의 이음례 가운데서 『화동정음』이 『삼운성휘』, 『규장전운』과 대응을 보였던 중성들은 중국음과 일치한 중성을 택함으로써 생긴 것이다.

운	자례	화동정음		삼운성휘	
		조선음	중국음	조선음	중국음
麌	甫	부	부	보	부
	土	투	투	토	투
	稌	두	투	도	투
	魯	루	루	로	루
	覩	두	두	도	두
	古	구	구	고	구
	虎	후	후	호	후
	苦	구	쿠	고	쿠
遇	澍	쥬	쥬	주	쥬
	慕	무	무	모	무
	渡	두	두	도	뚜
	路	루	루	로	루
	菟	투	투	토	투
	顧	구	구	고	구
	怒	누	누	노	누
	布	푸	부	포	부

『화동정음』은 "4 支 紙 寘"운, "6 魚 語 御"운, "7 虞 麌 遇"운, "8 齊 薺 霽"운의 중성자들에 대하여 특히 규범을 강조하였는 바[9] 상술한 운들에서 현실적으로 사용되는 "ㅠ, ㅕ, ㅗ"중성을 "ㅖ, ㅖ, ㅜ"중성으로 환원시켜 복고적인 모습을 보여주었다.

---

8) "有以久譌而不能卒正者 既正而不可从譌者(如終与中 寄与季 并宜归一 而終从ㅗ 中从ㅠ 寄从ㅣ 季从 ㅖ) 有以类多而从俗者(如裵裴桅爺之 并宜从ㅓ而或从ㅚ从ㅖ)盖不得已也" 『삼운성휘』 범례
9) 상세한 것은 앞장의 유관부분을 참고하라.

『화동정음』에서 중국음은 속음을 채용하여 현실음을 그대로 반영하면서도 조선한자음에 관하여는 현실의 음을 접수하지 않고 복고적인 태도를 취한 것은 초성에서 고음을 기준했던 것처럼 중성에서도 일관적으로 그러한 입장을 견지하려 하였기 때문일 것이다. 이러한 결과, 중성자에 한하여 박성원이『화동정음』에서 기록한 조선한자음은 정음(正音)계를 따라 교정한 음이고『삼운성휘』의 음은 교정하지 않고 현실음을 여실히 반영한 음이다.

이처럼 조선한자음을 정리할 때 운서의 편저자들은 현실음을 바탕하면서도 일부 조선한자음들에 대하여 규범적인 태도를 보였는데 조선한자음을 교정할 때 중국음에 기준을 두고 5음체계에 맞추어 초성을 교정하거나 운에 맞게 중성을 교정하였다. 그러나 이때 능동적인 가변의 원칙을 적용하여 각 운서들에서는 구체적 음의 교정에 있어서 차이를 보이게 되었다.

3. 운서한자음의 성격

조선조 유서의 한자음 성격을 이해하려면 먼저 운서들에 내포된 정음과 속음의 개념을 명확히 해야 한다.

정음과 속음에 대한 언급은 조선조 초기기록들에서 보인다.

> 置文官訓導于司譯院, 政府啓, 司譯院學生唯傳習漢音, 若義理則全不通曉, 自今以文臣爲訓導官, 兼用本國之音, 敎訓義理, 從之。
>
> 「태종실록 권 25, 13년 6월 乙卯」

> 詔書開讀, 用漢訓乎, 鄕訓乎? 殿下卽位以來, 皆讀鄕訓, 唯康獻、恭定兩王朝, 兼讀鄕漢訓。今將如何? 願從使臣指揮。使臣曰 : "先讀漢訓, 次讀鄕訓。"
>
> 「세종실록 권 127, 32년 정월 29일 乙巳」

여기에서 말하는 "한훈"은 중국식독법이고 "향훈"은 조선식 독법이다. 이와 같은 문제가 제기된 것은 조선에서 사용하는 한자음과 중국에서 쓰는 한자음의 차이를 감안하였기 때문이다.

앞에서 살펴 본대로 당시 학자들의 안목으로 볼 때 조선한자음은 중국음운학의 오음청탁의 체계와 어긋나서는 안되며, 그에 맞지 않게 사용되는 조선한자음은 와전된 음이었다. 따라서 실제 사용되는 한자음을 그대로 표기하지 않고 항상 중국음에 맞추어 규범함으로써 인위적인 교정을 하게 된다. 이런 요소는 그 정도의 차이는 있을지라도 조선조의 운서 편찬과 한자음의 기록과 정리에 거의 공통하게 작용한다.

그렇다면 조선조의 운서 편찬자들이 "와전"된 조선한자음을 규범하고 바로잡으려 할 때 기준으로 삼은 중국음이 과연 어떤 것이었는지 그 음의 계통을 살펴보도록 한다.

앞서 살펴 본대로 조선조에 가장 널리 사용된 중국운서는『고금운회거요』,『예부운략』과『홍무정운』이다. 조선조 운서 편찬의 바탕이 된 이 세 운서는 모두 전통규범음 중심의 운서들이다. 이로써 우리는 조선조 운서들이 바탕한 음계의 대개를 알 수 있다.

『홍무정운』은 주지하는바,『광운』계 운서가 지상(紙上)의 인습음운이어서 실제의 구두어를 나타내지 못하는 결점을 보완하기 위하여 당시의 중원음을 참고로 편찬한 운서이다. 그러나『홍무정운』의 한자음은 기본적으로 강남지방의 고음을 기초로 하였기 때문에 북경 천도후의 현실음의 가장 큰 특징인 입성의 소실을 반영하지 않았다. 중국의 현실 한자음에서는 입성이 소실되었다고 하나 조선한자음으로는 입성의 구별이 비교적 뚜렷하여 엄연히 존재하였다. 중국에서도 사용되기 어려웠던『홍무정운』이 조선에서 널리 사용되었던 것은 정책적인 면도 있었지만 이와 같은 인소의 작용도 홀시할 수 없다.

『홍무정운』에서 밝히고 있는 정음은 범례에 의하면 지역적인 방음이 아니라 전지역 사람들이 공통적으로 이해할 수 있는 공통음 내지 표준음이다.[10] 즉『홍무정운』에서의 정음은 현재 우리가 북경어를 중국의 표준으로 인정하고 서울말을 한국의 표준어로 인정하는 것과 같은 의미의 음이었다고 할 수 있다.

그럼『홍무정운』의 음을 역훈한『홍무정운역훈』의 정속음의 개념은 어떠한가?

---

10) "五方之人皆能通解者斯为正音也"「홍무정운 범례」

以圖韻諸書及今中國人所用，定其字音，又以中國時音所廣用，而不合
圖韻者，逐字書俗音於反切之下。

『사성통해』 범례

볼 수 있는바『홍무정운역훈』에서의 정음은 중국의 전통적인 운서의 음이되
중국인들이 사용하고 있는 음을 말하는 것이다. 이는『홍무정운』의 정음이 당
시 중국 전지역 사람들이 공통으로 인정하는 표준음을 뜻하던 것과 다르다. 이
에 비해『홍무정운역훈』의 속음은 역훈과정에서 중국음으로는 방음에 속하면
서 동시에 현실음이기도 했던 중원음을 수용하는 방편으로 나타났다.

한편『사성통해』는『홍무정운역훈』의 정음과 속음을 그대로 따르면서 금속
음을 추가하였다. 이 속음과 금속음에 관하여『사성통해』에 다음과 같이 밝히
었다.

주석 안에서 다만 속음이라고 한 것은 곧 통고에서 원래 속음이라고 기록했던 음이
고 금속음이라고 한 것은 신(최세진)이 이번에 기록한 속음이다. 금속음을 적기도 하고
적지 않기도 한 것은 이것은 있고 저것은 없다는 것을 말하는 것이 아니고 듣는 대로
음을 수시로 기록했기 때문이다.(註內只曰俗音者，卽通考原著俗音也 ；曰今
俗音者，臣今著俗音也。今俗音或著或否者，非此存而彼無也，隨所得聞
之音，而著之也。)

즉 속음은 15세기 중국의 현실음이고 금속음은 최세진이 생활하던 당시 16
세기의 북방음이다.

이와 같이 중국음에서의 정음과 속음의 개념을 십분 반영하여야 하였던 조
선조 운서의 정속음 입장은 어떠하였는지 운서별로 살펴보면 다음과 같다.

먼저『동국정운』을 살펴보면, "동국"음이『고금운회거요』를 저본으로 그의
음운체계에 맞추어 조선한자음을 교정한 음임은 주지의 사실이다. 한자음을 정
리할 때『동국정운』이『고금운회거요』의 반절음을 반영하면서도『집운』의 반
절체계를 도입하였기 때문에『동국정운』의 음운체계는『집운』의 음운체계가
된다.11) 따라서『동국정운』의 정음은 원칙적으로『집운』음운체계의 전통규범

---

11) 하혜정(1997),『조선조운서의 독자성연구』, p.84참조.

음이었다고 할 수 있다.

다음『화동정음』의 정속음의 개념을 살펴본다면, 앞서 언급하였다시피『화동정음』은『사성통해』의 속음을 바탕하되『광운』,『집운』등 중국의 운서를 널리 섭렵하여 조선한자음을 교정하였다. 그러므로『화동정음』에서 규범 삼은 전통운서의 음운계통 역시『광운』,『집운』계의 음이고 그의 음운체계에 맞는 것은 조선한자음의 정음이고 그에 맞지 않는 음은 속음임을 알 수 있다.『화동정음』에서 특이한 점은 정음에 조선현실한자음의 실정이 반영되었다는 점이다. 즉 현실에서 사용하는 조선한자음이 규범의 본으로 삼은『사성통해』의 정음과 어긋나는 면이 있더라도『사성통해』에 앞서『광운』,『집운』등 제운서들의 반절로 보아 일치하는 음이면 교정하지 않고 현실음 그대로를 반영하였다.

앞에서 살펴보았듯이『삼운성휘』는『사성통해』의 고정음을 규범의 준거로 삼았는데 당연히 이 음계에 부합되는 음이 정음이 된다.『규장전운』이『삼운성휘』와 일치한 중국음과 조선한자음을 기록하고 있음은 앞서 살펴본 바이다. 따라서『규장전운』이 정음으로 삼은 조선한자음은『삼운성휘』와 마찬가지로『사성통해』의 옛 음이 된다.

이처럼 조선조 운서들에 인식된 정음개념은 중국운서의 음운체계에 맞는 음이다. 따라서 속음은 자연히 운서의 반절체계에 맞지 않는 음인데 대부분은 유추 된 음이거나 와전된 음이다.[12) 그리하여 운서에서 한자음을 기록하고 정리할 때 항상 텍스트로 사용된 중국운서의 반절체계에 맞추어 조선한자음을 규범하여 현실에서 쓰이던 조선한자음의 속음을 정음계로 복구시키는 작업을 하게 된다. 이로하여 운서음은 규범성으로 성격적 특징이 규명되는 것이다.

그러나 조선조 운서의 한자음의 성격을 파악할 때 간과할 수 없는 현상이 존재하는데 바로 속음의 정음대체 현상이다. 전기에 속음으로 등장하였던 음들이 후기 운서에서 본음으로 자리매김하는 현상이 나타나는 것이다. 예하면『화동정음』에 기록된 속음이『삼운성휘』,『규장전운』에서 직접 본음으로 수록되었거나『전운옥편』에서 원래의 본음 즉『규장전운』(혹은『삼운성휘』)의 음을 밀어내고 정음으로 등장하였던 것이다. 이는 규범음을 선호하는 운서지만 현실적

---

12) 조선한자음의 속음산생의 원인중 가장 큰 요인은 성부와 해성자에 딸린 유추음으로 인한것이다. 이 에 관한 연구는 이돈주(1977)와 리기동(1982), 정경일(1989)을 참조할수 있다.

으로 기반이 선 음이면 속음일지라도 운서음으로 적극 수용하였음을 말해준다. 이러한 현상는 운서한자음의 성격을 규명함에 있어서 이 점은 아주 중요한 요소로 작용한다. 즉『동국정운』을 제외한 조선조 운서의 한자음은 현실의 통용음도 적극 반영하여 정리한 음임을 알 수 있다.

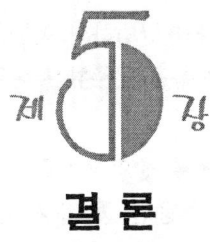

제 5 강

결 론

본고는 『동국정운』(1447), 『화동정음통석운고』(1747), 『삼운성휘』(1751), 『규장전운』(1796), 『전운옥편』(18세기말), 『자전석요』(1909), 『신자전』(1915) 등 조선한자음을 기록한 문헌을 대상으로 역사적 연계의 방법과 공시적 비교 및 그에 대한 분석고찰의 방법으로 조선조 운서 한자음의 전승양상과 정리규범을 연구하였다. 개별대상으로 각 운서의 한자음을 연구한 동시에 각 시기에 편찬, 간행된 운서의 한자음을 상호 비교하여 동음과 이음을 선별하였으며 특히 이음자(異音字)를 중심으로 하여 15～16세기의 자서류, 언해류에 기록된 전통한자음과 비교하고 또 후기 문헌의 음과 비교하여 전후 맥락 속에서 운서의 한자음을 고찰하였다. 또한 현대음에 투영되는 양상도 함께 고찰하여 전승의 상호관계를 통시적으로 파악하였다. 이 과정에서 운서의 범례, 서, 발, 주석에 나타난 운서 편저자들의 음운관을 파악하고 운서들에 나타난 이음의 생성원인을 분석, 종합함으로써 한자음을 정리한 규범문제에 접근하였다.

고찰의 결과 『화동정음』의 한자음과 『삼운성휘』의 한자음이 후기 운서, 옥편, 자전류의 바탕이 되었고 『전운옥편』에서 이 두 운서의 음이 다시 여과되어 정리되어 『자전석요』, 『신자전』을 거쳐 현대에로 전승되어 온 과정을 볼 수 있었다. 또한 운서의 한자음은 전통적으로 사용되던 현실의 음과 단절된 것이 아니며 중국음운학 이론체계에 따라 규범하되 전통음을 감안하면서 정리된 사실을 확인할 수 있었는데, 이러한 음들이 주류를 이루고 현대 조선한자음으로 정착된 모습을 볼 수 있었다.

아래에 본문에서 논의된 내용을 종합함으로써 결론을 대신한다.

1. 조선조에 널리 사용되고 이용된 중국운서로는 『고금운회거요』, 『예부운략』, 『홍무정운』이 있다. 이 세 운서는 조선조의 운서편찬에 큰 역할을 하였다. 훈민정음이 창제되자 조선의 운서들이 편찬되었는데 표음문자인 조선문자로 한자의 음을 기록하여 독음의 안정성을 기한 것은 조선운서의 가장 큰 특징이다. 체재 상 조선조 운서들은 중국운서의 전통적인 배열법을 따르지 않고 운도의 형식을 차용하여 일목요연한 도표식의 배분법을 만들어내고 평, 상, 거, 입성을 3단식 혹은 4단식으로 배열하였다. 중국에서 각각 따로 발전하였던 운서와 운도를 접목하여 조선만의 일목요연한 배분법을 만들어낸 것은 조선운서가 중국운서와 다른 또 하나의 특징이다. 『동국정운』을 제외하고 조선조 운서들은 운의 분류에 있어서 106운의 분운체계를 고수하고 있는데 이는 조선조에 복각 사용한 『예부운략』이 106운의 분운체계였던 것과 관계된다.

2. 조선조 운서에서 한자음 기록에 사용한 초성은 『동국정운』이 인위적인 가상음으로 하여 특수한 모습을 보이는 외에 기본적으로 "ㄱ, ㄴ, ㄷ, ㄹ, ㅁ, ㅂ, ㅅ, ㅇ, ㅈ, ㅊ, ㅋ, ㅌ, ㅍ, ㅎ"등 14자모였음을 볼 수 있다. 『화동정음통석운고』는 이 14자모 외에 당시에 이미 소실된 문자인 "ㆁ"과 "ㅿ"를 사용하고 전탁음 "ㅆ"을 사용한 특징을 보인다. 그러나 이 세 자모는 『화동정음통석운고』에서도 엄정하게 사용되지는 않았던 것으로 보인다.

【각 시기 현실한자음과 운서들에서 사용한 초성체계 비교표】

청 탁 \ 오 음		이음	설음	순음	치음	후음	반설음	반치음
전 청	15C	ㄱ	ㄷ	ㅂ	ㅈ, ㅅ			
	동국	ㄱ	ㄷ	ㅂ	ㅈ, ㅅ	ㆆ		
	16-17C	ㄱ	ㄷ	ㅂ	ㅈ, ㅅ	-		
	화동	ㄱ	ㄷ	ㅂ	ㅈ, ㅅ	-		
	삼운	ㄱ	ㄷ	ㅂ	ㅈ, ㅅ	-		
	규장	ㄱ	ㄷ	ㅂ	ㅈ, ㅅ	-		

차 청	15C	ㅋ	ㅌ	ㅍ	ㅊ	ㅎ		
	동국	ㅋ	ㅌ	ㅍ	ㅊ	ㅎ		
	16-17C	ㅋ	ㅌ	ㅍ	ㅊ	ㅎ		
	화동	ㅋ	ㅌ	ㅍ	ㅊ	ㅎ		
	삼운	ㅋ	ㅌ	ㅍ	ㅊ	ㅎ		
	규장	ㅋ	ㅌ	ㅍ	ㅊ	ㅎ		
전 탁	15C	-	-	-	-	-		
	동국	ㄲ	ㄸ	ㅃ	ㅉ, ㅆ	ㆅ		
	16-17C	-	-	-	-	-		
	화동	-	-	-	ㅆ	-		
	삼운	-	-	-	-	-		
	규장	-	-	-	-	-		
불청불탁	15C		ㄴ	ㅁ	-	ㅇ	ㄹ	ㅿ
	동국	ㆁ	ㄴ	ㅁ	-	ㅇ	ㄹ	ㅿ
	16-17C	-	ㄴ	ㅁ	-	ㅇ	ㄹ	ㅿ
	화동	ㆁ	ㄴ	ㅁ	-	ㅇ	ㄹ	ㅿ
	삼운	-	ㄴ	ㅁ	-	ㅇ	ㄹ	-
	규장	-	ㄴ	ㅁ	-	ㅇ	ㄹ	-

『전운옥편』, 『자전석요』, 『신자전』등에서 사용한 초성체계는 기본상 『삼운 성휘』, 『규장전운』과 같다. 단 이들에 비하여 전탁자로 "ㅆ"을 사용하고 있을 뿐이다. 현대조선한자음에서 사용하는 "ㄲ"은 『신자전』을 포괄하여 조선조 운 서, 옥편들에서는 사용되지 않았다.

『동국정운』에 "ㅐ"중성이 사용되지 않은 외에 조선조 운서들은 기본모음 11 자, "ㅣ"상합자 8자, 합용자 4자 총 23자의 중성을 사용하여 조선한자음을 기 록하였음을 볼 수 있었다. 이는 『훈민정음』해례의 중성해에서 언급한 중성에 비하여 "ㆅ, ㅚ, ㅒ, ㅙ"가 사용되지 않은 모습이다. "ㅡ"중성과 "ㅓ"중성은 양 성운미거나 입성운미와 결합하였을 때 나타나고 독자적으로 한자음 표기에 사 용되지 못하였다. 이는 현대에도 마찬가지이다.

【각시기 현실음과 운서들에서 사용한 중성체계 비교표】

중성	기본모음	" ㅣ "상합자	2자합용	3자이상합용
15C	ㆍㅡㅣㅗㅏㅜㅓㅛㅑㅠㅕ	ㆎㅢㅚㅐ(ㅔ)ㅟㅞㅖ	ㅘㅝㆇㆊ	ㅙㅞ
동국	ㆍㅡㅗㅏㅜㅓㅛㅑㅠㅕ	ㆎㅢㅚㅐㅟㅞㅖ	ㅘㅝㆇㆊ	ㅙㅞ
16~17C	ㆍㅡㅣㅗㅏㅜㅓㅛㅑㅠㅕ	ㆎㅢㅚㅐㅟㅟㅞㅖ	ㅘㅕ	ㅙㅞㅖ
화동	ㆍㅡㅣㅗㅏㅜㅓㅛㅑㅠㅕ	ㆎㅢㅚㅐㅟㅟㅞㅖ	ㅘㅕ	ㅙㅞ
삼운	ㆍㅡㅣㅗㅏㅜㅓㅛㅑㅠㅕ	ㆎㅢㅚㅐㅟㅟㅞㅖ	ㅘㅕ	ㅙㅞ
규장	ㆍㅡㅣㅗㅏㅜㅓㅛㅑㅠㅕ	ㆎㅢㅚㅐㅟㅟㅞㅖ	ㅘㅕ	ㅙㅞ

『전운옥편』, 『자전석요』, 『신자전』에서 사용한 중성은 『삼운성휘』, 『규장전운』과 같다.

조선한자음 표기에 사용된 종성은 『동국정운』에서 형식종성으로 "ㅇ"와 "ㅱ"를 더 사용한 외에 시종일관 안정된 모습으로 나타난다. "ㄱ, ㄹ, ㅂ, ㄴ, ㅁ, ㅇ" 6종성이 음운적으로 "ㅇ :ㄱ", "ㄴ :ㄹ", "ㅁ :ㅂ"의 대립을 이루고 변화 없이 사용되었다.

【각시기 현실음과 운서들에서 사용된 종성체계 비교표】

종성	입성	양성	음성
15C	ㄱ, ㄹ, ㅂ	ㄴ, ㅁ, ㅇ	-
동국	ㄱ, ㅭ, ㅂ	ㄴ, ㅁ, ㆁ	ㅱ, ㅇ
16~17C	ㄱ, ㄹ, ㅂ	ㄴ, ㅁ, ㅇ	-
화동	ㄱ, ㄹ, ㅂ	ㄴ, ㅁ, ㅇ	-
삼운	ㄱ, ㄹ, ㅂ	ㄴ, ㅁ, ㅇ	-
규장	ㄱ, ㄹ, ㅂ	ㄴ, ㅁ, ㅇ	-

『전운옥편』, 『자전석요』, 『신자전』에 사용된 종성은 『삼운성휘』, 『규장전운』 등 앞 시기 운서들과 같다.

3. 후기에 등장하는 조선조 운서의 한자음은 『화동정음』과 『삼운성휘』의 음을 기본음으로 하였음을 볼 수 있었다. 『화동정음』과 『삼운성휘』는 85%이상의

음들에서 완전한 일치를 보인다. 『화동정음』에서 일모자를 사용함으로써 나타난 음과 "ㅣ"와 "ㅐ"중성에 의한 혼기음들을 제외하면 일치음은 거의 90%에 달한다. 전시기 현실음과 비교하여 볼 때 두 운서에서 보이는 일치음은 전통음과 큰 차이가 없음을 볼 수 있었고 이러한 음들은 또 대부분 후기 운서 내지 현대음으로 전승되었음을 볼 수 있었다.

『화동정음』과『삼운성휘』는 실질적으로 약 10%의 이음을 보이는데 초성이 다른 이음의 경우 상대적으로『화동정음』의 음이 현실음을 많이 반영하였고 중성이 다른 이음의 경우『삼운성휘』의 음이 현실음을 많이 반영하였다. 음절 전체가 다른 이음들은 상대적으로 일자다운다음자(一字多韻多音字)들에 한하여 많이 나타나는데『화동정음』에서 운과 무관하게 음을 통합하여 상용하는 음으로 고착시킴으로써 생성되는 경우가 많다.

4. 『화동정음』과『삼운성휘』의 이음을 볼 때 형식상『삼운성휘』의 한자음이 『규장전운』으로 이어지고『규장전운』의 음이 다시『전운옥편』에 수록되는 모습을 볼 수 있었다.『전운옥편』은『규장전운』의 색인용으로 편찬된 옥편이지만『규장전운』의 음을 기계적으로 답습하지 않고 "正・俗"이라 하여『화동정음』의 음도 계승하였다.『전운옥편』은『화동정음』과『삼운성휘』(『규장전운』)의 한자음을 취사선택할 때 초성이 다른 이음외 경우 대부분『화동정음』의 한자음을 현실음으로 받아들였고 중성이 다른 이음의 경우 대부분『삼운성휘』(『규장전운』)의 음을 받아들였다. 20세기 초의 문헌인『자선석요』와『신자전』은 기본적으로『전운옥편』의 음을 계승하였다.『동국정운』은 현실음이 아닌 가상음이어서 전통적인 한자음과도 거리가 멀었을 뿐 아니라 후기 한자음의 전승과 고착에도 영향을 주지 못하였다.

결과적으로 현대조선한자음은 이 계열의 음들이 전승되어 고착한 것이라 할 수 있다. 이 과정에는 전통음이 운서음에 반영되어 현대음으로 고착 것도 있고 정음의 속음 대체 현상으로 15~16세기 언해와 자서류에서 사용되던 음 대신 운서에서 정리된 음이 현대음으로 고착된 것도 있으며 또한 전시기에 기록된 속음이 후 시기 문헌에서 정음을 밀어내고 본음으로 자리매김하여 현대음으로 전승된 것도 있었다. 또한 운이 다름에 따라 음도 다르게 반영되던 다운다음(多韻多音)자들이 상용하는 어떤 한 음으로 귀납되는 음들도 있었다. 운의 약속력

(約束力)이 약화되면서 운과 무관하게 변화하여 현실의 음으로 고착되는 음들의 모습도 발견할 수 있었는데 이러한 음들은 대부분 경우 유추의 작용에 의하여 불규칙적으로 변한 음에 속한다.

5. 조선조 운서들에서 한자음을 정리할 때 큰 틀로 작용한 것은 중국운서의 한자음이었다. 중국음의 오음체계에 근거하여 조선한자음의 초성을 정리할 때 가변적인 요인으로 조선한자음의 현실요소가 작용함을 볼 수 있었다. 구체적으로 중국의 어느 시기의 음을 선정하여 어떠한 방법으로 교정하는가에 따라 교정되는 범위가 달랐는데 한자음 정리의 특징상 상대적으로『화동정음』은 현실의 중국음을 바탕한듯 하면서도 실제적으로는『홍무정운』이전의 옛 운서음을 많이 존중하였고『삼운성휘』는『사성통해』의 고정음을 바탕하여 옛 음을 따른 듯하면서도 실제적으로는 현실음을 많이 교정하였다. 그리하여 초성의 경우 『화동정음』의 조선음은 병기된 중국음과 대응되지 않는 것들도 많이 보이게 되었고『삼운성휘』의 조선음은 병기된 중국음과 정연한 대응을 이루고 나타나게 되었다. "ㅜ", "ㅟ", "ㅖ"등 중성의 경우에는 이와 반대로『화동정음』의 음이 병기된 중국음과 정연한 대응을 보였다.

6. 운서의 한자음은 규범성으로 특징지어지지만 18세기에 등장하는 조선한자음 운서들은 현실의 음도 적극 반영하고 있음을 볼 수 있었다. 운서에 속음을 기록하였다는 사정이 그것을 말해주고 또 구체적으로 음의 전승과정에서 속음자가 정음을 대체하고 본음으로 등장하는 자례들이 적지 않다는 사실도 운서 한자음의 특징을 인식함에 중요한 단서를 제공한다.『화동정음』의 속음이『삼운성휘』와『규장전운』에서 직접 본음으로 계승되어 현대음으로 고착되기도 하였고『전운옥편』에서『삼운성휘』와『규장전운』의 음을 밀어내고 본음이거나 정음으로 계승되어 현대음으로 고착되기도 하였는데 이러한 사정은 조선 운서 한자음은 단순히 중국운서에 부합되는 음인 것이 아니라 속음일지라도 현실음으로 자리를 굳힌 다음에는 운서에서도 합리한 음으로 받아들였음을 말해주는 것이다.

『속삼강행실도』(1514원간본~1581중간본)한자음 색인

堂당「속삼 효,14a」 　大대「속삼 효,14a」 　對뎌「속삼 열,15a」
德덕「속삼 열,4a」 　逃도「속삼 열,10a」 　都도「속삼 열,12a」
都됴「속삼 효,3a」 　東동「속삼 열,19a」 　同동「속삼 열,21a」
動동「속삼 열,8b」 　得득「속삼 효,31a」 　登등「속삼 열,1a」
馬마「속삼 열,7a」 　摩마「속삼 충,4a」 　幕막「속삼 효,21a」
萬만「속삼 효,28a」 　亡망「속삼 열,10a」 　望망「속삼 효,32a」
媒미「속삼 효,26a」 　梅미「속삼 열,4a」 　盟밍「속삼 열,1a」
孟밍「속삼 열,2a」 　免면「속삼 효,3a」 　命명「속삼 열,26a」
明명「속삼 충,1a」 　母모「속삼 효,23a」 　木목「속삼 효,28a」
蒙몽「속삼 효,35a」 　墓묘「속삼 효,1a」 　茂무「속삼 열,18a」
舞무「속삼 효,2a」 　文문「속삼 열,6a」 　門문「속삼 효,1a」
物믈「속삼 효,32a」 　未미「속삼 효,31a」 　敏민「속삼 열,14a」
密밀「속삼 열,17a」 　朴박「속삼 충,4a」 　博박「속삼 효,32b」
叛반「속삼 열,22b」 　返반「속삼 충,4a」 　飯반「속삼 효,28a」
方방「속삼 열,16a」 　房방「속삼 열,18a」 　邦방「속삼 효,13a」
培비「속삼 열,13a」 　背비「속삼 열,22b」 　白빅「속삼 열,1a」
伯빅「속삼 충,4a」 　百빅「속삼 열,15a」 　法법「속삼 효,3a」
變변「속삼 효,3a」 　便변「속삼 열,5a」 　邊변「속삼 효,5a」
別별「속삼 열,10b」 　炳병「속삼 효,2a」 　病병「속삼 효,2a」
兵병「속삼 효,34a」 　保보「속삼 열,2a」 　步보「속삼 효,15a」
復복「속삼 효,21b」 　卜복「속삼 효,23a」 　服복「속삼 효,7a」
本본「속삼 열,11a」 　奉봉「속삼 열,12a」 　封봉「속삼 효,2a」
扶부「속삼 열,20a」 　富부「속삼 충,4a」 　副부「속삼 충,5a」
父부「속삼 효,11a」 　府부「속삼 효,21a」 　釜부「속삼 효,24a」
薄부「속삼 효,26b」 　墳분「속삼 효,24a」 　糞분「속삼 효,5a」
不불「속삼 효,5a」 　妃비「속삼 효,22a」 　碑비「속삼 효,6b」
賓빈「속삼 열,16a」 　史사「속삼 열,24a」 　救사「속삼 효,3a」
思사「속삼 열,12a」 　祀사「속삼 열,16a」 　寺사「속삼 열,5a」
使사「속삼 충,2a」 　祠사「속삼 효,14a」 　司사「속삼 효,26b」
事사「속삼 효,26b」 　士사「속삼 효,31a」 　朔삭「속삼 효,32a」
山산「속삼 효,9a」 　三삼「속삼 효,14a」 　裳상「속삼 효,23a」
喪상「속삼 효,26b」 　上상「속삼 열,6a」 　湘상「속삼 충,2a」
尚상「속삼 충,3a」 　賞상「속삼 열,6a」 　生성「속삼 열,19a」

願원「속삼 열,2a」	袁원「속삼 열,8a」	員원「속삼 효,29a」
怨원「속삼 효,3a」	衛위「속삼 열,12a」	劉류,뉴「속삼 열,5a」
惟유「속삼 열,22a」	兪유「속삼 열,6a」	有유「속삼 충,1a」
庚유「속삼 효,22b」	尹유「속삼 효,4a」	允윤「속삼 충,4b」
閏윤「속삼 효,23a」	隱은「속삼 열,4a」	殷은「속삼 효,33a」
乙을「속삼 열,9a」	音음「속삼 열,16a」	陰음「속삼 열,25a」
飮음「속삼 효,27a」	邑읍「속삼 효,20a」	應응「속삼 열,29a」
依의「속삼 열,10a」	義의「속삼 열,8b」	議의「속삼 효,25a」
毅의「속삼 효,29a」	醫의「속삼 효,5a」	吏니「속삼 열,13a」
李니「속삼 열,15a」	鯉니「속삼 효,26a」	吏니「속삼 효,26b」
尼니「속삼 효,26b」	伊이「속삼 열,21a」	益익「속삼 열,14a」
姻인「속삼 열,2a」	人인「속삼 열,21a」	仁인「속삼 효,24a」
日일「속삼 열,11a」	資ᄌᆞ「속삼 열,22a」	自ᄌᆞ「속삼 열,23a」
子ᄌᆞ「속삼 효,22a」	張댱「속삼 열,2a」	葬장「속삼 효,14a」
莊장「속삼 효,6a」	章장「속삼 충,4a」	獎장「속삼 효,23a」
載ᄌᆞ「속삼 효,22b」	宰ᄌᆞ「속삼 효,26b」	傳뎐「속삼 열,7a」
田뎐「속삼 효,22a」	奠뎐「속삼 효,7a」	全전「속삼 열,20a」
節졀「속삼 열,5a」	絶졀「속삼 효,12a」	浙졀「속삼 충,1a」
接졉「속삼 효,22a」	貞뎡「속삼 열,22a」	旌뎡「속삼 열,8b」
鄭뎡「속삼 충,4a」	丁뎡「속삼 충,4a」	亭뎡「속삼 효,3a」
定뎡「속삼 효,4a」	政졍「속삼 효,25a」	正졍「속삼 효,7a」
精졍「속삼 열,10b」	政졍「속삼 충,2a」	井졍「속삼 열,20a」
靖졍「속삼 효,24b」	弟뎨「속삼 효,22a」	第뎨「속삼 효,32a」
制졔「속삼 충,1a」	弟제「속삼 효,3a」	祭졔「속삼 효,6b」
齊졔「속삼 열,5a」	諸졔「속삼 충,1b」	堤톄「속삼 열,10a」
趙됴「속삼 열,9a」	朝됴「속삼 효,24b」	曹조「속삼 열,14a」
柬쵸「속삼 효,14a」	從죵「속삼 열,19a」	宗죵「속삼 충,5a」
鍾죵「속삼 충,4a」	終죵「속삼 효,12a」	罪죄「속삼 효,3a」
州쥬「속삼 열,11a」	朱쥬「속삼 열,18a」	主쥬「속삼 효,21a」
周쥬「속삼 효,2a」	舟쥬「속삼 효,32b」	酒쥬「속삼 효,3a」
粥쥭「속삼 효,1a」	重듕「속삼 열,10a」	中듕「속삼 열,26a」
贈증「속삼 효,32b」	知디「속삼 충,3a」	地디「속삼 효,22a」
趾지「속삼 충,2a」	之지「속삼 효,12a」	旨지「속삼 효,32a」

부록 2

조선조 운서, 옥편의 이음 대조표

보기 :

1: 도표에 사용된 문헌 약칭
   화동-『華東正音通釋韻考』
   삼운-『三韻聲彙』
   규장-『奎章全韻』
   전운-『全韻玉篇』
   석요-『字典釋要』
   신자전-『新字典』
   현대음 북-『새옥편』
   현대음 남-두산동아 『漢韓大辭典』

2: 『전운옥편』과 『신자전』의 경우 사용된 "本"과 "정"은 각기 "正"과 "속"에 대응하여 사용한 형식상의 용어일 뿐이다.

3: 한자음 뒤에 한자로 표기된 것은 소속한 운을 말한다. 본 운에 속하는 음의 경우는 운의 반복을 기피하여 표기하지 않았다.

4: 문헌에 해당 한자가 수록되지 않았거나 해당 음이 기록되지 않은 경우는 " - "로써 표기하거나 그냥 비워두었다. " + "표가 있는 것은 『전운옥편』에서 증보된 글자, " * "표가 있는 것은 오각이거나 탈각 혹은 특히 주목되는 음이다.

5: 『새옥편』에서 불규칙적인 음으로 (( ))안에 표기해주었던 음을 본 도표에서는 기록하지 않았다.

(1)

운	한자	화동	삼운	규장	전운		석요	신자전		현대음	
					本	正	요	本	正	북	남
東	崇	슝	종	종	종	슝	슝	종	슝	슝	슝
	潨	충	종	종	종	충	충	종	충	충	
董	穠	죵	충	충	충		충	충		충	
	蓯	죵	죵	죵	츙죵冬		츙,죵冬	츙,죵冬		츙,죵冬	죵,츙冬 슝腫
送	虹	홍	공	홍東,공	홍東,공		홍東,공	홍東,공		홍東,항 江,공	홍東,항
冬	蚣	죵	숑	숑,공東	숑,공東		공東	숑,공東		숑,공東	숑,공東
	蠪	롱	룡	룡,롱東	룡,롱東		룡,롱東	룡,롱東		룡,롱東	룡,롱東
	跫	공	흉	흉,강江	공,강俗상江		공,강江	공,강俗 상江		공,상江	공
	樅	죵	충	충	충	죵	죵	충	죵	죵	죵
	瑽	죵	충	충	충	죵	죵	충	죵	죵	죵
腫	嵷	죵	숑	숑,죵東	숑,죵東		숑	숑,죵東		숑,죵東	숑,죵東
江	厖	방	망	망	망	방	방	망	방	방,망講	방
	哤	망	망	망	망	방	방	망	방	방	방
	尨	방	망	망	망	방	방	망	방	방	방
	雙	쌍	상	상	상	쌍	쌍	상	쌍	쌍	쌍
	慃	쌍	상	상	상	쌍	쌍	상	쌍	쌍	쌍
	㰙	쌍	상	상	상	쌍	쌍	상	쌍	쌍	쌍
	淙	창	장	장,죵冬	장,죵冬		장,죵冬	장,죵冬		장,죵冬	죵冬
	谾	홍	항	항,홍東	항,홍룡東		항,홍東	항,홍룡東		항,홍룡東	홍룡東
	駹	방	망	망	망	방	방	망	방	방	방
支	墮	휘	휴	휴	휴,타		타隋	휴,타隋		휴,타隋	타隋
	睢	휘	휴	휴	휴,슈支寘		휴	휴,슈支寘		휴寘,수	휴슈

운	한자	화동	삼운	규장	전운 本	전운 正	석요	신자전 本	신자전 正	현대음 북	현대음 남
	艦	휘	휴	휴	휴		휴	휴		휴	휴
	觜	취	츄	츄,타哿	츄,타哿		츄,타哿	츄,타哿		추,타哿	타哿
	垂	쉬	슈	슈	슈		슈	슈		수	수
	隨	쉬	슈	슈	슈		슈	슈		수	수
	隋	쉬	슈	슈	슈		슈	슈		수,타哿	수,타哿
	窺	귀	규	규	규		규	규		규	규
	規	귀	규	규	규		규	규		규	규
	葵	귀	규	규	규		규	규		규	규
	追	취	츄	츄,퇴灰	츄,퇴灰		츄,퇴灰	츄,퇴灰		추,퇴灰	추수,퇴灰
	綏	쉬	유	유	유		유	유		유	유
	惟	위	유	유	유		유	유		유	유
	綏	쉬	슈	슈유	슈유		슈	슈유		수유	수유
	雖	쉬	슈	슈	슈		슈	슈		수	수,유寅
	逡	귀	규	규	규		규	규		규	
	錐	취	츄	츄	츄		츄	츄		추	추
	誰	쉬	슈	슈	슈		슈	슈		수	수
	帷	위	유	유	유		유	유		유	유
	鎚	취	츄	츄,퇴灰	츄,퇴灰		츄,퇴灰	츄,퇴灰		추,퇴灰	추,퇴灰
	推	취	츄	츄	츄					추,퇴灰	추,퇴灰
	尵	귀	규	규,구尤	규,구尤		규支尤	규,구尤		규,구尤	규,구尤
	崔	귀	규	규	규		규	규		규	규,부虞
	槌	취	츄	츄,퇴灰	츄,퇴灰		-	츄,퇴灰		추,퇴灰	추,퇴灰
	濰	쉬	슈	슈	슈		슈	슈		수	휴수
	榴	치	칙	칙	칙	치	치	칙	치	치	치
紙	髓	쉬	슈	슈	슈		슈	슈		수	수
	絫	뤼	류	류	류		류	류		루	루
	捶	취	츄	츄,타哿	츄,타哿		츄	츄,타哿		추,타哿	추,타哿
	跬	귀	규	규	규		규	규		규	규,설屑
	洧	위	유	유	유		유	유		유	유
	水	쉬	슈	슈	슈		슈	슈		수	수
	壘	뤼	류	류,뢰賄	류,뢰賄		류,뢰賄	류,뢰賄		루,뢰賄	루,뢰賄,률質
	揆	귀	규	규	규		규	규		규	규
	唯	위	유	유	유		유	유		유	유,수支
	机	긔	궤	궤	궤		궤	궤		궤	궤
	柿	ㅅ	시	시,폐	시,폐隊		폐隊	시		시,폐隊	폐隊
	兕	시	ㅅ	ㅅ	ㅅ	시	시	ㅅ	시	시	시本사

운	한자	화동	삼운	규장	전운		석요	신자전		현대음	
					本	正		本	正	북	남
	瑈	귀	궤	궤	궤	귀	귀	궤	귀	구	구
	泚	즈	츠	츠	츠	즈	즈	츠	즈	자,체薺	자,차薺
	蘤	위	위	위	릐	위	위	릐	위	위,화麻	위,화麻
	礧	릐	릐	릐	릐		릐	릐		뢰	루,뢰賄
眞	累	릐	류	류	류		류	류		루	루,라哿,렵葉
	硾	취	츄	츄	츄		츄	츄		추	추
	錘	취	츄	츄	츄		츄	츄		추	추수支
	荔	례	리	리,려霽	리,려霽	례	례,려霽	려霽,리	례	례,려霽	려霽
	漬	지	즈	즈	즈	지	지	즈	지	치	지
	眥	즈	지	지	즈		즈	즈		자	자,진軫
	睡	쉬	슈	슈	슈		슈	슈		수	수
	邃	쉬	슈	슈	슈		슈	슈		수	수
	璲	쉬	슈	슈	슈		슈	슈		수	수
	崇	쉬	슈	슈	슈		슈	슈		수	수
	類	릐	류	류	류		류	류		류	류,뢰隊
	淚	릐	류	류	류	릐	뢰	류	릐	루	루本류,려霽
	欙	릐	류	류	류		류	류		루	루
	帥	쉬	슈	슈,솔質	슈,솔質		슈,솔質	슈,솔質		수,솔質	수,솔質
	墜	취	츄	츄	츄		츄	츄		추	추
	出	취	츄	츄,츨質	츄,츨質		츄,츨質	츄,츨質		출質,추	출質
	遺	위	유	유	유		유	유		유	유,수支
	饐	에	의	의,에霽	의,애霽		의,애霽	의,애霽		의,애霽	의,애霽,열屑
	劓	치	즈	즈	스		스	스		사	사
	駬	귀	괴	괴,귀微	괴,귀微		괴,귀微	괴,귀微		괴,귀微	괴
	泊	게	긔	긔	긔	게	게	긔	게	게	계本기
	懘	치	지	지	지	치	치	지	치	체	치
	慣	치	지	지	지	치	치	지	치	체	치
	諉	위	뇌	뇌	뇌	위	위	뇌	위	위	위
未	彙	회	위	위	위	회	회	위	회	회,위	화本위
魚	初	추	초	초	초		초	초		초	초
	蝑	져	셔	셔	셔		셔	셔		셔	셔

운	한자	화동	삼운	규장	전운 本	전운 正	석요	신자전 本	신자전 正	현대음 북	현대음 남
	疋	수	소	소,필質	소,필質		소,필質	소,필質		소,필質	소,필質,아馬
語	所	수	소	소	소		소	소		소	소
	楚	추	초	초	초		초	초		초	초
	阻	주	조	조	조		조	조		조	조
	眡	수	소	소	소		소	소		소	소
	齟	주	조	조	조	주	조	조	주	주	저,서
	蜍	여	져	져	져	여	여	져	여	여	여本져
御	疏	수	소	소	소		소	소		소	소
	助	주	조	조	조		조	조		조	조
虞	甫	부	포	포	포	부	부	포	부	부	부,포遇
	呼	후	호	호	호		호	호		호	호
	吾	우	오	오	오		오	오		오	오,어魚,이麻
	姝	슈	쥬	쥬	쥬		쥬	쥬		주	주
	模	무	모	모	모		모	모		모	모
	摸	무	모	모,막藥	모,막藥		모,막藥	모		모,막藥	모,모本막藥
	酺	푸	포	포	포		포	포		포	포
	胡	후	호	호	호		호	호		호	호
	孤	구	고	고	고		고	고		고	고
	徒	두	도	도	도		도	도		도	도
	圖	두	도	도	도		도	도		도	도
	菟	투	도	도	도土遇		도,토遇	도,토遇		도,토遇	도,토遇
	奴	누	노	노	노		노	노		노	노
	盧	루	로	로	로		로	로		로	로
	蘇	수	소	소	소		소	소		소	소
	徂	주	조	조	조		조	조		조	조
	烏	우	오	오	오		오	오		오	오,아麻
	逋	부	포	포	포		포	포		포	포
	枯	구	고	고	고	구	구	고	구	고	고
	都	두	도	도	도		도	도		도	도,저魚
	鋪	푸	포	포	포		포	포		포	포
	軱	구	고	고	고		고	고		고	고
	蝴	후	호	호	호		호	호		호	호
	甦	수	소	소	소		소	소		소	소
	圬	우	오	오	오		오	오		오,후有	오齊
	鱸	루	로	로	로		로	로		로	로
麌	甫	부	보	보	보		보	보		보	보,포
	撫	무	부	부	부		부	부		무	무

운	한자	화동	삼운	규장	전운		석요	신자전		현대음	
					本	正		본	正	북	남
	溥	부	보	보	보	부	부,박藥	보	부	보,박藥	보,부虞,박藥
	鏷	무	모	모	모	무	무	모	무	무	무本모
	拊	무	부	부	부		부	부		부,무	부
	黜	쥬	주	주	주		주	주		주	주
	姆	무	모	모	모		모	모		모	모
	土	투	토	토,두	토,두		토,두	토,두		토,두	두,토虞
	稌	두	도	도	도		도	도		도	도,서魚
	魯	루	로	로	로		로	로		로	로
	覩	두	도	도	도		도	도		도	도
	古	구	고	고	고		고	고		고	고
	五	우	오	오	오		오	오		오	오
	粗	주	조	조	조,추虞		조	조,추虞		조,추虞	조本추虞
	虎	후	호	호	호		호	호		호	호
	隖	우	오	오	오		오	오		오	오
	苦	구	고	고	고		고	고		고	고
	怒	누	노	노	노		노	노		노	노
	戶	후	호	호	호		호	호		호	호
	普	부	보	보	보		보	보		보	보
	浦	푸	포	포	포		포	포		포	포
	補	부	보	보	보		보	보		보	보
	圃	푸	포	포	포		포	포		포	포
	笘	구	고	고	고		고	고		고	고
	姥	무	모	모	모	무	무	모	무	모	모,무有
	許	후	호	호,허語	호,허語		호,허語	호		호,허語	호,허語
	迕	우	오	오	오		오	오		오	오
	羖	구	고	고	고		고	고		고	
	艣	루	로	로	로		로	로		로	로
	鄔	구	우	우	우		우	우		우	우구
	鄔	우	오	오	오		오	오		오	오
遇	澍	쥬	주	주	주		주	주		주	주
	暮	무	모	모	모		모	모		모	모
	慕	무	모	모	모		모	모		모	모
	渡	두	도	도	도		도	도		도	도
	路	루	로	로	로		로	로		로	로,락藥
	菟	투	토	토	토,도虞		토,도虞	토,도虞		토,도虞	토,도虞
	顧	구	고	고	고		고	고		고	고

운	한자	화동	삼운	규장	전운 本	전운 正	석요	신자전 本	신자전 正	현대음 북	현대음 남
遇	固	구	고	고	고		고	고		고	고
	故	구	고	고	고		고	고		고	고
	涸	후	호	호,학藥	학藥,호	후	후,학藥	학藥,호	후	고,확藥	호,학藥
	誤	우	오	오	오		오	오		오	오
	護	후	호	호	호		호	호		호	호
	訴	수	소	소	소		소	소		소	소,척陌
	祚	주	조	조	조		조	조		조	조
	布	푸	포	포	포		포	포		포	포
	汙	우	오	오	오,와箇麻		오,와麻	오,와箇		오,와麻	오,우虞,와麻
	措	추	조	조	조		조	조,책陌		조,책陌	조,책陌
	捕	부	포	포	포		포	포		포	포
	哺	푸	포	포	포		포	포		포	포
	步	부	보	보	보		보	보		보	보
	梧	우	오	오	오		오	오		오	오,어語
	褸	루	구	구	구	루	루	구	루	루	루尤
	涸	구	고	고	고		고	고		고	고
	姻	후	고	고	고		고	고		고	고本호
	厝	주	조	조,착藥	조,착藥		착藥	조,착藥		조,착藥	조,착藥,적陌
	酺	푸	포	포	포		포	포		포	포
	轎	부	보	보	보,비實		보,비實	보,비實		보,비實	보,복屋
	酗	휴	후	후	후		후	후		후	후
	愫	수	소	소	소		소	소		소	소
	拊	푸	포	포	포		포	포		포	포虞
	誓	세	셔	셔	셔		셔	셔		서	서霽
齊	黎	례	려	려	려		려	려		려	려
	妻	체	처	처	처		처	처		처	처齊霽
	低	데	뎌	뎌	뎌		뎌	뎌		저	저
	娃	계	유	유	유	계	계	유	계	계	계本유
	西	세	셔	셔	셔		셔	셔		서	서
	杝	톄	셰	셰	셰	톄	톄	셰	톄	체	이支
	迷	몌	미	미	미		미	미		미	미
	泥	녜	니	니	니		니	니		니	니,녕徑,녈屑
	圭	귀	규	규	규		규	규		규	규
	睽	귀	규	규	규		규	규		규	규,계實

운	한자	화동	삼운	규장	전운 本	전운 正	석요	신자전 本	신자전 正	현대음 북	현대음 남
齊	攜	휘	휴	휴	휴		휴	휴		휴	휴
	呢	녜	니	니	니		니	니		니	니
	鷤	혜	휴	휴	휴		휴	휴		휴	휴,전銑
	觲	베	비	비,병迥	비,병迥		병迥	비		비,병迥	비,병迥
	寯	휘	휴	휴,규支 衢紙	휴,규支 衢紙		휴支衢紙	휴규支 衢紙		휴,규支,수 紙	휴,수支, 전銑
	暌	귀	규	규	규		규	규		규	규
薺	邸	데	뎌	뎌	뎌		뎌	뎌		져	져露,지支
	禰	녜	니	니	니	녜	니	니	녜	니	녜
	瀰	몌	니	니,미支 紙	니,미支 紙		니,미支紙	니,미支 紙		니,미支紙	미支紙
	坻	데	뎌	뎌	뎌		뎌	뎌		져	
	洣	몌	미	미	미		미	미		미	미
	苨	녜	니	니	니		니	니		니	니
	底	데	뎌	뎌	뎌		뎌	뎌		져	져,지紙
霽	傺	졔	체	체	체	졔	졔	체	졔	졔	졔
	猘	졔	계	계	계	졔	졔	계	졔	졔	졔
	蕝	쳬	졔	졔	졔	체	최泰	최泰,졔	체	최체泰,졀 屑	최泰,졀屑 ,찰曷
	蕞	쳬	졔	졔	졔	쳬	졀屑,체	졀屑졔	체	졀屑,체霽	체,졀屑
	浘	볘	비	비	미		비	비		비,폐泰	비支,폐泰
	婿	셰	셔	셔	셔		셔	셔		셔	셔
	謎	몌	미	미	미		미	미		미	미
	麗	례	려	려	려		려	려		려	려,리支
佳	媧	왜	괘	괘	괘	왜	와,과麻	과麻,괘	와 麻 왜	와,과麻	와,과麻
	騧	왜	괘	괘	괘	왜	와,과麻	괘	왜	왜,과麻	와,과麻
	呃	왜	애	애,ㅇ支	애,ㅇ支		애,ㅇ支	애,ㅇ支		애,아支	애,아支
	揩	캐	기	기	기		기	기		개	개
	緺	왜	괘	괘,과麻	괘,과麻	*왜	왜,과麻	과麻,괘	*왜	왜,과麻	왜本과
蟹	夥	회	희	희,화哿	희,화哿	*과 哿	희,과哿	희,과哿	*과	해,과哿	과本화哿
泰	大	대	대태	대태	대태		대태	대태		대태,다箇	대,태箇
	祋	뒤	더	더	더		더	더		대,탈曷	대,탈曷
	檓	취	최	최	최	취	취[취],츄 尤 수有,최	츄尤수 有,최	취	취,추尤,수 有	추尤,수有

운	한자	화동	삼운	규장	전운 本	전운 正	석요	신자전 本	신자전 正	현대음 북	현대음 남
泰	薈	회	외	외	외	회	회	외	회	회	회本외,의未
	鈒	태	대	대,톄霽	대톄霽		대,톄霽	대,톄霽		대체	
	濊	홰	외	외,예隊	예隊,외	회	예隊,회	예隊,외	회	회,예隊	회本외,예隊,활曷
	藬	래	뢰	뢰	뢰		뢰	뢰		뢰	뢰
	稡	취	최	최,졸月	최,졸月		최,졸月	최,졸月		최,졸月	
灰	敦	디	퇴	퇴,디隊,돈元	퇴,디隊,돈元		퇴,디隊,돈元阮願,	퇴,디隊,돈元		퇴,대隊,돈元阮願	퇴,대隊,돈元阮願,단寒,순軫
	瓲	외	회	회	회	외	외	회	외	외	외本회賄
	綷	취	최	최,체隊	최,체隊		최,체隊	최,체隊		최,체隊	최寘,체隊,졸質
	絯	개	기	기賄	기賄	히	히,획陌	히解,획陌, 기	히	해(灰蟹),핵陌	
賄	㮰	뢰	뢰	뢰	뤼	뢰	뢰	뤼	뢰	뢰	뢰
	鹰	외	회	회	회	외	외	회	외	외	외本회,외本괴灰
卦	晒	새	쇄	쇄	쇄		쇄	쇄		쇄	쇄
	譮	회	홰	홰	홰		홰	홰		홰,회禍	화회
	劾	히	기	기,히	히,획職		히,획職	히,획職		해,핵職	해隊,핵職
	繪	회	홰	홰,획陌	홰,획陌		홰,획陌	홰,획陌		홰,획陌	홰,획陌
	懘	치	체	체	체		뎨	뎨		채	채
	罫	괘	홰	홰	홰		홰	홰		괘	홰,괘蟹
	鍛	새	쇄	쇄,살點	쇄,살點		쇄,살點	쇄,살點		쇄,살點	쇄,살點
隊	倅	쉬	췌	췌	췌	쉬	쉬[쉬]	채	쉬	수	쇠本췌,졸月
	綷	취	췌	췌,최賄	췌,최賄		췌,최賄	췌,최賄		췌,최賄	췌,최寘,졸質
	淬	쉬	췌	췌	췌	쉬	쉬[쉬]	췌	쉬	쇄	쉬本췌,줄質
	焠	쉬	췌	췌	췌	쉬	쉬[쉬]	췌	쉬	쇄	쉬本췌
	磓	-	티	티	티	디	티	티	디	태	대本태
	塠	디	티	티	티		티	티		태	태
	喙	휘	훼	훼	훼		훼	훼		회,훼	훼

운	한자	화동	삼운	규장	전운		석요	신자전		현대음	
					本	正	요	本	正	북	남
隊	北	비	패	패	패	비	비,북職			북職,배	북職,배
	啐	취	채	채	채,줄質		채,줄質	채,줄質		채,줄質	채,줄質
	祽	취	채	채	채		쇄[채]	채		채	채本쉬
眞	礥	헌	흔	흔,현先	흔,현先		흔,현先	흔,현先		흔,현先	흔,현先
	窀	둔	준	준	준	둔	둔	준	둔	둔	둔
	瞤	슌	슌	슌	슌		슌	슌		슌	윤,순震
	諄	슌	즌	즌	즌	슌	슌	츈	슌	슌	슌,준軫
	迡	둔	즌	즌	즌	둔	둔	즌	둔	둔	둔
軫	黐	친	진	진	진		진	진		진	진
	蜳	돈	윤	윤,돈元	윤,돈元		윤,돈元	윤,돈元		윤,돈元	돈元
	隼	준	순	순	순	준	준	순	준		준
	脗	문	민	민,문吻	민,문吻		민,문吻	민,문吻		민,문吻	문吻軫
	麘	춘	준	준	준		준	-		준	준
震	峻	준	순	순	순	준	준	준		준	준
	埈	-	순	순	순	준	준	준		준	준
	浚	준	순	순	순	준	준	순	준	준	준
吻	顐	온	운	운	운		운	운		운	운
	麋	균	군	군	군,균眞		군	군,균眞		군,균眞	군,균眞
問	攈	균	군	군	군		군	군		군	군
	馴	순	훈	훈	훈,순眞		훈,순眞	훈,순眞		훈,순眞	훈,순眞
	娩	만	문	문,민阮	문,민阮		문,민阮	문,민阮		만	만阮,면銑
元	轑	톤	돈	돈	돈		돈	돈		돈	돈
	塤	훈	훤	훤	훤	훈	훈	훤	훈	훈	훈
	壎	훈	훤	훤	훤	훈	훈	훤	훈	훈	훈
	崘	륜	론	론	론	륜	륜	론	륜	륜	륜
	崙	륜	론	론	론	륜	륜	륜		륜	륜
	麔	눈	논	논	논		난翰	논		논	논
阮	緷	군	혼	혼	혼		혼	혼		혼	곤,운問
	囤	둔	돈	돈	돈		돈	돈		돈	돈
	遁	돈	둔	둔	둔	돈	돈,둔願	둔	돈	돈,둔願	둔本돈皓,준眞
	蕁	존	준	준	준		준	준		준	준
	劕	존	준	준	준		준	준		준	준
	坂	반	판	판	판		판	판		판	판潸
願	湣	군	톤	톤	톤	군	군	톤	군	군	군本탄元,군眞

운	한자	화동	삼운	규장	전운本	전운正	석요	신자전本	신자전正	현대음북	현대음남
願	汳	변	판	판,변霰	판,변霰		판	판,변霰		변	변霰
	嘆	순	손	손	손		손	손		손	손
寒	獂	원	환	환,원元	환,원元		환,원元	환,원元		환,원元	환,원元
	羱	원	완	완	완		완	완		완	완,원元
旱	梡	완	관	관	관		완	관		관	관
	鞔	간	관	관	관	간	한寒,간	한寒,간翰		간翰,한寒	관,간翰寒
	浣	완	환	환	환	완	완	환	완	완	완
	蜑	단	탄	탄	탄	단	단	단		단	단
	脘	완	관	관	관	완	완	관	완	완	완,한潸,환寒
	僤	단	탄	탄,전先	탄,전先		탄,천先	탄,천先		탄,전先	탄,천先
翰	胖	판	반	반	반		반,판	반		반	반
刪	關	관	완,관	관,완	관,완		관	관,완		관,만	관,완
	覸	간	한	한	한,간諫		한,간諫	한,간諫		한,간諫	한,간諫
	贇	한	간	간	간		간	간		간,한	간本한
	駻	한	간	간,한寒	간,한寒		간,한寒	간,한寒		간,한寒	간,한翰寒
	販	반	판	판	판		판	판		판	반
	豻	안	간	간,안寒翰	간,안寒翰		간,안寒翰	간,안寒翰		간,안寒翰	간한寒,안翰
	澴	완	환	환,원元先	환,원元先		환,원元先	환,원元先		환,원元先	원先
潸	晘	한	환	환	환		환	환		환	환,한旱
	莞	완	환	환,관寒	관寒,환	완	완,관寒	관寒,환	완	완,관寒	완本환,관寒
	剗	잔	찬	찬	찬	잔	잔	찬	잔	잔	잔,전銑
	鏟	산	찬	찬	찬	산	산	찬	산	산	산찬
	撋	관	환	환	환		환	환		환	환
先	駽	연	현	현	현		현	현		현	현
	鋋	연	션	션	션	연	연	션	연	연	연션
	轏	천	전	전	전	천	천	전	천	천	천
	천	-	전	전	전	천	천	전	천	천	천
	濺	천	전	전	전	천	천	전	천	천	천本전,천霰
	船	션	전	전	전	션	션	전	션	션	션
	沇	연	션	션	션	연	연	션	연		연,유紙
	涎	연	션	션	션	연	연	션	연	연	연
	懁	견	현	현	현		현	현,환刪		현,환刪	환刪,견霰

운	한자	화동	삼운	규장	전운 本	전운 正	석요	신자전 本	신자전 正	현대음 북	현대음 남
銑	緶	편	변	변,편先	변,편先		변,편先	변,편先		변,편先	변,편先
	僎	션	젼	젼	젼	션	션,쥰眞	쥰		션,쥰眞	션,쥰眞
	惼	편	변	변	변	편	편	-		편	편
	褊	편	변	변	변	편	편先,변	편先,변	편	변,편先	편,변先
	譔	션	젼	젼	젼	션	젼	젼	션	션	션찬霰
	跈	-	년	년	년	뎐	뎐	년	뎐	젼	
	趁	-	년	년	년	뎐	뎐	진震,년	뎐	젼,진震	진
	扁	편	변	변	변,편先		변,편先	변,편先		변,편先	편
	煽	션	션	션,한旱翰	션,한旱翰		션,한旱翰	션,한旱翰		션,한旱翰	연,한旱翰
	蝙	편	변	변	변,편先		변,편先	변,편先		변,편先	편,변先
	踥	뎐	년	년	년	뎐	뎐	년	뎐	젼	젼
霰	輾	뎐	년	년,젼先	년,젼先		년,젼銑	년,젼銑		년,젼銑	젼년銑
	悁	연	견	견,연先	견,연先		견,연先	견,연先		견,연先	연先,견霰
蕭	鉊	죠	쵸	쵸	쵸		쵸	쵸		초	초
	炤	-	죠	죠	죠	쇼	죠	죠嘯,죠	쇼	소,죠嘯,작藥	소本죠,죠嘯
	㷀	죠	쵸	쵸	쵸		쵸	쵸		초	
	釗	쇼	죠	죠	죠	쇼	쇼	죠	쇼	소	소本초,쇠
	昭	쇼	죠	죠,쇼	죠,쇼		쇼	쇼쇼		소	소本죠
筱	掉	도	됴	됴	됴	도	도	됴	도	도	도
	祒	죠	쇼	쇼	쇼		쇼	쇼		소	소
	漚	요	효	효	효		효	효		효	효
	潠	소	쵸	쵸	쵸	소	소	쵸	쇼	소	소肴
嘯	銚	요	됴	됴	요,됴		요,됴[조]	됴,요		요	요죠蕭
肴	巢	소	쵸	초	쵸	소	소	초	소	소	소
	敲	고	교	교	교	고	고	교	고	고	고敬
	磽	요	교	교	교		교	교		교	교
	撓	효	뇨	뇨	뇨		뇨	뇨		요	뇨,효蕭,호豪
	麃	표	포	포	포,표蕭		포,표蕭	포,표蕭		포,표蕭	포,표蕭簫
	鄗	호	효	효,호皓	효,호皓		효,호皓	효,호皓		효,호皓	
	嘮	호	효	효	효		효	효		효,호皓	
	篧	쵸	죠	죠	죠		죠	죠		조	조
巧	笊	죠	조	조	조		조	조		조	조
	鮑	표	포	포	포		포	포		포	포

운	한자	화동	삼운	규장	전운 本	전운 正	석요	신자전 本	신자전 正	현대음 북	현대음 남
巧	獠	료	조	조,료蕭嘯	조,료蕭嘯		료蕭嘯	조,료蕭嘯		료	료蕭嘯,로晧
	稍	쵸	쇼	쇼	쇼	쵸	쵸	쇼	쵸	초	쵸效,소肴
	獠	료	조	조	조	료	료	조	료	료,료蕭嘯	쵸晧
效	罩	죠	조	조	조		조	조		조	조,탁覺
	墽	요	교	교	교	요	료	교	요	요	요本교
豪	嶚	료	로	로	로		로	로		로	로
	醪	료	로	로	로	료	료	로	료	료	료本로
	簩	료	로	로,료蕭	로,료蕭		로,료蕭	로,료蕭		로,료蕭	료蕭
	洮	됴	도	도	도	됴	됴[조]	도	됴	도	도,요蕭
	綢	됴	도	도,쥬尤	도,쥬尤		도,쥬尤	도,쥬尤		도,쥬尤	도,쥬尤,조嘯
皓	橑	료	로	로,료蕭	로,료蕭		로,료蕭	로,료蕭		로,료蕭	료
	皓	호	고	고	고	호	고	고	호	호	호
	繰	소	조	조,소豪	조,소豪		조,소豪	조,소豪		조,소豪	조,소豪
	稻	도	토	토	토	도	도	토	도	도	토
号	嫪	료	로	로	로		로	로		로	로
歌	蛇	샤	타	타	타,시麻		샤,이支	이支,타,샤麻		타,시麻	시麻,이支
	瘥	좌	차	차	차	좌	좌	차	좌	좌	
	疴	가	아	아	아		아	아		아,가碼	아,가碼
哿	脞	촤	좌	좌	좌		좌	좌		좌	좌
	輠	-	과	화哿	화哿	과	과	화	과	과哿	화,과歌
	砢	가	라	라	라	가	가	라	가	가	라,가歌
	髁	과	화	화,과馬	화,과馬		화	화,과馬		화,과馬	과箇
	蜾	과	화	화	화	과	과	화	과	과	과,회賄
箇	剉	촤	좌	좌	좌		좌	좌		좌	좌陷
麻	蝸	와	과	과	과	와	와,왜佳	과	와	와,왜佳	와本과,리歌
	粗	사	차	차	차	사	사	사	사	사	사,조語
	槎	사	차	차	차	사	사	사	사	사	사,차馬
	樝	사	차	차	차	사	사	차	사	사	사
	楂	사	차	차	차	사	사	차	사	사	사

운	한자	화동	삼운	규장	전운		석요	신자전		현대음	
		동	운	장	本	正	요	本	正	북	남
麻	呀	아	하	하	하		하	하		하	하
	渣	사	차	차	차	사	사	차	사	사	사
馬	踝	과	화	화	화	과	과	화	과	과	과牁
禡	厦	하	사	사	사,하馬		사,하馬	사,하馬		사,하馬	하馬
	咋	사	자	자	자	사	사	자	사	사,색책陌	사,색陌
	蜡	사	자	자	자	사	사	자	사	사,저御	사禡,저御,축屋
	詐	사	자	자	자	사	사	자	사	사	사
陽	彰	창	쟝	쟝	쟝	창	챵	쟝	챵	창	창
	瑲	창	쟝	쟝	쟝		챵	쟝		장	창
	鏜	당	탕	탕	탕	당	당	탕	당	당	당
	倀	쟝	챵	챵	챵		챵	챵		창	창
	牀	상	장	장	장	상	상	장	상	상	상
	床	상	장	장	장	상	상	장	상	상	상
	勷	샹	양	양	양		양	양		양	양
漾	攘	황	당	당	당		당	당		당	당
庚	輣	붕	평	평	평		평	평		팽	팽
	砰	평	평	핑	핑		평	평		팽	팽本평
	棚	붕	평	평	평	붕	붕	평	붕	붕	붕
	閛	붕	평	평	평		평	평		팽	팽,방陽
	振	경	징	징	징		징	징		쟁	쟁
	傖	칭	징	징	징	칭	칭	징	칭	창	창
	橙	증	징	징,등徑	징	증	증	등徑,징	증	등	등本증
	根	경	징	징	징	경	경	징	경	정	정,장陽
	珩	힝	형	형	형		형	형		형	형
	粳	경	갱	깅	깅		깅	깅		갱	갱本경
	牼	경	깅	깅	깅	경	경	깅	경	경	경
	鶄	청	졍	졍	졍	청	청	졍	청	청	청
	蜻	청	졍	졍	졍	청	청	졍	청	청	청
	鯖	청	졍	졍	청庚青		청青	정,청青		정,청青	정,청青

운	한자	화동	삼운	규장	전운本	전운正	석요	신자전本	신자전正	현대음북	현대음남
庚	菁	청	졍	졍	졍,청靑		졍,청靑	졍,청靑		졍,청靑	졍,청靑
	硜	경	깅	깅	깅		깅	깅		갱,경	갱本경
	盟	밍	명	명	명	밍	밍	명	밍	맹	명本명
	誙	경	깅	깅	깅	경	경	깅	경	경	경
	嶸	영	횡	횡	횡	영	영	횡	영	영	영
	嫈	영	잉	잉	잉		잉	잉		앵	앵
梗	栚	영	잉	잉	잉	영	영	잉	영	빙,영	영
	涅	졍	영	영	영		영	영		영	영,졍
敬	幀	졍	징	징	징	졍	졍	징	졍	졍	졍本쟁
	婧	졍	쳥	쳥	쳥		쳥	쳥		쳥	졍
	淸	졍	쳥	쳥	쳥		쳥	쳥		쳥	쳥庚
	榜	봉	병	병,방	병,방		방養	병,방		병,방養漢	방養漢
靑	濴	영	형	형	형		형	형		형	형,영庚
徑	鎣	영	형	형	형		형	형		형	형,영庚
	瞪	증	징	징	징		징	징		징	징
蒸	塍	승	증	증	증	승	증	증		증	승
	嶒	증	층	층	층	증	증	층	증	층	증
	曾	증	증층	증층	층	증	증	층	증	증	증
	鄫	증	층	층	층	증	증	층	증	증	증
	乘	승	증	증,승	승		승	승		승	승
	凝	잉	응	응	응		응	응		응	응
	繒	증	층	층	증		증	증		증	증
	僜	등	칭	칭	칭	등	등	칭	등	등	-
	騬	승	층	층	층	승	승	층	승	승	승
	輄	굉	횡	횡	횡	굉	굉	횡	굉	굉	굉
尤	愁	수	추	추	추	수	수	추	수	수	수
	䜌	츄	슈	슈	슈,츄有		슈	슈,츄有		수,츄有	수,츄有
	謅	츄	슈	슈	슈	츄	슈	슈	츄	추	수

운	한자	화동	삼운	규장	전운		석요	신자전		현대음	
					本	正		本	正	북	남
尤	馗	규	구	구,규支	구,규支	구,규支		규支尤	구,규支	구,규支	구,규支
	鍮	듀	튜	투	투			투	투	유	유本투
	諏	츄	추	추,츄虞	추,츄虞			추,츄虞	추,츄虞	추	추虞
	犨	쥬	츄	츄	츄	쥬	쥬	츄	쥬	주	주
有	赴	듀	두	두	두	듀	듀[쥬]	츄尤,수		주	주本두
	椒	츄	수	수,추尤	수,추尤	취泰	취[취]泰	최	취	수,취泰,	수,추尤
	嗾	주	수	수	수,주宥			수,주宥	수,주宥	촉,주宥	수주,촉屋
宥	酘	투	두	두	두			두	두	두	두
	驟	츄	추	추	추			추	추	추,취	취本주
	愁	수	추	추	추			추	추	추	-
	篘	주	추	추	추			추	추	추	추
	鍪	츄	추	추	추			추	추	추	추
	皺	주	추	추	추			추	추	추	추
	姁	구	후	후	후			후	구	후	구
	蔻	구	후	후	후	구	구	후	구	구	구
侵	蟫	임	음	음,담覃	음,담覃			음,담覃	음,담覃	음,담覃	음심,담覃
	忱	침	심	심	심	침	침	심	침	침	침
	諶	침	심	심	심			심	심	침	심
寢	唫	음	금	금	금,음侵			금	금,음侵	금,음侵	금,음侵
	牝	침	심	심	심			심	심	심	-
	伈	침	심	심	심			심	심	심	심,침沁
	吟	금	음	음	음			음	음	음	음侵,금沁
	瀋	심	침	침	침	심	심	침	심	심	심
沁	伈	심	침	침	침			침	침	심	침,심寢
	闖	츰	침	침	침	츰	츰	츰	침	츰	츰틈
	飲	임	음	음	음			음	음	음	음寢
	甚	습	심	심	심			심	심	심,삼沁	심
覃	酖	탐	담	담,짐沁	짐沁,담	탑*	짐沁,탐	짐沁,담	탐	탐,짐沁	탐,짐沁
	耽	탐	담	담	담	탑		탐	담	탐	탐	탐本담

운	한자	화동	삼운	규장	전운 本	전운 正	석요	신자전 本	신자전 正	현대음 북	현대음 남
覃	眈	탐	담	담	담	탐	탐	담	탐	탐	탐,침寢
	篸	참	잠	잠,춤侵	춤侵覃		춤	춤		잠	잠侵覃,
感	寁	삼	잠	잠	잠		잠	잠		잠	잠
勘	憛	담	탐	탐	탐		탐	탐,담覃		탐,담覃	탐,담覃,염
	儋	단	담	담	담		담	담		담	담
	賧	단	탐	탐	탐		탐	탐		탐	탐
	槧	참	잠	잠	잠,참覃		잠,참覃	잠,참覃		잠,참覃	참覃感
鹽	阽	뎜	염	염	염	뎜	뎜	염	뎜	졈	염,졈豔
	熸	줌	졈	졈	졈	줌	줌	졈	줌	잠	잠本졈
	粘	뎜	념	념	념	뎜	뎜	념	뎜	졈	졈本념
	讝	셤	쳠	쳠	쳠	셤	셤	셤		셤	-
	佔	뎜	쳠	쳠	쳠	뎜	졈	쳠	뎜	졈	졈
	櫼	줌	쳠	쳠	쳠	줌	줌,심侵	심侵,쳠	줌	잠	-
	槧	졈	쳠	쳠,참感	쳠,참感		쳠,참感	쳠,참感		쳠,참感	쳠,참感
	譫	셤	쳠	쳠	쳠	셤	셤	쳠	셤	셤	셤
	潛	줌	쳠	쳠	쳠	줌	잠	쳠	줌	잠	잠
	覘	졈	쳠	쳠	쳠	졈	졈	쳠	줌	졈	졈本쳠
	喒	염	엄	엄	엄		엄	엄		엄	엄
	淹	염	엄	엄	엄		엄	엄		엄	엄
	殲	셤	졈	졈	졈	셤	셤	졈	셤	셤	셤
	痁	졈	셤	셤	졈		졈	졈		졈	졈
	苫	졈	셤	셤	셤	졈	졈	셤	졈	졈,셤*	졈쳠,셤豔
	枮	혐	험	험	험		험	험		험	쳠寢侵
	酟	뎜	텸	텸	텸		텸	텸		쳠	쳠
	鮎	뎜	념	념	뎜		뎜	뎜		졈	졈本념
	黏	뎜	념	념	뎜		뎜	뎜		졈	졈本념
琰	姉	셤	념	념	념		념	념		념	념
	醃	염	엄	엄	엄		엄	엄		엄	엄렴
	憯	춤	쳠	쳠	쳠,참感		쳠,참感	쳠,참感		참	참
	臉	렴	검	검	검		검	검		검	검,쳠豔
豔	鎐	셤	텸	텸	텸		텸	텸		쳠	쳠
	僭	춤	졈	졈	졈	춤	춤	졈	춤	참	참,참沁
咸	詀	참	잠	잠	잠		잠	잠		잠,졈鹽	잠,졈鹽,

운	한자	화동	삼운	규장	전운 本	전운 正	석요	신자전 本	신자전 正	현대음 북	현대음 남
鹽	獵	험	함	함	함	혐	혐	함	혐	혐	-
	啗	담	잠	잠	잠,담感		잠,담感	잠,담感		잠,담感	담感
	撕	참	삼	삼	삼		삼	삼,참陷		삼,참陷	참覃
陷	餡	감	함	함	함		함	함		함	함
	濫	람	함	함,람勘	함,람勘		함,람勘	함,람勘		함鹽勘, 람勘	함鹽勘,람 勘覃
	歉	겸	감	감,겸琰	감,겸琰		감,겸琰	감,겸琰		감,겸琰	겸鹽
屋	矗	촉	축	축	축	촉	촉	축	촉	촉	촉本축
	髑	톡	독	독	독	특	특[촉]	독	특	촉	촉本독
	搐	축	휵	휵	휵		휵	휵		휵	축
沃	蜀	촉	속	속	속	촉	촉	속	촉	촉	촉
	蠋	촉	속	속	속	촉	촉	속	촉	촉	촉
	韣	촉	속	속	속	촉	촉	속	촉	촉,독屋	촉,독屋
	瘃	촉	촉	촉	촉		촉,착覺	촉,착覺		촉	촉
	頊	옥	욱	욱	욱		욱	욱		욱	욱옥
覺	殼	각	학	학	학		학	학		학	학
	葯	약	악	악,약藥	악,약藥		악,약藥	악,약藥		악,약藥	약藥,적錫
	篛	약	악	약	약		약,요效	약,요效		약,요效	약,요效
	穱	쟉	착	착	착	작	작	착	작	작	착,작藥
	斮	쟉	착	착,작藥	착,작藥		착	착,작藥		착,작藥	착覺藥
	齺	작	차	차	차	자	자	착*	작	작	작
	搦	닉	낙	낙,닉陌	닉陌,낙	닉	닉陌,낙	닉陌,낙	닉	약,닉陌	닉
	瀹	쟉	착	착	착		착,죠	착,죠嘯		착	착,죠嘯
	箾	샥	삭	삭	삭		삭	삭		삭	삭,쇼嘯
質	騭	즐	질	질	질	즐	즐	질	즐	즐	즐本질
	鷸	휼	율	율	율	휼	휼	율	휼	휼	휼本율,술
	率	솔	슐률	슐률	슐	솔	솔	슐	솔	솔률,수實	솔률,수置, 루置,솰黠
	崒	솔	슐	슐	슐	솔	솔	슐	솔	솔	솔
	遹	휼	율	율	율	휼	휼	율	휼	휼	휼本율,술
	矞	휼	율	율	율	휼	휼	율	휼	휼	율
	朮	츌	슐	슐	슐	츌	츌	슐	츌	츌	츌
	茁	쥴	굴	굴	굴	쥴	쥴,졀屑, 촬黠	굴	쥴	쥴	쥴,촬黠
	䢋	휼	율	율	율		율	율		율	율
	卒	졸	줄	줄,졸月	줄,졸月		줄,졸月	줄,졸月		졸質月	졸質月,쉬 隊

운	한자	화동	삼운	규장	전운 本	전운 正	석요	신자전 本	신자전 正	현대음 북	현대음 남
物	颶	율	울	울	울	율	율	울	율	율	-
	肦	힐	흘	흘,힐質	흘,힐質		흘,힐質	흘,힐質		흘,힐質	힐質,비置
月	日	왈	월	월	월	왈	왈	월	왈	왈	왈
	狘	월	헐	헐	헐	월	월	헐	월	월	월
	墢	발	벌	벌,발曷	벌,발曷		벌,발曷	벌,발曷		벌,발曷	-
	扢	흘	골	골	골	흘	흘	골	흘	흘	골,흘物
	矻	굴	골	골	골	굴	굴	골	굴	굴	골本굴,갈點
	紇	글	흘	흘	흘		흘	흘		흘	흘,혈屑
	囫	홀	홀	홀	홀		홀	홀		홀	홀
	窣	술	솔	솔	솔		솔	솔		솔	솔
	硉	률	룰	룰	룰		률[룰]	률		률	률本롤
	钀	얼	알	알	알		알	알		알	알屑
曷	狚	달	탈	탈	탈		탈	탈		탈	탈
	巀	잘	찰	찰,절屑	찰,절屑		찰,절屑	찰,절屑		찰,절屑	찰,절屑
	闃	얼	알	알	알		알	알		알	알,어御,연先
黠	閼	알	할	할	할		할	할		할	할本알
	圜	갈	할	할	할		할	할		할	-
	劼	알	할	할	할		할	할		할	할
	獺	달	찰	찰,달曷	찰,달曷		찰,달曷	찰,달曷		찰,달曷	달曷
	恝	괄	갈	갈	갈	괄	開卦,괄	開卦,갈	괄	괄,갈	괄,開卦,계霽
	窫	찰	찰	찰	찰		찰	찰		찰	찰
	茁	찰	찰	찰,굴質	찰,굴質	줄質	찰	절屑,찰,굴質	줄質	찰,줄質	찰,줄절質
	豽	날	날	날	날		날	날		날	눌
	妠	날	날	날	날		날,납合	날,납合		날	날,납合
	咄	알	왈	왈	왈		왈	왈		왈	
屑	呐	눌	설	설,눌月	설,눌月		설	설,눌月		설,눌月	납本열,눌月
	蛪	결	철	철	철		철	철		철	-
	釨	결	걸	걸	걸		걸	걸		걸	걸

운	한자	화동	삼운	규장	전운 本	전운 正	석요	신자전 本	신자전 正	현대음 북	현대음 남
屑	凸	텰	뎔	뎔	뎔	텰	텰	뎔	텰	철	철
	芺	졀	뎔	-	뎔		럴*	뎔		졀	질
	撆	텰	뎔	뎔	뎔	텰	텰[철]	뎔	텰	철,졔霽	졔霽
	窒	졀	뎔	뎔	뎔,질質		질質,뎔	질質,뎔		졀,질質	질
	噎	얼	열	열	열		열	열		열	열
	齧	셜	졀	졀	졀		졀	졀		졀	졀
	雪	셜	셜	셜	셜		셜	셜		셜	셜
	舌	셜	셜	셜	셜		셜	셜		셜	셜
藥	虐	학	약	약	약	학	학	약	학	학	학本약
	瘧	학	약	약	약	학	학	약	학	학	학
	臛	확	학	학	학		확	학		학	학
	矐	확	학	학	학	획	획	학	획	확	학확
	涸	확	학	학,호遇	학,호遇	후遇	학,후遇	학,호遇	후遇	확,고遇	학,호遇
	臛	확	학	학,각覺	학,각覺		곽覺	학,각覺		학,각覺	학,각覺
	謔	확	학	학	학		학	학		학	학
	躩	각	곽	곽	곽	곽	각	곽	각	각	곽
	袼	락	각	각	각		각	각		각	각,락
	猎	챡	쟉	쟉	쟉		쟉	쟉,셕陌		쟉	-
	狚	챡	쟉	쟉	쟉		쟉	쟉		쟉	-
	汋	쟉	샥	샥	샥		쟉	샥		쟉	쟉,샥覺
	婼	쟉	챡	챡	챡		챡	챡		챡	챡,아禡
陌	鯽	즉	젹	젹	젹	즉	즉	젹	즉	즉	즉,젹職
	郤	격	극	극	극		극	극		극	극
	適	젹	셕	셕,덕錫	셕,덕錫		젹,덕錫	젹,덕錫		젹陌錫	젹本셕,젹本시置
	釋	젹	셕	셕	셕		셕	셕		셕	셕역
	踖	쳑	젹	젹	젹		젹	젹		젹	젹
	弈	혁	역	역	역	혁	혁	역	혁	혁	혁
	奕	혁	역	역	역	혁	혁	역	혁	혁	혁
	幗	귁	괵	괵	괵	귁	귁	괵	귁	국	괵
	摑	귁	괵	괵	괵	귁	귁	괵	귁	괵	괵

운	한자	화동	삼운	규장	전운		석요	신자전		현대음	
					本	正		本	正	북	남
陌	蟈	귁	곡	곡	곡	귁	귁	곡	귁	곡	곡
	啞	역	익	익,아馬	익,아馬		익,아馬	익,아馬		액,아馬	액,아馬,鴉
	楝	속	식	식	식		속	식	속	속	-
	綾	획	획	획,희蟹	희蟹,획,기灰	희灰	희灰蟹,획	희蟹,획,기灰	희灰	핵,해蟹灰	해蟹灰
錫	觳	격	긱	긱	긱,격		긱	격,긱		격,긱	격,계霽
	趹	덕	텩	텩,축屋	텩,축屋		텩,축屋	텸*,축屋		쳑,축屋	젹,축屋
	惄	닉	녁	녁	녁	닉	닉	녁	닉	닉	닉
	艦	익	역	역	역	익	익	역	익	익	익本역
	鷁	익	역	역	역	익	익	역	익	일	익本역
	帟	벽	멱	멱	멱		멱	멱		멱	멱
職	稙	식	직	직	직		직	직		직	직
	稯	칙	측	측	측		측	측		측	측
	廙	역	익	익	익		익	익		익,이眞	-
	煏	픽	벽	벽	벽	픽	픽	벽	픽	픽	-
	偪	픽	벽	벽,복屋	벽,복屋	픽	핍	벽	픽	핍	핍本벽,복屋
	堛	픽	벽	벽	벽	픽	벽	벽	픽	픽	
	匐	복	븍	븍,복屋	븍,복屋		븍,복屋	븍,복屋		복屋職	복
	蔔	복	븍	븍	븍,복屋	븍,복屋	븍[복],복屋	복,븍		복	복
	幅	픽	벽	벽	벽	픽	픽	벽	픽	핍	픽本벽,핍
	픽	픽	벽	벽	벽	픽	픽	벽	픽	픽	
	픽	픽	벽	벽	벽	픽	픽	벽	픽	픽	픽
	蟅	적	즉	즉	즉	적	적	즉	적	적	적
	賊	적	즉	즉	즉	적	적	즉	적	적	적
緝	十	십	습	습	십		십	십		십	십
	繁	집	칩	칩	칩		칩	칩		칩	집,접葉
	霅	칩	립	립	립		립	립		립	립
合	頷	합	갑	갑	갑	합	협*[합]	갑	합	합	합,함感
	姶	합	압	압	압		압	압		압	압
	嗒	답	탑	탑	탑		탑	-		탑	탑
	鎝	답	탑	탑	탑		탑	탑		탑	탑

운	한자	화동	삼운	규장	전운 本	전운 正	석요	신자전 本	신자전 正	현대음 북	현대음 남
合	鰈	덥	탑	탑,덥葉	탑,덥葉		탑,덥[첩*]葉	탑,덥葉		탑,접葉	탑,첩葉,삽洽
葉	跕	텁	덥	덥	덥		덥	덥		접	접
	惵	섭	접	접	접	섭	접	접	섭	섭	섭
	揲	텁	덥,엽	덥,엽	덥엽		-	-		엽,접	-
	腌	엽	업	업	업		업	업		업,엄鹽	업,엄鹽
	跲	겁	겁	겁	겁		겁	겁		겁	겁
	笈	겁	겁	겁,급緝	겁,급緝		겁,급緝	겁,급緝		겁,급緝	급葉緝
	袚	겁	겁	겁	겁		겁	겁		겁	겁
	摺	섭	접	접	접	섭	섭	접,랍合	섭	섭,랍合	접,랍合
	浹	협	접	접	접	협	협	접	협	협	협
	慹	섭	접	접	접,집緝		접,집緝	접,집緝		접,집緝	접,집緝
	囁	섭	섭	집	집	섭	접	접	섭	섭	섭,담合
	牒	첩	섭	섭	섭		섭	섭		섭	섭
洽	袷	합	협	협	협		협	협		합	협
	帢	갑	겹	겹	겹	갑	갑	겹	갑	갑	겹
	扱	삽	잡	잡	잡	삽	삽,흡緝	흡緝,잡	삽	삽,급緝	급本흡,삽緝
	狎	압	합	합	합	압	압	합	압	압	압
	狢	갑	겹	겹	겹	갑	갑	겹	갑	갑	겹,갈本할月曷
	澁	삽	잡	잡	잡		잡	잡		잡	-
	閘	삽	잡	잡	잡		잡	잡		잡,갑	압,갑合
	鍤	삽	잡	잡	삽		삽	삽		삽	삽
	腊	삽	잡	잡	잡		잡	삽		삽	삽

(2)

운	한자	화동 정	화동 속	삼운	규장	전운 정	전운 속	석요	신자전 정	신자전 속	현대음 북	현대음 남
東	融	융	륭	융	융	융		융	융		융	융
	彤	융	륭	융	융	융	륭	륭	융	륭	륭	-
	肜	융	륭	융	융	융	륭	륭	융	륭	륭	융,침侵
	瀜	융	륭	융	융	융	륭	륭	융	륭	륭	융
	娀	슝	융	슝	슝	슝	융	융	슝	융	융	융
冬	舂	숑	용	숑	숑	숑	용	용	숑	용	용	용,창江
	意	숑	용	숑	숑	숑	용	용,충宋,창江	숑	용	용,충宋,당絳,창江	용,창江
	椿	숑	용	숑	숑	숑	용	용	숑	용	용	용
	蹐	숑	용	숑	숑	용		용	용		용	용
	鰆	숑	숑	숑	숑	숑	용	용	숑	용	용	용
	憧	충	동	충	충	충	동	동	충	동	동	동
	鷛	숑	챵*	숑	숑	숑	챵	챵	숑	챵	챵	용
腫	塳	죵	흉	죵	죵	죵		죵	죵		죵	-
	筇	숑	용		숑	숑	용	용	숑	용	용	용本숑
江	橦	장	당	장	장	장	당	당	장	당	당, 동東	당,동東
	舡	항	강	항	항	항	강	강	항	강	강	강,선先
	跫	강	상	강	강	강	상	공冬,강	강	상	상, 공冬	공
講	港	강	항	강	강	강	항	항	강	항	항	항,홍送
絳	戇	장	당	장	장	장	당	당	쟝	당	당	당
	撞	장	당	장	장	장	당	당	장	당	당絳江	당江
支	羸	뤼	리	리	리	리		리	리		리	리련
	蕤	-		슈	슈	슈	유	유	슈	유	유	수위,뉘紙
	齎	즈		즈	즈	제齊,즈	지	지	즈	지	재,제齊	자,재齊霽
	釃	시	싀	싀	싀	싀		싀,소魚	싀,소魚		시,소魚	리,시紙,소魚
	卮	지	치	치	치	치		치	치		치	치
	梔	지	치	치	치	치		치	치		치	치
	姬	긔	희	긔	긔	긔	희	희	긔	희	희	희
	嬀	귀	규	규	규	규		규	규		규	규
	觽	귀	휴	규	규	규	휴	휴	규	휴	휴	휴

운	한자	화동		삼운	규장	전운		석요	신자전		현대음	
		정	속	운	장	정	속	요	정	속	북	남
支	摛	치	리	치	치	치	리	리	치	리	리	리
	蜼	치	리	치	치	치	리	리	치	리	리	리本치
	魑	치	리	치	치	치	리	리	치	리	리	리本치
	彲	치	리	치	치	치	리	리	치	이	리	리
	夒	규	기	기	기	-		기	기		기	기
	坒	이	븩*	이	이	이		이	이		이	이
	菑	치	칙	칙	칙	칙		칙[칙]	칙,지灰		치,재灰	치,재灰
	淄	치	칙	칙	칙	칙		칙[칙]	칙		치	치
	輜	치	칙	칙	칙	칙		칙	칙		치	치
	錙	치	칙	칙	칙	칙		칙	칙		치	치
	緇	치	칙	칙	칙	칙		칙	칙		치	치
	噫	의	희	회	희	회			희,이卦	희,이卦	의, 애卦	희,애卦,억職
紙	毁	휘	훼	훼	훼	훼		훼	훼		훼	훼
	燬	휘	훼	훼	훼	훼		훼	훼		훼	훼
	毇	휘	훼	훼	훼	훼		홰*[훼]	훼		훼	훼
	烜	휘	훼	훼	훼	훼		흰元,훼	흰阮,훼		훼,흰元	훼,흰院
	蘃	쉬	예	예	예	예		예	예		예	예,젼銑
	舓	시	디	시	시	시	디	디[지]	시	디	지	지本시
	舓	시	디	시	시	시	디	디[지]	시	디	지	지本시
	褫	치	체	치	치	치		치	치		치紙實	치
	跪	귀	궤	궤	궤	궤		궤	궤		궤	궤
	詭	귀	궤	궤	궤	궤		궤	궤		궤	궤
	垝	귀	궤	궤	궤	궤		궤	궤		궤	궤
	几	그	궤	궤	궤	궤		궤	궤		궤	궤
	軌	귀	궤	궤	궤	궤		궤	궤		궤	궤
	宄	귀	궤	궤	궤	귀	궤	궤	궤		궤	귀
	匦	귀	궤	궤	궤	궤		궤	궤		궤	궤
	簋	귀	궤	궤	궤	궤		궤	궤		궤	궤
	癸	귀	계	규	규	규	계	계	규	계	계	계本규
	圮	비	븨	비	비	비		비	비		비	비
	弛	시	이	시	시	시	이	이	시	시	이	이치
	葸	시	싀	스	스	스		스	스		사	시,새賄

운	한자	화동		삼운	규장	전운		석요	신자전		현대음	
		정	속			정	속		정	속	북	남
紙	縰	시	쇄	ㅅ	ㅅ	ㅅ	쇄	ㅅ	ㅅ	쇄	쇄	쇄本사
寘	寘	지	치	치	치	치		치	치		치	치
	麋	미		미	미	미	민	민	미	민	매	매本미
	觶	지	치	지	지	지	치	치	지	치	치	치
	伎	지	기	지	지	지	기	기	지	기	기	기
	惴	취	췌	취	취	취	췌	췌	(-)		췌	췌
	芰	기	지	기	기	기		기	기		지	기
	恚	휘	에	훼	훼	훼	에	에	혜	에	에	에
	篲	쉬	혜	슈	슈	슈	혜	혜,세	슈	혜	혜,세霽	혜
	匱	귀	궤	궤	궤	궤		궤	궤		궤	궤
	蕢	귀	궤	궤	궤	궤		궤,괴卦	궤,괴卦		궤,괴卦	궤,괴卦隊
	饋	귀	궤	궤	궤	궤		궤	궤		궤	궤
	餽	귀	궤	궤	궤	궤		궤	궤		궤	궤
	歸	귀	궤	궤	궤	궤		궤	궤		궤,귀微	귀
	櫃	귀	궤	궤	궤	-		궤	궤		궤	궤
	簣	귀	궤	궤	궤	-		궤	궤		궤	궤
	喟	퀴	위	귀	귀	귀	위	위,괴卦	귀	위	위,괴卦	위
	嗜	시	기	시	시	시	기	기	시	기	기	기
	寐	미	민	미	미	미	민	민	미	민	매	미未
	萃	취	췌	취	취	취	췌	취[취]	취	췌	취	췌,죄泰,줄質,채隊
	顇	취	췌	취	취	취	췌	췌	(-)		췌	췌
	悴	취	췌	취	취	취	췌	췌	(-)		췌	췌
	瘁	취	췌	취	취	취	췌	취[취]	취	췌	췌	췌
	膇	취	퇴	츄	츄	츄		츄	츄		추	추
	魅	미	민	미	미	미	민	민	미	민	매	매本미
	瑞	쉬	셔	슈	슈	슈	셔	셔	슈	셔	셔	셔
微	巍	위	외	위	위	위	외	외	위	외	외	외本위
	沂	의	긔	의	의	의	긔	긔[긔]	의	긔	기	기,은眞
尾	磈	위	외	위	위	위	외	외	위	외	외	외
	磑	위	외	위	위	위	외	외	위	외	외	외
	巋	위	외	위	위	위	외	위,회賄	위,외賄		위,외賄	외灰微
未	卉	휘	훼	훼	훼	훼		훼	훼		훼	훼
	魏	위		위	위	위	외	위	위		위	위,외灰

운	한자	회동		삼운	규장	전운		석요	신자전		현대음	
		정	속	운	장	정	속	요	정	속	북	남
未	芾	비	패	비	비	비		비,불物	비,패泰 불物		비,패泰 불物	비,불物
	畏	위	외	위	위	위	외	외	위	외	외	외本위
魚	鉏	주	서	조	조	조	서	서	조	서	서,조語	서,조虞
	耡	-		조	조	조	서	서	조	서	서	서,조御
	鋤	주	서	조	조	조	서	조	조	서	서	서
	攄	처	터	처	처	처	터	텨	처	터	터	터
	墟	거	허	거	거	커*	허	허	커	허	허	허
	壚	거	허	거	거	거	허	허	-		허	-
語	齟	주	서	조	조	조	*주	주	조	*주	주	저서
	煮	져	쟈*	져	져	져	쟈	쟈	져	쟈	자	자本저
	褚+	-		-	-	조	져	조	조		저	저本조
御	覷	처	터	처	처	처		처	처		처	처
	岨	주	져	조	조	조		조	조		조	저本조
虞	訏	후	우	후	후	후	우	우	후	우	우	우호
	娛	우		우	우	우	오	오	우	오	오	오
	毹	슈	유	슈	슈	슈	유	유	슈	유	유	유
	盱	후	우	후	후	후	우	우	후	우	우	우
	吁	후	우	후	후	후	우	우	후	우	우	우
	欨	후	구	후	후	후	구	구	후	구	구	구本후
	渝	유	투	유	유	유	투	투	유	투	투	투本유
	膴	후	무	호	호	호	무	무	호	무	무	무本호
	幠	후	무	호	호	호	무	무	호	무	무	무
麌	詡	후	허	후	후	후	허	허	후	허	허	후
	栩	후		후	후	후	허	허	후	허	허	후
	楀	-		구	구	구	우	우	구	우	우	우,구虞
	傴	우	구	우	우	구		구	구		구	구本우
	齵	구	우	구	구	구	우	우	구	우	우	우
	踽	구	우	구	구	구	우	우	구	우	우	우本구
遇	嫗	우	구	우	우	우	구	구	우	구	구	구本우
	煦	후	구	후	후	후		후	후		후	후
	饇	우	구	우	우	우		우	우,어御		우,어御	우,어御
	呴	후	구	후	후	후	구	구	후	구	구	후
齊	箄	볘	비	비	비	비		비	비		비	비
	齎	제	지	제	제	제	지	제	제	지	제,재支	재,자支
	螝	볘	비	비	비	비		비	비		비	-

운	한자	화동 정	화동 속	삼운	규장	전운 정	전운 속	석요	신자전 정	신자전 속	현대음 북	현대음 남
齊	陛	폐	비	폐	폐	폐		폐	폐		페	폐,비紙
	狴	폐	비	폐	폐	폐		폐	폐		페	폐
	箄	볘	비	비	비	비		비	비		비	비,패佳
	奚	혜	히	혜	혜	혜	히	히	혜	히	해	계
	傒	혜	히	혜	혜	혜		혜	혜		혜	혜
	嵆	혜	히	혜	혜	혜		혜	혜		혜	-
	蹊	혜	계	혜	혜	혜		혜	혜		계	혜
	齎	졔	지	졔	졔	졔		졔	졔	지	제,재支	재,자支
	批	볘	비	비	비	비		비	비		비,별屑	비支紙,별屑
	鈚	볘	비	비	비	비		비	비		비	비支
	泥	녜	니	니	니	니		니	니		니	니,녕徑,녈屑
	埿	녜	니	니	니	니		니	니		니	-
	呢	녜	니	니	니	니		니	니		니	니
	畦	휘	규	휴	휴	휴		휴	휴		휴	휴
	嘶	셰	싀	싀	싀	싀		싀[싀]	싀		시	시
	撕	셰	싀	싀	싀	싀		싀[싀]	싀		시	서,시支
	鎞	볘	비	비	비	비		비	비		비	비
	椑	볘	비	비	비	비		비	비		비	비,벽錫
	膍	볘	비	비	비	비		비	비		비	비
	磇	볘	비	비	비	비		비	비		비	비
	郫	볘	비	비	비	비		비	비		비	비支
	篦	볘	비	비	비	비		비	비		비	비
	鎞	볘	비	비	비	비		비	비		비	비
薺	米	몌	미	미	미	미		미	미		미	미
	眯	몌	미	미	미	미		미	미		미	미
	洣	몌	미	미	미	미		미	미		비	미
霽	睥	볘	비	비	비	비		비	비		비	비
	禩	혜		혜	혜	혜	계	계	혜	계	계	계
	繫	계		계혜	계혜	혜	계	계	계혜	계	계	계
	系	혜	계	혜	혜	혜	계	계	혜	계*	계	계
	媲	볘	비	비	비	비		비	비		비	비
	蛻	셰	예	셰	셰	셰		셰,태泰	셰		예,태泰	셰,태
	篲	셰	혜	셰	셰	셰		셰,슈寘	셰,슈寘		세	세,수寘
佳	柴	새	싀	지	지	지	싀	싀[싀]	지	싀	시,채佳	시本재,치支지眞채卦
	鞋	해		히	히	히	혜	혜	히	혜	해	헤本해
	𡓳	기	계	기	기	기	계	계	기	계	계	계本개

운	한자	화동		삼운	규장	전운		석요	신자전		현대음	
		정	속			정	속		정	속	북	남
佳	柴	새		지	지	지	싀	싀[싀]	지	싀	시	시
	緺	왜		괘	괘	괘	왜	왜,과麻	괘	왜	왜,과麻	왜本과未尾
	蝸	왜		괘	괘	괘	왜	왜,와麻	괘	왜	괘, 와麻	와本과麻,리歌
	鞵	해	혜	히	히	히	혜	혜	히	혜	혜	혜本해
	偕	기	히	기	기	기	히	히	기	히	해	해
	階	기	계	기	기	기	계	계	기	계	계	계本개
	楷	기	히	기	기	기	히	히	기	히	해佳蟹	해蟹
	豺	새	싀	지	지	지	싀	싀[시]	지	싀	시	시
	儕	지	제	지	지	지	제	제	지	제	제	제
	祄	개	계	기	기	기			기	기	개佳灰	개
	痎	개	히	기	기	기	히	히	기	히	해	해本개
泰	鱠	괴	회	괴	괴	괴	회	회	(-)		회	회本괴
	鄶	괴	회	괴	괴	괴	회	회	괴	회	회	회
	澮	괴	회	괴	괴	괴	회	회,괘卦	쾌卦,괴	회	회,괘卦	회本괴
	獪	괴	회	괴	괴	괴	회	회,쾌	쾌卦,괴	회	회,쾌卦	회本쾌
	膾	괴	회	괴	괴	괴	회	회	쾌卦	회	회	회
	檜	괴	회	괴	괴	회		회,괄葛	회,괄葛		회,괄葛	회本괴
灰	恢	괴	회	괴	괴	괴	회	회	괴	회	회	회
	咳	히		기	ㅓ	기	힉	히	기	히	해	해
	悝	괴		괴	괴	괴	회	회,리紙	리紙,괴	회	회,리紙	회,리紙
	晐	-		기	기	기	히		기	히	해	해本개
	栖	-		시	-	시	싀	싀	시	싀	시	-
	穏	싀		시	시	시	싀	싀	시	싀	시	시
	賅	-		기	기	기	히		기	히	해	해
	詼	괴	회	괴	괴	괴	회	회	괴	회	회	회
	咍	해	틱	히	히	히		히	히		해	해태
	該	개	히	기	기	기	히	히	기	히	해	해本개
	垓	개	히	기	기	기	히	히	기	히	해	해本개
	絯	개	히	기	기	기		히,힉陌	히蟹,힉陌,기	*히	해蟹,핵陌	해
	晐	개	히	기	기	기	히	히	기	히	해	해本개
	荄	개	히	기	기	기	히	히	기	히	해佳灰	-
	陔	개	히	기	기	기	히	히	기	히	해灰賄	해本개
	祄	개	히	기	기	기	히	기	기		개佳灰	개
	峐	개	히	기	기	기	히	히	기		해	해本개
	猜	새	싀	치	치	치	싀	싀[싀]	치	싀	시	시
	偲	새	싀	치	치	치	싀	싀	싀支,채	시	시支灰	시支灰

운	한자	화동		삼운	규장	전운		석요	신자전		현대음	
		정	속			정	속		정	속	정	속
灰	鰓	새	싀	시	시	시		시	시		새	새,시紙
	顋	새	싀	시	시	시	싀	싀	(-)		시	시本새
	腮	새	싀	시	시	시	싀	싀	시	싀	시	시本새
	鰓	새	싀	시	시	시		시	시		새	새
	鰓	새	싀	시	시	시		시	시		새	새
卦	胲	개	히	기	기	기	히	히	기	히	해灰賄	해,개賄
	佼	개	히	기	기	기	히	히	기	히	해	해本개
	盉	괴	회	괴	괴	괴	회	회	괴	회	회	회本괴
	懈	개	히	기	기	기	히	히	기	히	해	해本개
	憊	비	븨	비	비	비	븨	븨[비]	비	븨	비賓	-
	解	개	히	기	기	기		기,히	기히蟹,히		해蟹卦	해蟹卦
	繲	개	히	기	기	기	히	히	기	히	해	해
	廨	개	히	기	기	히		해	히		해泰	-
	械	해	계	히	히	히	계	계	히	계	계	계
	憊	비	븨	비	비	비	븨	븨[비]	비	븨	비	비
隊	獪	쾌	회	쾌	쾌	괴	회	회쾌	쾌,괴泰	회泰	쾌,회泰	회本쾌泰
	潰	회	궤	회	회	회	궤	궤	회	궤	궤	궤,애卦
	欬	히		기	기	기	히	히	기	히	해,애卦	해本개,애卦
	䜣	회	궤	회	회	회	궤	회	회泰,회	궤	궤,회泰	회,궤賔
	闠	회	궤	회	회	회	궤	궤	회	궤	궤	궤本회
	賫	리	뢰	뢰	뢰	뢰		뢰	뢰		뢰	뢰,쾌灰
	闋	애	히	애	애	애		애	애		애	애,해개賄,핵職
	憒	귀	궤	궤	궤	궤		궤	궤		궤	궤
	疐	디	테	티	티	티	테	테[체]	티	테	체	체本태
眞	巾	근	건	근	근	근	건	건	근	건	건	건
	肫	준		준	준	준	션	순	준	순	순	순,준眞,둔元,졸屑
	筠	윤	균	윤	윤	윤	균	균	윤	균	균	균本운
	輴	츈	순	츈	츈	츈	순	순	츈	순	순	순本춘
	駪	신	션	신	신	신		신	신		신	신
	侁	신	션	신	신	신		신	신		신	신
	詵	신	션	신	신	신	션	션	신	션	선	신,선霰
	侁	신	션	신	신	신		신	신		신	신
軫	蠢	츈	쥰	쥰	쥰	쥰		쥰	쥰		쥰	쥰

운	한자	화동		삼운	규장	전운		석요	신자전		현대음	
		정	속	운	장	정	속	요	정	속	북	남
震	胤	인	윤	윤	윤	윤		윤	윤		윤	윤
元	鵷	원	완	원	원	원		원	원		원	원
	圇	륜		론	론	론	륜	륜	론	륜	륜	륜
	蜿	원	완	원	원	완		원,완寒	원,완寒		원,완寒	원,완寒
	宛	원	완	원	원	원	완	완	완원,온吻		완元阮,온吻	원,완院
阮	阮	원	완	원	원	원		원	원		원	완本원
	涴	원		원	원	원	완	완,와箇	원	완	완,와箇	완,와箇,원養
	巘	언	헌	언	언	언	헌	헌	언	헌	헌阮銑	헌
	婉	원	완	원	원	원	완	완	원	완	완	완霰
	菀	원	완	원	원	원		원,울月	원,울月		관寒,완濟	완,운吻,울物
	苑	원	완	원	원	원		원	원		원	원元原,울物
	豌	원	완	원	원	원		원	원		원	원
	琬	원	완	원	원	원		원	완		원	완
	阪	반	판	판	판	판		판	판		판	판
願	悶	문	민	문	문	문	민	민	(-)		민	민
寒	巒	란		란	란	란	만	마	라	만	만	만本란
旱	瀚	완	한	환	환	환	한	한	한		한翰	한翰
	潭	단		탄	탄	탄	단	단	단	단	단	단本탄,선銑
翰	旰	간	한	간	간	간		간	간		한	간
刪	彎	완	만	완	완	완	만	만	완	만	만	만本완
	灣	완	만	완	완	완	만	만	완	만	만	만本완
	澴	관	환	관	관	관	환	관	관	환	환	관
	矜	관	환	관	관	관	환	긍	근眞,긍蒸,관	환	환,근眞,긍蒸	환本관,근眞,긍蒸
	鰥	관	환	관	관	관	환	환	관	환	환	환本관,곤元
	癇	한	간	한	한	한		한	한		간	간本한
潸	綰	완	관	완	완	완	관	관	완	관	관	관本완
諫	盼	반	변	반	반	반		반	반		반刪,분文	반,분文
	袗	찬	탄	잔	잔	잔	탄	탄	잔	탄	탄	탄
	組	찬	탄	잔	잔	잔	탄	탄	잔	탄	탄	탄
	綻	찬	탄	잔	잔	잔	탄	탄	잔	탄	탄,잔	탄,현銑

운	한자	화동		삼운	규장	전운		석요	신자전		현대음	
		정	속			정	속		정	속	북	남
先	涓	견	연	견	견	견	연	연	견	연	연	연本견
	嘕	언		헌	헌	헌	언	언	헌	언	언	언本헌
	椽	전	연	전	전	전	연	연	전	연	연	연本전
	羶	션	전	션	션	션	전	전	션	전	전	전本션
	挻	션	연	션	션	션	연	연	션	연	연	연本션
	猨	견	현	현	현	현		현	현견		견현銑	환,견銑
銑	殄	뎐	딘	뎐	뎐	뎐	딘	딘[진]	뎐	딘	진	진
霰	倪	견	현	견	견	견		견,현銑	견,현銑		현銑霰	현,견霰
	擅	션	천	션	션	션	천	천	션	천	천	천
蕭	驍	교	요	교	교	교		교,효	교효		효	효
	僥	요		교	교	교	요	요	요,교	요	요	요篠
	澆	교		교	교	교	요	요	교	요	요	요本교
	轎	요	쵸	요	요	요	쵸	쵸	요	쵸	초	요
	嬌	효	교	효	효	효		효	효	효	효	효
	徼	교	요	교	교	교	요	요	교	요	요	요本교
	梟	교	효	교효	교효	교	효	효	교	효	효	효
	澆	교		교	교	교	요	요	교	요	요	요本교
	憢	교		교	교	교	요	요	교	요	요	요本교
	綃	쇼	쵸	쇼	쇼	쇼	쵸	쵸	쇼	쵸	초	초本소,소肴
	軺	요	쵸	요	요	요	쵸	쵸	요	쵸	초	초
篠	杳	요	묘	요	요	요	묘	묘	요	묘	묘	묘本요
	沼	죠	쇼	죠	죠	죠	쇼	쇼	죠	쇼	소	소本조
	杪	묘	쵸	묘	묘	묘	쵸	쵸	묘	쵸	초	초本묘
嘯	竅	교	규	교	교	교	규	규	교	규	규	규本교
	嗅	교	규	교	교	교	규	규	교蕭,교	규	규, 교蕭	규本교
	叫	교	규	교	교	교	규	규	교	규	규	규本교
	召	죠	쇼	쇼죠	쇼죠	죠	쇼	쇼	죠	쇼	소조	소本조
	肖	쇼	쵸	쇼	쇼	쇼	쵸	쵸,쇼蕭	쵸,쇼蕭		초,소蕭	초,소蕭
	鞘	쇼	쵸	쇼	쇼	쇼	쵸	쵸	쇼	쵸	초蕭肴	초
	鞘	쇼	쵸	쇼	쇼	쇼	쵸	쵸	요	교	교簫	초
巧	斅	요	교	요	요	요	교	교	요	교	교	교
效	棹	조	도	조	조	조	도	도	조	도	도	도,탁覺

운	한자	화동		삼운	규장	전운		석요	신자전		현대음	
		정	속	운	장	정	속		정	속	북	남
效	踔	조	죠	쵸,착覺	쵸,착覺	쵸,착覺	쵸,탁覺	쵸,착覺	탁覺		초,탁覺	초,탁覺
豪	條	도	죠*	도		도		도	도		도	조本도
	臊	소	조	소	소	소	조	조	소	조	조	조
	翱	오	고	오	오	오	고	고	오	고	고	고本요
皓号	燥	소	조	소	소	소	조	조	소	조	조	조本소
	秏	호	모	호	호	호	모	모	호	모	모	호
	耗	호		호모	호모	호	모	모	호	모	모豪	모本호
	鎬	고		고	고	고	호	호	고	호	호	고,호本고
	槔	소	조	소	소	소		조	소		조	소
	噪	소	조	소	소	소	조	조	소	조	조	조
	譟	소	조	소	소	소	조	조	소	조	조	조本소
	犒	고	호	고	고	고	호	호	고	호	호	호
	縞	고	호	고	고	고	호	호	고	호	호	호
歌	菏	하	가	하,가	하,가	하		하,가	하,가		하	하,가哿
	苛	하	가	하	하	하	가	가	하	가	가	가本하
	訶	하	가	하	하	하	가	가	하	가	가	가本하
	呵	하	가	하	하	하	가	가	하	가	가	가本하,아
哿	夥	화	과	화	화	화	과	과,희賄	희蟹,화	과	와,해蟹	과本화
麻	置	챠	져	챠	챠	챠	져	셔	차	져	저	저차
	媧	과	와	과	과	과		와佳,과	과,쾌佳	왜佳	와佳麻	과,와佳
	茶	차	다	차	차	차	다	다	차	다	차	다本차
	樣	차	다	차	차	사	다	다	사	다	차	-
	撾	좌	과	좌	좌	좌	과	과	좌	과	과	과
	檛	좌	과	좌	좌	좌	과	과	좌	과	과	과本좌
	簻	좌	과	좌	좌	좌	과	과	좌	과	과	과本좌
馬	姐	쟈	져	쟈	쟈	쟈	져	져	쟈	져	저	저
	她	-		쟈	쟈	쟈	져	져	쟈	져	저	저本자
	担	챠	져	쟈	쟈	쟈	져	져	쟈	져	저	-
	餌	챠	져	쟈	쟈	쟈			쟈	쟈	자	자
	踾	가	하	가	가	가	하	하	가	하	하	하本가
	姹	차	타	차	차	차		챠	챠		차	차
禡	詫	차	타	차	차	차	타	타	차	타	타歌,이支	타

운	한자	화동		삼운	규장	전운		석요	신자전		현대음	
		정	속			정	속		정	속	북	남
禡	吒	차	타	차	차	차	타	타	차	타	타	타
	咤	차	타	차	차	차	타	타	차	타	타	타
	奼	차	타	차	차	차	타	챠	차	타	타	타
	暇	하	가	하	하	하	가	가	하	가	가	가
	侘	차	타	차	차	차		차	차		타	차
陽	驤	샹	양	샹	샹	샹	양	양	샹	양	양	양
	瓖+	-		-	-	샹	양	양	샹	양	양	양
	襄	샹	양	샹	샹	샹	양	양	샹	양	양	양本샹
	亢	강	항	강	강	강	항	항	강	항	항陽漢	항本강
	伉	강	항	강	강	강	항	항	강	항	항陽漢	항本강
	肮	강	항	강	강	강	항	항	강	항	항	항
	纕	샹	양	샹	샹	샹	양	양	샹	양	양	양상
漾	餉	샹	향	샹	샹	샹	향	향	샹	향	향	향本샹
	饟	샹	향	샹	샹	샹	향	향	샹	향	향	양상
	抗	강	항	강	강	강	항	항	강	항	항	항
	閌	강	항	강	강	강	항	항	강	항	항	항本강
	炕	강	항	강	강	강	항	항	강	항	항	항本강
庚	荊	경	형	경	경	경	형	-	경	형	형	형
	樘	-		징	징	징	팅	팅	징	팅	탱	탱
	橕	-		징	징	징*	팅	팅	징	팅	탱	탱
	翃	횡		횡	횡	횡	굉	굉	횡	굉	굉	굉本횡
	鍠	횡		횡	횡	횡	굉	굉	횡	굉	굉	굉本횡
	弸	붕	빙	핑	핑	붕		핑,붕蒸	핑,붕蒸		팽,붕蒸	팽,붕蒸
	撑	징	팅	징	징	징	팅	팅	징	팅	탱	탱本청
	泓	횡	홍	횡	횡	횡	홍	홍	횡	홍	홍	홍
	轟	횡	굉	횡	횡	횡	굉	굉	횡	굉	굉	굉本횡
	訇	횡	굉	횡	횡	횡	굉	굉	횡	굉	굉	굉,균震
	鍧	횡	굉	횡	횡	횡	굉	굉	횡	굉	굉	굉本횡
	喤	횡	황	횡	횡	횡		황陽,횡	황陽,횡		횡,황陽	횡,황陽養
	鐄	횡	굉	횡	횡	횡		횡	횡		횡	횡
	謍	형	경	형	형	형	경	경	형	경	경	형本경
	莖	형	경	형	형	형	경	경	형	경	경	경本형,영
	宏	횡	굉	횡	횡	횡	굉	굉	횡	클*	굉	굉
	紘	횡	굉	횡	횡	횡	굉	굉	횡	굉	굉	굉本횡
	閎	횡	굉	횡	횡	횡	굉	횡	횡	굉	굉	굉
	鈜	횡	굉	횡	횡	횡		횡	횡		굉	횡

운	한자	화동 정	속	삼운	규장	전운 정	속	석요	신자전 정	속	현대음 북	남
梗	礦	굉	광	굉	굉	굉		굉	광		광	광
	鑛	굉	광	굉	굉	굉		굉	광		광	광
	獷	굉	광	굉	굉	굉		굉	광		광	광
	卝	굉	광	굉,횡	굉,횡	굉횡		굉	굉횡,관諫		광,관諫	광
	逞	졍	령	졍	졍	졍	령	령	졍	령	령	령本졍,영庚
	騁	졍	빙	칭	칭	칭	빙	빙	칭	빙	빙	빙本졍
敬	硬	영	경	영	영	영	경	경	영	경	경	경本괭
逈	俓	-		형	형	형	경	경	형	경	경逈徑	경徑庚
	脛	형		형	형	형	경	경	형	경	경逈徑	경本형
蒸	蠅	응		응	응	응	승	승	응	승	승	승
尤	彪	퓨	표	퓨	퓨	퓨	표	퓨	퓨	표	표	표
	繆	무	구	무	무	무	구	무	무	구	무규,류宥,목屋	
	熮+	-		-	-	우	구	구	우	구	구	구本우
	牟	무	모	무	무	무	모	모	무	모	모	모,무有
	眸	무	모	무	무	무	모	모	무	모	모	모
	矛	무	모	무	무	무	모	모	무	모	모	모
	蛑	무	모	무	무	무	모	모	무	모	모	모肴
	蟊	무	모	무	무	무	모	모	무	모	모	모尤肴,무遇虞
	謀	무	모	무	무	무	모	모	무	모	모	모
	麰	무	모	무	무	무	모	모	무	모	모	모
	侔	무	모	무	무	모		모	모		모	모
	鍪	무	모	무	무	무		무	무		무	무
	漚	우	구	우	우	우	구	구	우	구	구	구本우
	謳	우	구	우	우	구			구		구	구本우,후虞
	歐	우	구	우	우	우		우	우	구	구	구本우
	區	우	구	우구	우구	우구			우구		우,구虞	우,구虞
	鷗	우	구	우	우	구		구	구		구	우,구虞
	甌	우	구	우	우	구		구	구		구	구本우,우有
有	毆	우		우	우	우	구	구	우	구	구	구本우
	嘔	우		우	우	우	구	구有	후우	구	구,후虞	구本우,후虞
宥	謬	무	류	무	무	무	류	류	무	류	류	류本무
	窔	투	유								두,유虞	
侵	欽	금	흠	금	금	금	흠	흠	금	흠	흠	흠本금
	篸	침	즘	침	침	침	즘	즘	침	즘	잠침	잠本침
沁	沁	침	심	침	침	침	심	심	침	심	심	심
覃	酣	함	감	함	함	함	감	감	함	감	감	감
	憨	함	감	함	함	함	감	감	함	감	감	감

운	한자	화동		삼운	규장	전운		석요	신자전		현대음	
		정	속			정	속		정	속	북	남
感	撼	함	감	함	함	함	감	감	함	감	감	감
勘	憾	함	감	함	함	함	감	감	함	감	감	감,담感
鹽	恬	텸	념	텸	텸	텸	념	념	텸	념	념	념
	拈	뎜		뎜	뎜	념	텸	댬[뎜]	념	뎜	졈	념
	檐	염		염	염	염	첨	첨	염	첨	첨	첨本염,담勘
	簷	염	첨	염	염	염	첨	첨	염	첨	첨	첨本염
	鎌	렴	겸*	렴	렴	렴	겸	겸	렴	겸	겸	겸本렴
豔	驗	염	험	엄	엄	엄	험	엄	엄	엄	험	험
	欠	겸	흠	검,감陷	검,감陷	감陷,겸	흠	감陷,흠	검	흠	흠,감陷	흠本검
	塹	졈	참	첨	첨	첨	참	참	-		참	참
	嶄	-		첨	첨	첨	참	참	참		참	참
咸	漸	참	삼	참	참	참		졈鹽	참,졈鹽琰		졈,참咸	참,졈鹽琰
屋	穀	혹	곡	혹	혹	혹	곡	곡	-		곡	곡
	槲	혹	곡	혹	혹	혹	곡	곡	혹	곡	곡	곡
	斛	혹	곡	혹	혹	혹	곡	곡	혹	곡	곡	곡本혹
	縮	슉	축	슉	슉	슉	축	축	슉	축	축	축本슉
	茜	슉	축	슉	슉	슉		축	슉	슉	슉	슉,유有
	蹜	슉	축	슉	슉	슉	축	축	슉	축	축	축
	縠	혹	곡	혹	혹	혹	곡	곡,각覺	혹	곡	곡,각覺	곡,각覺
沃	酷	곡	혹	곡	곡	圀	혹	혹	곡	혹	혹	혹本곡
覺	確	각	확	각	각	각	확	확	각	확	확	확本각
	啅	-		착	착	착	탁	탁	착	탁	탁	탁本착,조效
	椓	작	탁	착	착	착	탁	탁[탁]	착	탁	탁	탁
	逴	착	탁	착	착	착	탁	탁,작藥	작藥,착	탁	탁,작藥	탁
	踔	착	탁	착	착	착	탁	탁,죠效	착	탁	탁,초效	탁,초效
	趠	착	탁	착	착	착	탁	죠效	죠效,착	탁	탁,초效	탁,초嘯
	濁	착	탁	착	착	착	탁	탁	착	탁	탁	탁
	擢	착	탁	착	착	착	탁	탁	착	탁	탁	탁
	濯	착	탁	착	착	착	탁	탁	착	탁	탁	탁

운	한자	화동 정	화동 속	삼운	규장	전운 정	전운 속	석요	신자전 정	신자전 속	현대음 북	현대음 남
覺	鐲	착	탁	착	착	탁		착[착]	탁		탁	탁
	涿	착	탁	착	착	착	탁	탁	착	탁	탁	탁本촉
	諑	착	탁	착	착	착		착	착		착	착
	掾	착	탁	착	착	착	탁	탁	착	탁	탁	-
	琢	착	탁	착	착	착	탁	탁	착	탁	탁	탁
	卓	착	탁	착	착	착	탁	탁	착	탁	탁	탁
	啄	착	탁	착	착	착	탁	탁	착	탁	탁	탁本착
	倬	착	탁	착	착	착	탁	탁	작*	탁	탁	탁
	鰒	박	복	박	박	박	복	복	박	복	복	복
質	詰	길	힐	길	길	길	힐	힐	길	힐	힐	힐
	犵+	-		-	-	길	힐	힐	길	힐	힐	힐
	卹	슐	휼	슐	슐	-		솔	슐,솔月		슐휼質,솔月	휼,솔月
	恤	슐	휼	슐	슐	슐	휼	휼	슐	휼	휼	휼
	賉	슐	휼	슐	슐	슐	휼	휼	즁*	휼	휼	휼
	戌	슐	휼	슐	슐			슐	슐		술	술
	珬	슐	휼	슐	슐	슐		슐	슐		술	-
	訹	슐	휼	슐	슐	슐		슐,슈宥	슐,슈宥		술,수宥	술
	秫	슐	츌	슐	슐	슐	츌	츌	슐	츌	출	출本술
物	艴	불	볼	불	불	물		블月,불	불,블月		불,반月	불,발月,배隊
	吃	글		글	글	글	흘	흘	글	흘	흘	흘
	綍	불	볼	불	불	불	볼	볼	불	볼	발	발本불,발本비
	疙	을	흘	을	을	을	흘	흘	을	흘	흘	흘,기本을未
	屹	을	흘	을	을	을	흘	흘	을	흘	흘	흘
	仡	을	흘	을	을	을	흘	흘	을	흘	흘	흘,올月
	乞	글	걸	글	글	글	걸	걸	글	걸	걸,기未	걸,기未
月	訐	갈	알	갈	갈	갈	알	알	갈	알	알	알本갈,계隊
	瘕	-		-	알	알	갈	갈	알	갈	갈	갈本알,해泰
	颲	월		헐	헐	헐	월	월	헐	월	월	휼
	鶻	홀	골	홀	홀	홀	골	골	홀	골	골	골흘
	暍	알	갈	알	알	알	갈	갈	알	갈	갈,할曷	갈本알
曷	曷	할	갈	할	할	할	갈	갈	할	갈	갈	갈本알
	叕	-		탈	탈	탈	철	철	탈	철		철

운	한자	화동		삼운	규장	전운		석요	신자전		현대음	
		정	속			정	속		정	속	북	남
曷	獡	혈	갈	할	할,헐月	헐月,할	갈	할,헐月	헐谷갈,헐月		갈,헐月,갑洽	갈本할,갑洽
	褐	할	갈	할	할	할	갈	갈	할	갈	갈	갈本할
	毼	할	갈	할	할	할	갈	갈	할	갈	갈	갈本할답合
	鶡	할	갈	할	할	할	*	할,분文	할	갈	할,개卦,갈文	할,분文
	喝	할	갈	할	할	할	갈	갈,애卦	갈,애卦		갈,애卦	갈,애卦
	愒	할	갈	할	할	할		할,개泰	(-)		할,계霽,개泰	할,계霽,개泰
	鞨	할	갈	할	할	할	갈	갈	할	갈	갈	갈,밀黠
	掇	될철		탈	탈	탈	철	철	탈	철	철	철
	剟	될철		탈	탈	탈	철	철	탈	철	철	철屑
	闊	괄	활	괄	괄	괄	활	활	괄	활	활	활本괄
	割	갈	할	갈	갈	갈	할	할	갈	할	할	할本갈
黠	戛	갈	알	갈	갈	갈	알	알	갈	알	알	알
	嘎	갈	알	갈	갈	갈	알	알	갈	알	알	알本갈
	猰	알	셜	알	알	알	셜	셜	알	셜	셜	셜本알
屑	焎	셜	셜	셜	셜	셜		셜	셜		셜	셜本열
	佚	뎔		뎔	뎔	뎔	딜	딜,일質	일質,뎔	딜	질,일質	질本졀,일質
	堨	-		걸	걸	걸	갈	알曷,갈	-		갈,알曷	알,애泰
	誀	혈		혈	혈	혈	힐	힐	혈	힐	힐	힐
	載	-		뎔	뎔	뎔	딜	딜[댤]		뎔	딜	질,질質,체霽	질
	捏	녈	날	녈	녈	녈	날	날	녈	날	열날	날本녈
	孑	결	혈	결	결	결	혈	혈	결	혈	혈	혈本졀
	齧	열	셜	얼	얼	얼	셜	셜	얼	셜	셜	셜
	纈	혈	힐	혈	혈	혈	힐	힐	혈	힐	힐	혈本혈
	擷	혈	힐	혈	혈	혈	힐	힐	혈	힐	힐혈	힐
	頡	혈	힐	혈	혈	혈	힐	힐,갈黠	(-)		힐,갈黠	힐,일黠
	缺	혈	힐	혈	혈	혈		혈	혈		혈	혈
	挈	결	셜	결	결	결	셜	셜,계霽	셜,계霽		셜,계霽	셜,계霽
	鐍	결	휼	결	결	결	휼	휼	결	휼	결	휼本결
	譎	결	휼	결	결	결	휼	휼	결	휼	휼	휼本결
	潏	결	휼	결	결	결	휼	휼,율슐質	율質,결	휼	휼,율슐質	휼本결,율質

운	한자	화동 정	화동 속	삼운 운	규장 장	전운 정	전운 속	석요 요	신자전 정	신자전 속	현대음 북	현대음 남
屑	昳	덜	딜	덜	덜	덜	밀*	밀*	덜	딜	질	질本절,일
	垤	덜	딜	덜	덜	덜	딜	딜[질]	덜	딜	질	질
	耋	덜	딜	덜	덜	덜	딜	딜[질]	덜	딜	질	질
	迭	덜	딜	덜	덜	덜	딜	딜[질]	덜	딜	질	질
	跌	덜	딜	덜	덜	덜	딜	딜[질]	덜	딜	질	질
	絰	덜	딜	덜	덜	덜	딜	딜[질]	덜	딜*	질	질
	眰	덜	딜	덜	덜	덜	딜	딜[질]	덜	딜	질	질
	咥	덜	딜	덜질質	덜	덜질質		덜,질質	덜,질質		절,희眞,질質	절,희未
	埒	렬	날	렬	렬	렬	날	날	렬	날	날	랄
	拙	절	졸	졀	졀	졀	졸	졸	절	졸	졸	졸
	竭	걸	갈	걸	걸	걸		걸,갈月	걸,갈月		걸,갈月	갈本걸
	渇	걸	갈	걸	걸	걸		갈曷,걸	갈曷,걸		걸,갈曷	걸,갈曷
	碣	걸	갈	걸	걸	걸	갈	갈,게霽	걸,게霽	갈	갈,게霽	갈,게霽,알點
	揭	걸	갈	걸	걸	걸흘		걸흘	걸흘		걸흘	
	揭	걸	갈	걸	걸	결		결,갈月,게霽	걸,갈月,게霽		걸,갈月,게霽	걸,갈月,게霽
	偈	걸	갈	걸	걸	걸		걸,게霽	걸,게霽		걸,게霽	걸,게齊
藥	矍	각	확	곽	곽	곽	확	확	곽	확	확	확本곽
	灈+	-		-	-	확	곽	곽	획	곽		곽
	獲	각	확	곽	곽	곽	확	확	곽	확	확	확
	攫	각	확	곽	곽	곽	확	확	곽	확	확	확
	霍	확	곽	확	확	확	곽	곽	확	곽	곽	곽本확
	藿	확	곽	확	확	확	곽	곽	확	곽	곽	곽, 수紙
	癨	확	곽	확	확	확	곽	곽	확	곽	곽	곽本확
	繳	쟉	격	쟉	쟉	쟉	격	격,교篠	쟉,교篠	격	격,교篠	쟉,핵陌,교篠,규嘯
	擴	곽	확	곽	곽	곽	확	확	곽	확	확,광漾	확
陌	坼	칙	탁	칙	칙	칙	탁	탁	칙	탁	탁	탁
	垞	칙		칙	칙	칙	퇵	퇵	칙	퇵	택	-
	摭	칙	탁	칙	칙	칙	탁	탁	칙	탁	탁	-
	擇	칙		칙	칙	칙	퇵	퇵	칙	퇵	택	택역
	澤	칙		칙	칙	칙	퇵	퇵	칙	퇵	택,탁藥	택석역,탁藥
	箦	칙		칙	칙	칙	퇵	-	-		택	-
	宅	칙	퇵	칙	칙	칙	퇵	퇵	칙	퇵	택	택댁

운	한자	화동 정	화동 속	삼운	규장	전운 정	전운 속	석요	신자전 정	신자전 속	현대음 북	현대음 남
陌	虩	획	곽	혁	혁	혁		혁	혁		혁	혁색
	革	격	혁	격	격	격	혁	혁,극職	격	혁	혁,극職	혁,극職
	骼	격	획	격	격	격		격	격		격	격
	蜴	역	텩	역	역	역	텩	텩[척]	역	텩	척	척本역, 석錫
	拆	칙	탁	칙	칙	칙	탁	탁	칙	탁	탁	탁
錫	鬲	력	격	력	력격陌	력격陌		력격陌	력격陌		격陌,력	격陌,력
	檄	혁	격	혁	혁	혁	격	격	혁	격	격	격
	覡	혁	격	혁	혁	혁	격	격	혁	격	격	격
職	愎	픽	팍	벽	벽	벽	팍	팍	벽	팍	팍	팍
	逼	픽	핍	벽	벽	벽	핍	핍	벽	핍	핍職	핍本벽
	偪	픽	핍	벽	벽	벽正픽	핍	핍	벽正픽	핍	핍職	핍本벽,복屋
	幅	픽	핍	벽	벽	벽	핍	핍	복屋,벽	핍	핍職,폭屋	폭本복屋,핍本벽
緝	泣	급	읍	급	급	급	읍	읍	급	읍	읍	읍립
	湁	급	읍	급	급	급	옵*	읍	급	읍	읍	읍本급
	熠	읍	습	읍	읍	읍	습	습	읍	습	습	습
合	榼	갑	합	갑	갑	갑	합	합	갑	합	합	합本갑
	磕	갑	합	갑	갑開泰	갑		개泰,갑	개泰,갑		개泰,갑	개泰,갈曷
	溘	갑	합	갑	갑	갑	합	합	갑	합	합	합本갑
	屆	갑	합	갑	갑	갑		갑	갑		갑	-
	嗑	갑	합	갑	갑	갑	합	합	갑	합	합	합
	閣	갑	합	갑	갑	합		합	합		합	합
	鴿	갑	합	갑	갑	합		합	합		합	합
	合	갑	합	갑합	갑합	갑합		갑합	갑합		합	합洽
	蛤	갑	합	갑	갑	합		합	합		합	합洽
	鉿	갑	합	갑	갑	갑		갑,겹洽	갑,겹洽		갑,겹洽	갑,겹洽
葉	聶	녑	섭	녑	녑	녑	섭	섭	녑	섭	섭접	섭本녑,엽접
	胅	겹		겹	겹	겹	협	협	(-)			
	踂	-		녑	녑	녑	섭	섭	녑	섭	섭	섭本녑
	躡	녑	섭	녑	녑	녑	섭	섭	녑	섭	섭	섭本녑

운	한자	화동		삼운	규장	전운		석요	신자전		현대음	
		정	속			정	속		정	속	북	남
葉	鎳	녑	섭	녑	녑	녑	섭	섭	녑	섭	섭	섭本녑
	驫	녑	섭	녑	녑	녑	섭	섭	녑	섭	섭	섭本녑
	鑷	녑	섭	녑	녑	녑	섭	섭	녑	섭	섭	섭本녑, 미支齊
	鈪	녑	섭	녑	녑	녑	섭	섭	녑	섭	섭	섭本녑,첩
	讘	녑	섭	녑	녑	녑	섭	섭	녑	섭	섭	섭
	囁	녑	섭	녑	녑	섭녑		섭	섭녑		섭	섭
	頰	겹	협	겹	겹	겹	협	협	(-)		협	협本겹
	鋏	겹	협	겹	겹	겹	협	협	겹	협	협	협
	筴	겹	협	겹	겹	겹	협	협	칙陌,겹	협	협,책陌	협,책陌
	梜	겹	협	겹	겹	겹	협	협	겹	협	협	협本겹
	莢	겹	협	겹	겹	겹	협	협	겹	협	협	협本겹
	唊	겹	협	겹	겹	겹		겹	겹		겹	-
	悏	겹	협	겹	겹	겹	협	협	겹	협	협	협
	快	겹	협	겹	겹	겹	협	협	(-)		협	-
	慊	겹	협	겹	겹	겹	협	겸琰,협	겸琰,겸	협	겸,겸琰,혐鹽	협,겸琰,혐鹽
	医	겹	협	겹	겹	겹	협	협	겸	협	협	협
	篋	겹	협	겹	겹	겹	협	협	겸	협	협	협
洽	洽	협	흡	협	협	협	흡	흡	협	흡	흡	흡本협,합合
	妜	핍	핍	법	법	법	핍	핍	법	핍	핍	.
	帢	-		겹	겹	겹	흡	갑	겹	흡	흡	-
	挾	-		겹	겹	겹	협*	협	겹	협	협	협
	箚	잡		잡	잡	잡	차	잡	잡	차	차	차本잡
	匣	합	갑	합	합	합	갑	갑	갑		갑	갑
	乏	핍		법	법	법	핍	핍	핍		핍	핍
	泛	핍		법	법	법	핍	핍	법	핍	핍,범陷,봉腫	핍本법,범陷,봉腫
	韐	겹	합	겹	겹갑合	겹갑合		겹,갑合	겹,갑合		겹,갑合	겹,갑合
	夾	겹	협	겹	겹	겹	협	협	협,겹	협	협	협本갑,협本겹葉
	郟	겹	협	겹	겹	겹		겹	겹		협	겹本갑
	袷	겹	협	겹	겹	겹		겁葉	겁葉,겹		겹,겁葉	겹,겁葉
	裌	겹	협	겹	겹	겹		겹	겹		겹,겁葉	겹
	恰	갑	흡	겹	겹	겹	흡	흡	겹	흡	흡	흡

문헌자료

『東國正韻』(建國大學出版部 영인본, 1988년)

『華東正音通釋韻考』(韓國藏書閣 고서, 1747년본, MF번호 1392)

『正音通釋』(韓國 藏書閣 고서, 1841년본, MF번호 1684)

『三韻聲彙』(韓國 藏書閣 고서, 1751년본, MF번호 1682)

『奎章全韻』(도서출판 박이정, 영인본, 2000년 판)

『全韻玉篇』(도서출판 박이정, 영인본, 2000년 판)

『字典釋要』(池錫永, 선장본, 1910년)

『新字典』(六堂崔南善全集 7, 玄岩社, 1973년)

『校訂全韻玉篇』(奎章閣, 가람 古 413.1.J461; 藏書閣, MF번호 1392/905)

『새옥편』(조선민주주의인민공화국 과학원 고전연구소, 과학원출판사, 1963년)

『漢韓大辭典』(두산동아, 1998년 14쇄)

『漢朝字典』(民族出版社, 1959年)

『大漢韓辭典』(張三植 편, 1964年)

『最新活用玉篇』(靑岩出版社, 1994年)

『現代中朝韓日通用字典』(金鶴壽 主編, 연변대학출판사, 1995년)

最新『弘字玉篇』(民衆書林, 2001년 수정판 5쇄)

『四聲韻譜』(淸 梁僧寶 著, 古籍出版社, 1955年)

『切韻求蒙』(淸 梁僧寶 著, 古籍出版社, 1955年)

『切韻指掌圖』(司馬光 著, 中華書局 影印本, 1962년)

『四聲通解』(서울대학교 대학원 국어학연구실, 영인본, 明信文化社, 1972년)

『洪武正韻譯訓』(高麗大學校 影印叢書 2집, 高麗大學校 出版部, 1974년)

『宋本廣韻』(北京市 中國書店, 1982년)

『韻鏡校證』(李新魁 校訂, 中華書局, 1982년)

『康熙字典』(天津古籍出版社, 영인본, 1995年)

『古今字音對照手冊』(丁聲樹 편, 中華書局, 1981年)

『廣韻』四聲韻字今音表(周祖謨 編, 中華書局, 1983年)

『漢字古音手冊』(郭錫良, 北京大學出版社, 1986年)

『廣韻反切今音手冊』(李葆嘉 編著, 上海辭書出版社, 1997年)

CD자료

『21세기 세종계획 한글맞춤법검색기 (국어기초자료구축)』전자파일자료:
『三綱行實圖(1471)』(동경대본, 파일명 a5cg0003.hwp)
『救急簡易方언해(1489』(단대출판부, 영인본, 1982, 파일명 a5ce0002.hwp)
『續三綱行實圖(1514)』(원간본, 홍문각, 파일명 a6cg0019.hwp)
『續三綱行實圖(1581)』(중간본, 홍문각, 파일명 a6cg0020.hwp)
『訓蒙字會(1527)』(단대출판부, 영인본, 1971, 파일명 a6zg0001.hwp)
『千字文(1583)』(石峰 전자파일 a6cg0012.hwp)
『類合(1664)』(전북대 영인본, 七長寺판, 파일명 a7zg0001.hwp)
『類合(1700)』(영장사판 a7zg0003.hwp)
『新增類合(1576)』(단대출판부, 영인본, 1972, 파일명 a6zg0002.hwp)
『증보판 CD-ROM 국역 조선왕조실록』

참고문헌

강길운, 「世宗朝의 韻書刊行에 대하여」, 陶南趙閏濟博士回甲紀念論文集, 新雅社, 1964년.
강길운, 「訓民正音創製의 當初目的에 對하여」, 국어국문학 55~57합병호, 1972년.
강신항, 『四聲通解硏究』, 新雅社, 1973년.
강신항, 「15世紀文獻의 現實漢字音에 대하여」, 成均館大 東洋學學術會議論文集, 1975년.
강신항, 증보판『訓民正音硏究』, 성균관대학교 출판부, 1994년.
강신항, 「東國正韻 音系의 性格」, 이돈주선생화갑기념 논문집 『국어학연구의 새지평』, 1997년.
강신항, 『국어학사』, 普成文化社, 1998년.
강신항, 『韓國의 譯學』, 서울대학교출판부, 2000년.
강신항, 『한국의 운서』, 太學社, 2000년.
강호천, 「朝鮮朝漢字音整理의 歷史的 硏究-韻書의 體系를 中心으로-」, 淸州大 박사학위논문, 1991년.
耿振生, 『明淸等韻學通論』, 語文出版社, 1992년.
高本漢, 『中國音韻學硏究』, 商務印書館出版, 1995年.

김근수, 『三韻通考』해제, 韓國學 2, 1974년.

김근수, 『全韻玉篇』해제, 韓國學 2, 1974년.

金基石, 「朝鮮韻書中所反映的明淸音系硏究」, 연변대학 박사학위논문, 1998年.

金基石, 「朝鮮對音文獻淺論」, 民族語文, 1999年 5期.

金基石, 「尖團音問題與朝鮮文獻的對音」, 中國語文, 2001年 2期.

金基石, 「朝鮮對音文獻中的微母字」, 語言硏究, 2002年 2期.

김무림, 「東國正韻의 編韻과 訓民正音의 中聲」, 이돈주선생화갑기념 논문집『국어학연구의
　　　　새지평』, 1997년.

김무림, 『洪武正韻譯訓硏究』, 月印, 1999년.

김병렬, 「한자어의 음운변화 연구」, 嶺南大 석사학위논문, 1987년.

김병제, 『조선어학사』, 과학 백과사전출판사, 1984년.

김영황, 『조선어사료강독』, 김일성종합대학출판사, 1978년.

김영황, 『조선언어학사연구』, 김일성종합대학출판사, 1996년.

김영황, 『조선어사』, 김일성종합대학출판사, 1997년.

김윤경, 『朝鮮文字及語學史』, 1954년.

金鍾塤 외, 『韓國語의 歷史』, 대한교과서, 1998년.

羅常培, 『漢語音韻學導論』, 中華書局, 1956年.

남광우, 『三韻聲彙』해제, 韓國學 2, 1974년.

남광우, 「徐命膺等撰 奎章全韻」, 韓國學 2, 1974년.

남광우, 『조선(이조)한자음연구-임란전현실한자음을 중심으로-』, 일조각, 1977

寧忌浮, 『古今韻會擧要及相關韻書』, 中華書局, 1997年.

唐作藩, 『音韻學敎程』, 北京大學出版社, 1988年.

도효근, 「龍飛御天歌漢字音硏究」, 忠南大 석사학위논문, 1979

董同龢, 『漢語音韻學』, 中華書局, 2001年.

문선규, 「李朝初以來의 漢字音韻變化에 대한 일고찰」, 전북대논문집 11, 1969년.

문선규, 「한자음의 현실과 문제점」, 눈뫼 허웅박사환갑기념논문집, ?년.

박병채, 「訓蒙字會의 異本間 異音攷」, 亞細亞硏究 15권 1호, 1972년.

박병채, 「洪武正韻譯訓의 俗音考」, 人文論集(高麗大) 20, 1975년.

박병채, 「16, 17세기의 한자음에 대하여」, 국어국문학 78, 1979년.

박병채, 「洪武正韻譯訓의 古韻注記에 대하여」, 語文論集(高麗大) 23, 1982년.

배윤덕, 「홍계희의 삼운성휘 연구』, 이돈주선생화갑기념 논문집『국어학연구의 새지평』,
　　　　1997년.

성원경, 「洪武正韻譯訓에 있어서의 問題點」, 한불硏究(延世大) 3, 1976년.

成元慶, 『十五世記韓國字音與中國聲韻之關係』, 中國語文出版社, 1994년.

小倉進平, 『朝鮮語學史』, 1940년.

안병호, 「전운옥편에서의 한자의 표음」, 조선어문 5, 1959년.

안병호, 『조선어발달사』, 료녕인민출판사, 1982년.

안병호, 『조선한자음체계의 연구』, 김일성종합대학출판사, 1984년.

안병희 · 이광호, 『中世國語文法論』, 學硏社, 8쇄본, 1999년.

양인종, 「韓國漢字音과 中國北方音의 比較硏究-韓國韻書 및 中國語學習書를 對象으로-」, 建國大 박사학위논문, 1982년.

오종갑, 「切韻指掌圖와 現代國語漢字音의 比較硏究」, 嶺南大 國語國文學15, 1973년.

王 力, 『漢語史稿』(修訂本), 科學出版社, 1958年.

王 力, 『漢語音韻』, 中華書局, 1980年 2刷.

王 力, 『漢語音韻學』, 中華書局, 1981年 3刷.

유재원, 「現代 韓國漢字音의 定着過程에 對한 硏究-弘字玉篇漢字音 聲母의 異音例를 中心으로-」, 仁荷大 박사학위논문, 1990년.

유창균, 「現代國語漢字音의 性格과 體系」, 明知大論文集 1, 1968년.

이기동, 「全韻玉篇에 注記된 正俗音에 대하여-全淸字의 聲母를 中心으로-」, 語文論集(高麗大)23, 1982년.

이돈주, 「華東正音通釋韻考의 俗音字에 대하여」, 李崇寧先生古稀紀念 國語學論叢, 1977년.

이돈주, 「訓蒙字會 漢字音 硏究」, 全南大 박사학위논문, 1979년.

이돈주, 『한자음운학의 이해』, 탑출판사, 1995년.

李得春, 「漢語上古音在十六世記漢字音中的遺存」, 民族語文, 1985年 5號.

李得春, 「漫談韓國漢字音舌音的演變」, 延邊大學學報, 1987年 1號.

李得春, 「「四聲通解」今俗音初探」, 民族語文, 1988年 5號.

李得春, 「介紹洪武正韻譯訓的韻母譯音」, 延邊大學學報, 1990年 2號.

李得春, 『한조언어문자관계사』, 동북교육출판사, 1992년.

李得春, 『조선어한자어음연구』, 서광 학술자료사, 1994년.

李得春, 『韓文與中國音韻』, 黑龍江朝鮮民族敎育出版社, 1998년.

李得春, 「介紹一分十九世記末的漢朝對音資料 華音啓蒙卷後的 華音正俗變異」, 東疆學刊, 2000年 3期.

李得春 외, 『광복후 조선어 논저목록 지침서』, 도서출판 역락, 2001년.

李得春, 『朝鮮對音文獻標音手冊』, 흑룡강조선민족출판사, 2002년.

이숭녕, 『洪武正韻譯訓의 研究』, 震壇學報 20, 1959년.

이윤동, 「中期韓國漢字音의 研究-특히 聲母를 中心으로-」, 東洋學 17, 1987년.

이윤동, 『한국한자음의 이해』, 형설출판사, 1997년.

이충구, 「경서언해연구」, 성균관대 박사학위논문, 1989년.

정경일, 「奎章全韻研究」, 高麗大 碩士學位論文, 1984년.

정경일, 「華東正音通釋韻考 漢字音聲母研究」, 高麗大 박사학위논문, 1989년.

정경일, 「華東正音의 性格과 初聲體系에 대하여」, 語文論集(高麗大) 29, 1990년.

趙 誠, 『中國古代韻書』, 中華書局, 1979년.

周祖謨, 『音韻學敎程』, 北京大學出版社, 1994年 3刷.

陳植藩, 『「訓蒙字會」校注』(필사본), 中國社會科學院民族研究所, 1980년.

陣振寶, 『音韻學』, 湖南人民出版社, 1986년.

최남희, 『고대국어표기 한자음연구』, 박이정, 1999년.

최령애, 『中國語音韻學』, 통나무, 2000년.

최현배, 『고친 한글갈』, 1961년.

최희수, 『조선한자음연구』, 흑룡강조선민족출판사, 1986년.

春虛成元慶博士花甲紀念論總刊行委員會, 『韓中音韻學論總』 1. 2, 1993년.

퇴계학연구소, 『「대학언해」·「중용언해」索引』, 도서출판 박이정, 1994년.

河野六郎, 「朝鮮漢字音の研究」, 河野六郎著作集 2, 1979년.

하혜정, 「朝鮮朝韻書의 獨自性 研究」, 중앙대 박사학위논문, 1997년.

황희영, 『華東正音通釋韻考』, 韓國學 2, 1974년.

Dormels, 「玉篇類의 漢字音 比較研究-全韻玉篇, 新字典, 韓漢大辭典, 大字源을 中心으로-」, 서울대 석사학위논문집, 1993년.

이승자(李承子)

·중국 黑龍江省 尙誌市 태생
·언어학 박사
·현재 연변대학 朝文系 傳任講師

조선조 운서한자음의 전승양상과 정리규범

인 쇄   2003년 01월 03일
발 행   2003년 01월 10일
저 자   이승자
펴낸이   이대현
편 집   이은희 · 조유미 · 안현진
펴낸곳   도서출판 역락 / 서울 성동구 성수2가 3동
         301-80 (주)지시코 별관 3층 (우133-835)
Tel 대표·영업 3409-2058 편집부 3409-2060 FAX 3409-2059
E-mail yk3888@kornet.net / youkrack@hanmail.net
등 록   1999년 4월 19일 제2-2803호

정가 12.000
ISBN 89-5556-180-6-93710